普通高等学校知识产权专业应用型系列教材

总主编 曹 阳

TRADEMARK LAW

本书为上海政法学院知识产权国家级一流本科
专业建设成果

商标法：
典型案例详解

姜 烨 ◎ 著

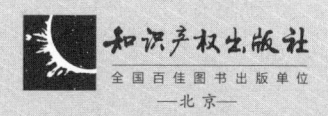

知识产权出版社
全国百佳图书出版单位
—北京—

图书在版编目（CIP）数据

商标法：典型案例详解/姜烨著．—北京：知识产权出版社，2024.8
ISBN 978-7-5130-9079-7

Ⅰ.①商… Ⅱ.①姜… Ⅲ.①商标法—案例—研究—中国 Ⅳ.①D923.435

中国国家版本馆 CIP 数据核字（2023）第 244896 号

责任编辑：刘 睿 邓 莹　　　　　责任校对：潘凤越
封面设计：乾达文化　　　　　　　责任印制：刘译文

商标法：典型案例详解

姜 烨 著

出版发行：知识产权出版社有限责任公司	网　　址：http：//www.ipph.cn
社　　址：北京市海淀区气象路 50 号院	邮　　编：100081
责编电话：010-82000860 转 8346	责编邮箱：dengying@cnipr.com
发行电话：010-82000860 转 8101/8102	发行传真：010-82000893/82005070/82000270
印　　刷：天津嘉恒印务有限公司	经　　销：新华书店、各大网上书店及相关专业书店
开　　本：720mm×1000mm　1/16	印　　张：13.25
版　　次：2024 年 8 月第 1 版	印　　次：2024 年 8 月第 1 次印刷
字　　数：240 千字	定　　价：78.00 元
ISBN 978-7-5130-9079-7	

出版权专有　侵权必究
如有印装质量问题，本社负责调换。

总　　序

自2008年开设法学（知识产权方向）以来，上海政法学院知识产权专业的各位教师胼手胝足，在知识产权专业教材建设方面做了诸多探索与创新，出版了《知识产权法学》（"十二五"国家重点图书出版规划项目）、《著作权法学》、《专利实务指南与司法审查》、《商标实务指南与司法审查》等理论与实践兼具的教材，初步建成了知识产权人才培养所需的教材体系。

在多年的教材编著过程中，我们一直在尝试撰写一本好教材。然而，何为一本好教材？经过多年的实践探索，我们认为一本好的教材至少需要满足以下要求：

一是理论体系塑造。知识产权的实践应用性十分重要，但我们无法回避的问题是有的教材无法为学生塑造理论化的知识体系，而仅仅为学生提供因应性的碎片化知识，这既不能为学生解决纷繁复杂的现实问题提供指引与指针，也无法为学生构建系统化的知识体系，进而损害了学生后续的深化学习能力。理论体系塑造应是任何教材的根，通过理论体系这个根，学生能完成知识营养的吸收，为后续的知识实践与扩张提供可能。二是基础知识提供。基础知识是教材体系的树干与枝叶，是在理论这个教材之根上生成的毛细血管，为教材提供了鲜活的生命之源。教材的基础知识需以理论为纲，以理论体系的实践表达为主要内容，以案例化方法逻辑呈现基础知识应用为主要路径，构建一个理论融入场景、场景融入案例、案例体现真实实践的基础知识逻辑框架。三是启迪性。一本好的教材除具象知识传达功能外，更为核心的价值是激发学生的思考与探索。随着人工智能等技术的飞速发展，知识传播、获取的方式发生了革命性变化，单维度知识传输将会逐渐失去其教育价值与意义。一本好的教材必须具有互动性与问题意识，需要提出具有启迪性的可以引发学生思考与探索的问题，启迪学生提出有价值的问题，激发学生的学习与探索兴趣。

教材建设是专业建设之本。经过多年的教材建设，我们也积累了一些经验，在教材建设方面也做了一些探索。2022年，上海政法学院知识产权专业获得国家一流本科专业建设点立项，该立项为我们后续更高水平教材建设提供了契机。

上海政法学院知识产权一流教材建设以编著一批好教材为目标。我们将先期出版专利法、商标法、著作权法教材，后续陆续推出知识产权专业主干与核心课程教材。我们将秉承我们过去教材建设中的一些优秀做法，体现人工智能时代教材建设的新要求，突出教材的系统性、理论性、前沿性、实践性与启迪性。

编著一本好的教材需要付出极大的心血与努力，方能有所成。编著这一批教材的老师都是上海政法学院具有丰富实践经验的教师，他们为编著这些教材字斟句酌，一丝不苟。

诚然，理想并不总能完全照进现实，但希望我们的努力能获得认可，我们的不足能在各位读者的不吝赐教下获得改善。

是为序。

曹阳

上海政法学院经济法学院副院长

知识产权专业负责人

2023年12月4日于上海

目 录

第一章　商标法概述 ·············· 001

　第一节　商标的定义与功能 / 001

　　一、商标的定义 / 001

　　二、商标的功能 / 003

　第二节　商标立法及其宗旨 / 008

　　一、商标法的内容和原则 / 008

　　二、商标法与知识产权法的关系 / 011

　　三、我国商标法的渊源和作用 / 012

　　四、我国商标法四次修改的背景及主要内容 / 015

第二章　商标注册制度 ·············· 023

　第一节　注册商标的申请与审查 / 023

　　一、商标注册的主体 / 024

　　二、商标注册的原则 / 025

　　三、商标注册的文件 / 028

　　四、注册申请的审查 / 030

第二节　注册商标的分类 / 036
　　一、传统型商标与非传统型商标 / 037
　　二、商品商标与服务商标 / 045
　　三、集体商标与证明商标 / 045
　　四、联合商标与防御商标 / 049
　　五、商标与其他商业标记 / 052

第三章　注册商标授权要件 …………………………… 060

第一节　合　法　性 / 060
第二节　显　著　性 / 067
　　一、显著性的含义 / 067
　　二、显著性的来源 / 068
　　三、显著性的判断和证明 / 078
第三节　非功能性 / 082
　　一、非功能性的基本概念 / 082
　　二、实用功能性和美学功能性 / 083
第四节　不与在先权利相冲突 / 085
　　一、在先商标权 / 085
　　二、其他在先权利 / 089

第四章　商标管理制度 …………………………………… 098

第一节　注册商标的有效期限、续展、变更 / 098
　　一、注册商标的有效期限和续展 / 099
　　二、注册商标的变更 / 100
第二节　注册商标的转让、许可使用和质押 / 100
　　一、商标转让 / 101
　　二、商标许可使用 / 102
　　三、商标权质押 / 103
第三节　注册商标的无效宣告和撤销 / 106
　　一、商标无效宣告 / 106
　　二、商标权撤销 / 110

第五章　商标保护制度 …… 115

第一节　侵犯商标权的行为 / 116
一、商标侵权行为的认定 / 116
二、商标侵权行为的具体表现 / 119

第二节　驰名商标的特别保护 / 134
一、驰名商标的概念 / 134
二、驰名商标的认定 / 135
三、驰名商标的保护范围 / 136

第三节　侵犯商标权的抗辩事由 / 142
一、商标的正当使用 / 143
二、权利穷竭抗辩 / 150
三、在先使用抗辩 / 155
四、其他抗辩事由 / 158

第四节　商标侵权的救济方式 / 159
一、行政执法保护 / 160
二、海关执法保护 / 161
三、民事司法保护 / 163
四、刑事司法保护 / 164

第六章　商标权的国际保护 …… 169

第一节　商标权国际保护概述 / 169

第二节　商标的国际注册 / 171
一、《马德里协定》/ 171
二、《马德里议定书》/ 173
三、《新加坡条约》/ 174

第三节　商标的国际分类 / 175
一、尼斯分类的内容 / 175
二、尼斯分类的本土化 / 177

第四节 与商标权有关的其他国际保护条约／178
　　一、《里斯本协定》／178
　　二、《统一域名争端解决政策》／179

参考文献 ·· 180

附录一 尼斯分类（节选自 2023 年文本） ·············· 184

附录二 中华人民共和国商标法（2019 年修正） ······ 189

第一章 商标法概述

案情导入

春发泰铁工厂是天津开埠后最早成立的民族机器厂,主要从事织布机、轧花机等产品的制造,并且注册了"跑马"牌商标。春发泰铁工厂生产的机器在河北晋县等地畅销多年,但不知道什么原因,1924年销量忽然大跌。有一天,春发泰铁工厂的创始人张立元派同事李荫庭到晋县讨账,在位于街市区的华瑞工厂内看到所存的货品都刻有"天津春发泰造"的字样,并且使用了"跑马"牌商标。李荫庭认定这些机器是仿冒了春发泰的产品和商标,也明白了春发泰的产品忽然在晋县滞销的原因,于是便在法院提起诉讼。春发泰铁工厂的创始人张立元知悉后,还请天津商会去函转请晋县商会保护,并代为向当地政府说明情况。[1] 该案涉及商标的定义与功能,将在本章进行阐述。此外,本章还将阐述商标法的立法宗旨、历史发展和适用范围等。

第一节 商标的定义与功能

一、商标的定义

商标不是随着人类社会出现而产生的,而是人类社会发展到一定阶段,

---

[1] 李宁. 民国时,商标侵权要受什么罚?[EB/OL]. (2017-12-12)[2023-11-03]. http://www.iprchn.com/cipnews/news_content.aspx?newsId=104497.

应市场需要而产生的。在古代社会，由于当时还没有大规模的流动销售商品的经营活动，顾客多是从有关商品提供者所处的地点、门面等去识别不同商品的来源。❶ 随着经济的发展和商业模式的改变，商品来源不再与特定的经营地点直接关联，商标这个新事物也应运而生。

将商标与店铺独立开来的情形，最早见于我国北宋时期。宋代用于"功夫针"上的"白兔标识"与提供该商品的济南"刘家铺子"是分开存在的。但这个白兔标识由于缺乏国家层面的制度保护，并不是现代法律意义上的商标。❷ 据资料记载，1890年上海燮昌火柴公司使用的"渭水"牌火柴商标，可能是目前已知的中国经官方正式批准的最早注册商标。❸

商标是一种用于识别商品或服务来源的标志。商标一般由文字、图形、字母、数字等构成，使用在商品、商品包装、服务设施或者相关的交易文书或广告宣传品上。使用商标的目的是帮助消费者建立经营者与商品或服务之间的联系，并区分不同经营者所提供的商品或服务。随着科技和社会进步，商标的使用范围也相应扩大。例如，在应用程序、社交网络、即时通信工具、二维码上使用商标也可能属于商标的使用。❹

需要指出的是，虽然商标是商业标记的子集，但两者不完全重合。商业标记是一个宽泛的概念，不仅包括商标，还包括企业名称、字号、商品名称、商品包装、装潢、域名、商业外观等。❺ 其中，企业名称和字号被称为营业主体标志，是用来标识生产经营者之间区别的标志。例如，"上海冠生园食品有限公司"是一个依法登记的企业名称，其中"上海"是地理名称，"食品"是行业名称，"有限公司"是组织形式，而"冠生园"作为企业名称的核心

---

❶ 郑成思. 知识产权论［M］. 3版. 北京：法律出版社，2003：1-7.

❷ 中国国家博物馆收藏有北宋时期山东济南一家以制造钢针为业的刘家铺子的广告印刷铜牌，其上部文字为"济南刘家功夫针铺"；中部系白兔持铁杵捣药图案，两侧分别刻有四个楷体阳文，连起来为"认门前白兔儿为记"；下部文字为"收买上等钢条，造功夫细针，不误宅院使用，转卖兴贩，别有加饶，请记白"。在宋代，国家纸币和商铺纸张的印刷，采用的是雕刻铜版。刘家针铺的铜牌上的白兔标志是目前已知的中国乃至世界上最早出现的商标。王欣. 我国最古老的商标：济南刘家功夫针铺［N］. 中国知识产权报，2018-05-09（5）.

❸ 1889年"百日维新"期间，清政府发布法令保护中国商人的著名商标。1904年，清光绪皇帝钦定颁布了由清朝海关总税务司起草的《商标注册试办章程》。左旭初. 建造国内首家商标博物馆［EB/OL］.（2013-12-16）［2022-03-06］. https://culture.ifeng.com/gundong/detail_2013_12/16/32152819_0.shtml.

❹ 参见《商标侵权判断标准》，国知发保字〔2020〕23号第6条。

❺ 孔祥俊. 反不正当竞争法新原理：分论［M］. 北京：法律出版社，2019：1-5.

部分，称为字号。在我国，商标和企业名称是由不同法律去规范的，《商标法》和《企业名称登记管理规定》是两个不同的法律和法规。❶

字号、商品名称、商品包装、装潢、域名、商业外观和特定的广告语等，主要由反不正当竞争法进行保护。在我国，《商标法》与《反不正当竞争法》的关系十分密切。如《商标法》第58条规定，将他人注册商标或者未注册的驰名商标作为企业名称中的字号使用，可以适用《反不正当竞争法》的相关规定。❷ 由于反不正当竞争法源于英美衡平法的传统理论，通过引入诚实信用、善良风俗等伦理性标准判断不正当竞争行为，这种内在的包容性和灵活性使反不正当竞争法能对市场中出现的新问题作出更敏锐的反应，从而对商标法无法顾及的新型标志进行兜底保护。❸

二、商标的功能

关于商标的功能，学术界有不同论述。有的观点将其概括为识别、品质、广告、文化四大功能。其中，识别商品来源的功能是商标最基本的功能，商标其他功能的实现都以这个功能为基础。❹ 有的观点从信息经济学的角度出发，将其归纳为两大功能：（1）降低消费者的搜索成本；（2）激励企业持续地提高商品质量。❺ 典型表现如著名的"柠檬市场理论"，在信息不对称的情况下，次劣商品凭借低成本优势，销量往往更好，最终会发生劣币驱除良币的效应，整个公平竞争市场消失。❻ 商标制度可以消除或降低这种信息不对称的负面影响，使消费者能鉴别出优质商品和劣质商品的不同生产来源，从

---

❶ 参见《企业名称登记管理规定》。2020年12月14日国务院第118次常务会议修订通过，于2021年3月1日正式施行。

❷ 有学者提出，《反不正当竞争法》第6条规定的"有一定影响的商品名称、包装、装潢"，都属于《商标法》适用范围内的未注册商标。孔祥俊. 反不正当竞争法新原理：分论 [M]. 北京：法律出版社，2019：8-10.

❸ 卢纯昕. 反不正当竞争法在知识产权保护中适用边界的确定 [J]. 法学，2019 (9)：1-15.

❹ 王迁. 知识产权法教程 [M]. 6版. 北京：北京大学出版社，2019：401-405；王太平. 商标法原理与案例 [M]. 北京：北京大学出版社，2015：4-10.

❺ MERGES R P, MENELL P S, LEMLEY M A. Intellectual Property in the New Technological Age [M]. 6th ed. Boston，MA：Aspen Publishers，2012：640-645.

❻ ACKERLOT G A. The Market for 'Lemons'：Quality Uncertainty and the Market Mechanism [J]. Quarterly Journal of Economics，1970 (84)：488-490.

而激励经营者不断提高商品质量。❶

（一）识别功能

商标是人类社会发展到一定阶段，随着市场需求而产生的。早期的商标是货物上附着的一种标记。在19世纪的英国，商业标记在航海运输的货物上很常见。由于货物在海上运输途中容易损毁，货主们会在运输前先做好特殊标记，一旦这些货物从海里被打捞上来，货主们就可以凭借所附加的标记追索货物的所有权。❷ 在这一时代，商标属于商品所有人在货物上加注的所有权标记，与消费者保护无关，并非现代意义上的商标。

随着现代贸易的发展，商品经过各种交易和流通环节最终到达消费者手中。商标所标识的商品"来源"也发生了变化。"匿名来源说"是现代商标保护理论的主流观点，即消费者不必知道商品真正的生产者是谁，商标所指示的商品来源可以是匿名的。❸ 对消费者而言，真正重要的不再是商品的具体出处，而是附有同一商标的第二件商品与第一件质量相当。❹ 简单来说，商标所识别的商品来源是让消费者确信附有同一商标的两件商品来自同一商家，至于商家究竟是谁则无关紧要。❺ 例如，"汰渍"牌洗衣液来自多个不同的生产基地，其母公司宝洁公司也拥有多个不同的注册商标，但这些都不会影响"汰渍"商标发挥来源识别的作用，只要消费者在购买"汰渍"牌洗衣液时，确信所有附有"汰渍"商标的洗衣液都具有同一来源。❻

（二）品质功能

品质功能是指商标使消费者确信使用同样商标的商品具有相同的品质。即消费者下一次购买同样商标的商品时，商品具有同样的质量水平。品质保

---

❶ LANDES W, POSNER R. Trademark Law：An Economic Perspective [J]. Journal of Law and Economics, 1987 (30): 265 – 309.

❷ MCKENNA M P. The Normative Foundations of Trademark Law [J]. Notre Dame Law Review, 2007 (82): 1839 – 1849.

❸ BEEBE B. Trademark Law：An Open – Source Casebook [M]. New York：Digital Edition, 2020: 34 – 35.

❹ SCHECHTER F I. The Rational Basis of Trademark Protection [J]. Harvard Law Review, 1972 (40): 813 – 833.

❺ 彭学龙. 信息经济学视角下的商标制度 [J]. 知识产权, 2012 (8): 17 – 29.

❻ 消费者不必知道这批洗衣液真正的生产者是谁或者其背后真正的经营者是谁。

证功能在不同的时代有不同的意义。在中世纪的欧洲，商标属于一种法定产品标记。封建行会要求手工业者在商品上使用标记，以便追踪缺陷商品的出处。自秦代以来，我国的工匠也有"物勒工名"的相似做法，如《唐律》对此记载："物勒工名，以考其诚，工有不当，必行其罪。"❶ 但这些早期的商标在本质上是事后究责惩罚的手段，并不是现代意义上的商标。

在商标法中，品质保证功能的立法意图是为商标的许可使用和转让提供法理依据。因为商标在许可使用和转让后，商标权人不一定是商品的真正制造者，这与商标的来源识别功能相悖。为了突破商标的来源识别功能对商标许可使用和转让的限制，商标法进一步发展出了商标的品质保证功能。❷ 但有人认为，品质保证功能不具有独立的地位，仅是对来源识别功能中"匿名来源"的扩张式重述。❸ 商标的品质保证功能不是法律上某个商标权人对消费者的担保义务，而是商标权人控制商品品质的专有权利。❹ 换言之，其他人制造或销售不符合品质控制标准的商品，都可能构成对商标权人的侵权行为。如我国《商标法》第43条第1款规定，商标许可人应当监督被许可人使用其注册商标的商品质量，被许可人应当保证使用该注册商标的商品质量。

（三）广告功能

在商标历史发展的初期，商标最主要的功能是识别商品来源。随着社会经济的发展，商标作为商品最直接和最有效的广告媒介，其广告宣传功能越来越突出。

广告宣传功能本质上是一种劝说功能，其作用在于影响消费者的心理倾向，从而激发他们的购物欲。例如，国产品牌"元气森林"选择在饮料包装上将"气"突出为日文的"気"字，是为了激起年轻消费者对外国饮料的好奇心。现代商标法开始认可商标的广告宣传功能，意味着商标制度逐渐从关注商品或服务质量本身走向关注消费者的精神世界和消费价值取向。如今，

---

❶ 转引自凌洪斌. 社会经济发展视阈下的商标功能扩张进路［J］. 知识产权，2016（1）：97-103.

❷ THOMAS J, CARTHY M C. McCarthy on Trademarks and Unfair Competition ［M］. 4th Edition. Eagan, MN: Thomson/West, 2006. § 3.9.

❸ 梁志文. 商标品质保证功能质疑［J］. 法治研究，2009（10）：3-11.

❹ THOMAS J, CARTHY M C. McCarthy on Trademarks and Unfair Competition ［M］. 4th Edition. Eagan, MN: Thomson/West, 2006. § 3.10.

消费者购买商品想要获得的不仅是商品或服务的使用价值，还附带一种得到他人和社会认同的荣誉感。❶

商标的广告宣传功能还与商标的商品化现象有关，当消费者购买某一商品的最大原因不是商品本身的质量或用途而只是因为喜欢商品的商标时，商标就脱离其所附着的商品而发生"商品化"。这种现象在奢侈品消费者中尤为突出。例如，高价购买爱马仕男士皮带的顾客，看重的可能不仅是昂贵皮带本身的品质，还有皮带上醒目的"H"商标带来的财富和地位象征。从这个意义上说，商标影响着人们的品位、身份认同和情感。

（四）文化功能

商标不仅是一种标记商品或服务来源的符号，它还具有深刻的文化功能。除了传递品牌的价值观、历史和故事，商标还可以增加大众交流的语言词汇，甚至创造象征性的社会文化符号。

"滴滴"一词本不属于现有的交通词汇。随着滴滴公司知名度的提高，滴滴已经成为共享出行的代名词，丰富了大众交流的语言表达。可口可乐的商标采用红色和白色的配色以及独特的字体风格，旨在传递一种快乐、友善和团结的价值观。可口可乐的商标不仅成为可口可乐品牌价值的一部分，还成为圣诞节欢庆的文化传统之一。星巴克的商标是一条双尾美人鱼，这是一种古老的图腾，与咖啡起源、神话传说和海洋文化有关。中国国际航空公司的商标则是一只红色的凤凰图案，因为凤凰是中国古代传说中的一种美丽吉祥的神鸟，红色在中国文化中是一种喜庆的颜色，以此作为航空公司的航徽，寄寓了中国人对天下万物的一种美好祝福。

当然，强调商标的文化功能，并将商标作为一种语言表达放进公共话语领域，可能会导致商标权与表达自由之间的冲突。不同国家的立法在这一问题上常常陷入复杂的平衡之中。一方面，它们试图限制商业主体通过商标对公共文化施加不良影响，以保护社会免受虚假、欺骗、仇恨或有害信息的干扰；另一方面，它们也承认商业言论作为一种言论形式同样应该被视为表达自由的一部分，并受到法律的保护。

在实际立法中，这种平衡可能表现为对商标注册的条件和限制，以确保

---

❶ 凌洪斌. 社会经济发展视阈下的商标功能扩张进路 [J]. 知识产权，2016（1）：97-103.

商标不会误导公众或者损害公共文化或价值观。此外，一些国家也会采取措施，鼓励商标所有人对其商标的文化含义进行积极管理，以维护其品牌形象，同时不损害公众利益。寻求这种平衡是一个复杂的问题，需要综合考虑商标权利、公众利益和言论自由的权衡。

典型案例

王老吉加多宝红罐装潢不正当竞争纠纷案*

一、基本案情

2012年7月6日，广州医药集团有限公司（以下简称"广药集团"）与广东加多宝饮料食品有限公司（以下简称"加多宝公司"）于同日分别向法院提起诉讼，均主张享有"红罐王老吉凉茶"知名商品特有包装装潢的权益，并据此诉指对方生产销售的红罐凉茶商品的包装装潢构成侵权。一审法院认为，由于加多宝公司不享有涉案包装装潢权益，故其生产销售的一面"王老吉"、一面"加多宝"和两面"加多宝"的红罐凉茶均构成侵权，判令加多宝公司停止侵权行为，刊登声明消除影响，并赔偿广药集团经济损失1.5亿元及合理维权费用26万余元。加多宝公司不服一审判决，向最高人民法院提起上诉。

二、裁判结果

2017年7月27日，最高人民法院作出终审判决，认为在红罐王老吉凉茶产品的铁制罐体上包括"黄色王老吉文字、红色底色等色彩、图案及其排列组合等组成部分在内的整体内容"，为知名商品的特有包装装潢。结合红罐王老吉凉茶的历史发展过程、双方的合作背景、消费者的认知，以及公平原则的考量，由于广药集团及其前身、加多宝公司及其关联企业，均对涉案包装装潢权益的形成、发展和商誉的建树发挥了积极的作用，将涉案包装装潢权益完全判归一方所有，均会导致显失公平的结果，并可能损及社会公众利益。因此，涉案知名商品特有包装装潢权益，在遵循诚实信用原则和尊重消费者认知并不损害他人合法权益的前提下，可由广药集团与加多宝公司共

---

* 广东加多宝饮料食品有限公司、广州医药集团有限公司擅自使用知名商品特有名称、包装、装潢纠纷二审民事判决书，最高人民法院（2015）民三终字第3号。

同享有。

三、典型意义

在确定本案特有包装装潢权益归属时,法院并未采取被许可使用商标之上所积累的商誉在商标许可使用关系终止后应同时归还商标许可人的通常原则,而是在遵循诚实信用原则和尊重消费者认知并不损害他人合法权益的前提下,将该包装装潢权益判归广药集团和加多宝公司共同享有。此案判决对类似案件的审判起到指导作用。

第二节　商标立法及其宗旨

一、商标法的内容和原则

商标法,是指调整因商标的构成、注册、使用、管理和保护等所发生的社会关系的法律规范的总称。这一法律领域的规范涵盖了广泛的问题,旨在确保商标的有效运作、保护商标所有人的权益,以及维护公众利益。商标法所包括的法律规范,是指以商标法为主的所有调整商标法律关系的法律、法规、条例、细则和办法等的总和。

商标法的中心焦点在于保护商标专用权,涵盖了多方面的内容,其中包括商标的构成要素、商标的注册申请、商标权的取得及利用、商标权的转让和使用许可、注册商标的无效宣告,以及商标的合法使用管理和保护等方面。

（一）商标法的基本内容

1. 商标的构成要素

商标法规定了商标的构成要素,包括标识的可感知性、可识别性、可区分性等,其中可识别性和可区分性又被合并称为商标的显著性。[1] 这些要素的作用在于确保商标能够准确指示商品或服务的来源,帮助消费者作出明智的购买决策。

---

[1] 吴汉东. 知识产权法学 [M]. 6 版. 北京：北京大学出版社, 2015: 204-206.

商标法规定商标必须是可感知的，即能够以某种感觉方式被感知、识别或辨认。这包括商标的视觉感知，如商标的形状、颜色、字体或图像等，以及其他感知方式，如声音、味道、触觉等。这确保了商标构成的多样性，即商标可以采用不同的感知方式来标识商品或服务的来源。

商标法要求商标必须具有可识别性和可区分性。可识别性指的是商标与附着对象之间的关系，它要求商标自身应当是简洁的、可记忆的，且不属于附着对象的通用名称或对其属性的直接描述。可区分性指的是商标与其他商标之间的关系，它要求商标与其他商标不相同、不近似，以避免混淆。这两个要素共同构成商标的显著性。

2. 商标的注册程序

商标法还规定了商标注册的程序和条件，包括商标的申请途径、审查程序、注册费用等。只有符合法定要求的商标才能获得注册，其他不符合审查标准的商标将被排除在外，这有助于确保商标注册制度的完整性和有效性，同时有助于维护消费者权益。

3. 商标权的转让和许可使用

为了确保商标能够在商业活动中得到有效应用，商标法规定了商标权的转让条件和程序，以及商标许可使用的管理规定。这些规定不仅为商标权人提供了更大的市场灵活性，也为市场中的多方合法使用商标提供了统一的法律框架。

4. 注册商标的无效宣告

商标法还确立了一套程序，使自然人或法人有权请求宣告某个商标的无效。这一制度的目的是在商标违反法律规定或者不再符合商标构成要素的情况下，允许利益相关方提出合法的异议，从而及时纠正商标权的滥用等情况，维护商标制度的公平性。

5. 商标使用的管理和保护

商标法规定了商标权人有责任维护其商标的合法性和有效性，这包括保持商标的注册状态，定期支付相关费用，以及采取措施防止商标侵权。商标法为商标权人提供了多种保护机制，包括紧急禁令、行政处罚、民事诉讼和其他法律手段，以保护商标免受侵权。

（二）商标法的基本原则

商标法的基本原则是商标法体系的重要组成部分，旨在确保商标的有效管理、保护商标所有人的权益、维护市场公平竞争，以及为消费者提供准确的商品或服务来源信息。这些基本原则是商标法制度的基础，贯穿于商标立法、执法、司法，以及商标管理和使用的各个环节。❶以下是对这些基本原则的探讨，以便更全面了解商标法的运作。

1. 保护商标专用权与维护消费者权益相结合的原则

保护商标专用权是商标法的核心内容和立法宗旨之一。商标法的目标在于确保商标权人能够享有其商标的专用权，从而鼓励商业创新和投资，同时也有助于维护市场秩序和消费者的利益。具体来说，商标权人要提供清晰和真实的商标信息，并保证其商品或服务的质量，以确保消费者获得符合期望的商品或服务。

2. 注册取得商标专用权的原则

在各国的商标立法中，通常采用两种不同的原则来确立商标专用权的取得方式，分别为使用原则和注册原则。使用原则认为，只有在商标首先实际投入市场使用时，商标的专用权才能赋予商标所有人。注册原则则认为，无论申请人是否实际使用过商标，只要经过商标主管机关的注册登记，申请人就能取得商标的专用权。在商品经济发展的早期，生产和交换主要集中在本地市场，因此是否首先使用商标相对容易证明，并且经营者也可以轻松避免使用他人已经使用的商标。然而，随着生产和流通范围的扩大，使用原则逐渐出现冲突，尤其是在跨境贸易和国际市场中。

目前，大多数国家不再单纯采取通过使用取得商标权的原则，而更倾向于采用注册原则。商标注册提供了明确的权属证明，更有利于维护市场秩序和保护商标专用权。但是，即使在已经采用商标注册制度的国家，通常也会规定因驰名而获得商标权这一通过使用获得商标权的例外情形。驰名商标可以在没有注册的情况下，获得商标专用权的法律保护，前提是商标已经在市场上为相关公众所熟知。

---

❶ 王莲峰. 商标法学［M］. 4版. 北京：北京大学出版社，2023：38－40.

3. 商标注册的审查原则

各国对商标注册申请的批准采用两种不同的原则，分别是审查原则和不审查原则。审查原则指的是商标主管机关在商标注册申请授权前，根据法律规定对申请注册的商标进行全面审查，包括形式审查和实质审查，如果符合法定条件，将予以注册并公告。不审查原则是指商标主管机关不对申请注册的商标进行实质审查，仅对申请文件和手续进行核对，如果符合规定条件，将批准注册。

审查原则可能增加商标注册申请的时间和成本，因为需要进行细致的审查程序。相比之下，不审查原则通常更加简捷和高效，但可能导致一些不合规的商标获得注册，从而对市场秩序和消费者权益产生潜在的影响。我国目前采用的是审查原则，商标主管机关依法对商标注册申请进行全面审查。

4. 商标保护的地域性原则

商标保护的地域性原则意味着商标的专用权通常只在特定的地理范围内生效。这个范围通常与商标的注册地或国家有关。对于商标这种必须经过主管机关的审查才能获得授权的权利类型而言，地域性原则体现得尤为突出。在商标注册程序中，商标权人必须明确指定其商标的使用地，以确定其商标专用权的范围。

尽管商标保护通常受地域性原则的限制，但有一些机制允许商标权人在国际范围内注册其商标。例如，国际商标注册体系允许商标权人通过递交一次申请在多个国家或地区注册商标。在特殊情况下，商标专用权还可能会超越特定的地理范围，这通常与商标的知名度和声誉有关。《巴黎公约》第6条之二确立了对未注册驰名商标的保护。驰名商标可以在缔约方获得更广泛的保护，即使没有在每个国家注册。

二、商标法与知识产权法的关系

商标权是知识产权中非常特殊的一种权利，在很长时间里，商标不被认为是一种知识产权。美国是世界上少数在宪法中规定知识产权的国家。《美国宪法》第1条第8款第8项被称为"知识产权条款"，其内容为"为了促进科学和实用技术的发展，国会有权保障作者和发明者在有限的期间内对他们的作品和发明享有专有权利"。根据这一条款，美国在建国初期就制定了版权法和专利法。但是，美国商标法的宪法依据却不是该条款。❶ 商标法的立法意图因此被认为不是为了促进创造性劳动，而是为了构建自由和公平的市场竞争秩序。❷

如果商标法的立法目的不是促进智力成果的产生，那么商标为什么还被归属于知识产权的范畴？有观点认为，商标权之所以与专利权和著作权并列为知识产权，不是因为它们都与智力活动有关，而是因为它们都是一种排他的无形财产权。❸ 商标的财产属性是随着商标的市场使用而逐渐放大的。对商标投入的成本越多，商标的知名度越高，商标的价值就越大。甚至有时候，商标的价值会超过商品本身的价值。例如，可口可乐公司的法务总监在1986年就公开提到："即使可口可乐公司的生产车间和存货仓库在一夜之间被大火摧毁，只要可口可乐公司还拥有'Coca-Cola'商标，从亚特兰大到纽约的银行家都会在第二天早晨排队上门为可口可乐公司提供贷款。"❹ 可见，在发达的市场经济中，商标权已经成为企业最重要的无形财产权之一。

三、我国商标法的渊源和作用

（一）商标法的渊源

商标法的渊源有多个来源，包括法律法规、部门规章、行政规范性文件、司法解释以及国际公约。这些不同来源共同构成了商标法的基础，为商标保护和管理提供了法律框架。这些法律和规定有助于促进商标的合法使用、保护消费者利益、鼓励创新，以及维护市场竞争的公平秩序。

法律法规是商标法制定的最基本来源之一。我国法律是指由全国人民代表大会及其常务委员会行使立法权制定和修改的基本法律。与商标有关的法

---

❶ 美国商标法的宪法依据是《美国宪法》第1条第8款第3项的"贸易条款"，其内容为"国会有权调控对外贸易、州际贸易和同印第安部落的贸易"。
❷ BEEBE B. Trademark Law: An Open-Source Casebook [M]. New York: Digital Edition, 2020: 28-30.
❸ 王迁. 知识产权教程 [M]. 6版. 北京：中国人民大学出版社, 2019: 407-408.
❹ BEEBE B. Trademark Law: An Open-Source Casebook [M]. New York: Digital Edition, 2020: 11-12.

律包括《民法典》《商标法》《反不正当竞争法》《刑法》等。商标的行政法规是指由国务院颁布实施的规范性文件。与商标有关的行政法规包括《商标法实施条例》《特殊标志管理条例》《奥林匹克标志保护条例》等。

商标的部门规章主要由国务院组成部门及具有行政管理职能的直属机构在它们的职权范围内，依据法律、法规制定的规范性文件。部门规章一般以行政首长令的形式公告发布，这与行政规范性文件有所区别。与商标有关的部门规章包括《驰名商标认定和保护规定》《集体商标、证明商标注册和管理办法》《商标侵权判断标准》《商标审查审理指南》《商标印制管理办法》《商标注册申请快速审查办法（试行）》《注册商标专用权质押登记程序规定》《关于商标电子申请的规定》等。

行政规范性文件是除国务院的行政法规、决定、命令，以及部门规章和地方政府规章外，由行政机关或者经法律法规授权的组织公开发布的具有普遍约束力，在一定期限内反复适用的公文。[1] 与商标有关的行政规范性文件包括《关于规范企业名称和商标、广告用字的通知》《关于保护服务商标若干问题的意见》《关于〈商标法〉第五十九条第三款法律适用问题的批复》《关于国家知识产权局标志使用问题的批复》等。

司法解释主要是指国家最高司法机关在适用法律过程中对具体应用法律问题所作的解释，包括审判解释和检察解释两种。由最高人民法院发布的与商标有关的司法解释，包括《关于审理商标授权确权行政案件若干问题的规定》《关于审理商标民事纠纷案件适用法律若干问题的解释》《关于审理涉及驰名商标保护的民事纠纷案件应用法律若干问题的解释》《关于审理注册商标、企业名称与在先权利冲突的民事纠纷案件若干问题的解释》《关于审理涉及计算机网络域名民事纠纷案件适用法律若干问题的解释》《关于人民法院对注册商标权进行财产保全的解释》《关于审理商标案件有关管辖和法律适用范围问题的解释（2020年修正）》等，以及由最高人民检察院和最高人民法院联合发布的与商标有关的司法解释，包括《关于办理侵犯知识产权刑事案件具体应用法律若干问题的解释（三）》《关于办理侵犯知识产权刑事案件适用法律若干问题的解释（2023年征求意见稿）》等。

---

[1] 参见国务院办公厅《关于加强行政规范性文件制定和监督管理工作的通知》（国办发〔2018〕37号）。

我国是国际社会中重要的商标立法参与者，积极缔结或加入了多项与商标有关的国际条约。这些条约旨在推动国际商标保护、促进全球商标体系的协调，以及加强驰名商标的国际保护。由全国人大常委会决定、国家主席批准并在我国生效的国际条约，具有国内法律效力，可由法院、行政机关直接适用。与商标有关的国际条约包括《保护工业产权巴黎公约》（1967年斯德哥尔摩文本）、《商标国际注册马德里协定》（1979年修改的斯德哥尔摩文本）及其议定书、《与贸易有关的知识产权协定》（TRIPS协定）、《建立世界知识产权组织公约》等。

（二）商标法的基本作用

商标法是一项重要的法律制度，旨在保护商标权人和消费者的合法利益，促进社会主义市场经济的有序发展。它发挥着多重作用，其中包括但不限于保护商标专用权、维护商业信誉、保障消费者的利益，以及加强商标的管理。

1. 保护商标专用权

商标法的首要作用是确保商标权人享有其商标的专用权，以防止他人未经授权使用相同或近似的商标，从而减少混淆和不正当竞争行为。为此，商标法针对商标专用权作出了多项重要规定，涵盖了商标注册、审查和核准，注册商标专用权的保护，以及对商标侵权行为的民事、行政和刑事责任等方面的规定。商标法还规定了商标专用权的期限，通常为10年，但经过续展程序可以延长，且提出续展申请的次数不设限。

2. 维护商业信誉

商标法有助于维护商标权人的商业信誉。商标是企业的宝贵资产，它不仅代表着商品或服务的特定品质，还反映着企业的信誉和品牌形象。为实现这一目标，企业需要不断进行科技创新，采用先进技术，提高生产效率，降低成本，确保商品和服务的高质量。通过这种方式，企业可以不断提高其商标的知名度和美誉度，吸引更多客户，并在市场竞争中取得优势。通过商标法的保护，商标权人还能够确保商标与其生产经营的商品或服务在市场上具有唯一关联，并能采取法律措施来防范商标侵权行为以及他人滥用其商标的行为，从而保持商标的声誉和可信度。

3. 保障消费者的利益

我国商标法的宗旨之一是保障消费者的利益。商标法禁止商标的误导性使用，确保消费者在选购商品或服务时不会受到虚假或欺诈性信息的误导。通过商标的注册申请和管理，不仅可以激发企业不断投资品牌建设和提高产品质量，消费者也可以更容易地辨认和选购他们信任的品牌和产品。

我国商标法对消费者利益的保护主要体现在消费者是否会对商品或服务的来源产生混淆误认的商标侵权判断标准。然而，目前我国的商标法律体系并未明确规定针对消费者权益救济的专门程序，类似产品质量法中对消费者权益的明确规定。这是一个需要与消费者权益保护法、反不正当竞争法等部门法协调考虑的问题。❶

4. 加强商标的管理

我国的商标注册体系采用了统一注册分级管理的制度。在这个制度下，商标局负责全国商标注册的工作，其他任何机构无权核准商标注册。与此同时，分级管理允许地方各级市场监督管理机关根据法律规定和职权对本地区的商标使用、商标印制和商标侵权等进行管理和监督。

地方各级市场监督管理机关通过对商标使用的管理，能够监督和确保商品或服务的质量。这有助于维护广大消费者的利益，因为商标通常与商品或服务的质量和来源紧密相关。地方各级市场监督管理机关通过对商标印制进行管理，有助于防止假冒和冒充注册商标来源的违法行为发生，维护商标权人的合法权益。地方各级市场监督管理机关还负责查处商标侵权活动，打击假冒注册商标的行为。这有助于维护公平的市场竞争秩序，防止商标侵权和不正当竞争行为的发生。

四、我国商标法四次修改的背景及主要内容

我国的商标保护制度有特殊的发展历史，不像欧美国家那样经历了先自发使用商标再到法律保护的自然演化过程，而是在历次的法律修正中逐步完善商标保护的法律制度。我国第一部《商标法》制定于1982年，恰逢改革开放后发展市场经济的初期。1989年，"同仁堂"成为我国首个受到驰名商标保护的商标。商标法实施后，立法机关就其不完善之处先后进行了四次修正，分别在1993年、2001年、2013年和2019年，这些修正不仅是完善商标

---

❶ 杜颖. 商标法 [M]. 3版. 北京：北京大学出版社，2016：13-15.

法的过程,也是我国商标法律体系不断与国际商事法、国际商事惯例接轨的过程。[1]

(一) 1993 年《商标法》修正的主要内容

1993 年《商标法》的修正是在社会主义市场经济逐步建立的背景下发生的。新法借鉴了国际上的通常做法,在第 8 条第 2 款规定了属于公共资源的县级以上行政区划的地名或者公众知晓的外国地名不得作为商标使用。但该次修改采用不溯及既往的原则,在新法生效之前已注册的地名商标继续有效,如青岛啤酒、云南白药、中华香烟等。随着现代服务业的发展,1993 年《商标法》还首次将商标的保护范围从商品商标扩大到了服务商标,改变了我国商标法只保护商品商标的历史。同时,针对商品流通领域成为商标侵权行为的高发区,新法在所列举的商标侵权行为中,还增加了一项内容"销售明知是假冒注册商标的商品"的行为也构成法定的商标侵权行为。

(二) 2001 年《商标法》修正的主要内容

2001 年《商标法》首次将商标的构成要素扩大到三维标志和颜色组合的可视性标志,增加了立体商标和颜色组合的商标。同时,还明确了商标的注册条件,不仅要求商标具有显著特征,还要求申请注册的商标不得与他人在先权利如商号、姓名、肖像权等相冲突。原来的《商标法》未对集体商标、证明商标和地理标志作出规定。2001 年《商标法》结合我国实际情况,新增了这三种新的商标类型的保护。

虽然我国在商标保护的司法实践中已经认可了驰名商标的价值,但《商标法》并未对驰名商标的法律地位和认定标准作出任何规定。2001 年《商标法》首次规定了驰名商标的侵权认定标准,同时还规定了司法审查程序适用于商标注册申请。原来的商标注册申请采用行政决定的终审制,2001 年《商标法》修正后,允许商标注册申请人在收到商标评审委员会的决定后向人民法院提起行政诉讼。

2001 年《商标法》第 56 条第 3 款规定:"销售不知道是侵犯注册商标专

---

[1] 我国于 1985 年加入《保护工业产权巴黎公约》,1995 年加入《商标国际注册马德里协定有关议定书》,2001 年加入 WTO《与贸易有关的知识产权协定》。

用权的商品，能证明该商品是自己合法取得的并说明提供者的，不承担赔偿责任。"新法明确了在认定商标侵权行为时，采用"无过错责任原则"，即不管行为人主观上是否有过错或是否明知其行为构成侵权，只要有侵权行为或侵权结果的事实存在，即可认定为侵权。但在确定侵权行为人的赔偿责任时，则按照"过错责任原则"来确定。这一规定平衡了商标权人与其他经营者之间的利益。2001 年《商标法》第 57 条第 1 款规定："商标注册人或者利害关系人有证据证明他人正在实施或者即将实施侵犯其注册商标专用权的行为，如不及时制止，将会使其合法权益受到难以弥补的损害的，可以在起诉前向人民法院申请采取责令停止有关行为和财产保全的措施。"对于即将发生的商标侵权行为，有关当事人可以向人民法院提出申请，要求法院采取"临时措施"来制止侵权行为的进一步发生。这一规定增强了对商标权人的保护力度，确保其合法权益不受侵害。

（三）2013 年《商标法》修正的主要内容

2001 年《商标法》规定了商标侵权行为的法定赔偿额为 1 万元至 50 万元。考虑到社会经济发展和物价上涨等因素，2013 年《商标法》将商标侵权行为的法定赔偿额上限提高到了 300 万元，同时还新增了惩罚性赔偿的规定，即针对反复故意侵权的现象，人民法院可以在权利人因侵权受到的损失、侵权人因侵权获利或者商标许可使用费的 1~3 倍的范围内确定惩罚性赔偿额。

为了方便申请人注册商标，新法首次允许商标注册申请以电子方式提出，并将原来的一标一类改为一标多类的申请方式，即申请人可以通过一份申请就多个不同类别的商品申请注册同一商标。相较于原来的一标一类，一标多类的申请方式手续更简单，也更有利于创新型企业实施商标战略。同时，为了缩短商标注册审查周期，遏制恶意异议行为，新法还对商标注册异议程序作出了简化规定。原来的《商标法》规定，初审公告 3 个月内，任何人均可以任何理由对申请注册的商标提出异议。2013 年《商标法》对商标异议申请人的资格作出了限定，只有在先商标所有人及其利害关系人才能提出商标异议，从而避免了恶意异议阻碍商标注册、扰乱商标注册秩序的情形发生。

在商标法中，注册商标的无效和撤销是两种不同的法律行为，均可导致商标权终止，但两者的法定事由和终止的效力不同。注册商标被宣告无效后，该无效决定具有追溯力，商标注册自始无效。注册商标被撤销后，撤销只是解除现有商标权的法律行为，不具有追溯力，不影响之前的权利行使。2001年《商标法》仅规定了注册商标撤销一种情形，未区分撤销和无效两个概念。2013年《商标法》对此作出修正，在我国立法中正式引进了注册商标的无效制度。此外，新法还完善了驰名商标的保护制度，淡化行政认定色彩，首次明确了驰名商标实行个案认定、被动保护的原则。

（四）2019年《商标法》修正的主要内容

2019年《商标法》修正主要是应对商标法施行过程中的两大问题。首先，它加强了对商标恶意注册行为的规制，增强了商标申请人的使用义务，在立法中明确了"不以使用为目的的恶意申请"不得注册。同时，新法还将恶意申请纳入了异议程序和无效宣告程序中，有利于更好地保护商标权人的利益。其次，新法加大了对商标侵权行为的惩罚力度。2019年《商标法》第63条提高了商标侵权赔偿的数额，将惩罚性赔偿的计算倍数从1倍以上3倍以下提高到1倍以上5倍以下，并将法定赔偿数额上限从300万元提高到500万元。修正后的《商标法》与《专利法》和《著作权法》的相关条款保持一致，旨在给予权利人更充分的损害赔偿。

（五）《征求意见稿》的主要内容

2022年国家知识产权局成立专项小组，开始推进《商标法》及其实施条例的修改工作，并在综合多方意见的基础上形成了《中华人民共和国商标法修订草案（征求意见稿）》（以下简称《征求意见稿》）。❶《征求意见稿》的修改内容主要包括以下几个方面。

1. 扩大商标的构成要素

为了顺应社会经济发展需要，给市场主体提供更大的便利，《征求意见稿》首次在立法中明确了商标的概念，并借鉴国际成熟经验，开放了商标的构成要素，使得商标的构成要素不再局限于现行法中列举的几种要素。《征求意见稿》第4条明确了商标的构成要素，不仅包括文字、图形、字母、数字、三维标志、颜色组合、声音，还包括其他要素以及上述要素的组合。

---

❶ 《商标法》修改已被列入《十四届全国人大常委会立法规划》，载《全国人民代表大会常务委员会公报》2023年第6号，第734页。

2. 明确商标专用权的行使边界

为了营造公平竞争的市场秩序，平衡商标权人和社会公众的利益，《征求意见稿》明确了商标专用权的行使边界，完善了描述性使用的规定。《征求意见稿》第 62 条增加了善意使用自己的姓名、名称、地名和指示性使用等正当使用情形。同时，对不正当行使商标专用权、严重损害公告利益，并造成重大不良影响的商标权人，《征求意见稿》第 49 条还规定了商标的行政主管部门有权撤销其注册商标。

3. 建立恶意抢注商标的强制转移制度

为了加大对商标恶意囤积注册、恶意抢注公共资源、侵犯他人在先权利等行为的打击力度，本次修订草案提出要建立恶意抢注商标的强制转移制度。《征求意见稿》第 45 条明确了在先权利人可以向国务院知识产权行政部门请求将被恶意抢注的注册商标转移至自己名下。对于恶意抢注的注册商标，驰名商标所有人不受五年的时间限制。同时，为了与《民法典》的相关规定保持一致，《征求意见稿》第 77 条首次将适用惩罚性赔偿的条件由"恶意"修改为"故意"。

4. 加强对集体商标、证明商标注册人的监督管理

《征求意见稿》第 6 条将集体商标的申请主体从"团体、协会"修改为"行业协会"，进一步明确了集体商标对应的主体资格。《征求意见稿》第 57 条还首次规定了集体商标、证明商标转让的限制性要求，即受让人或者权利继受人应当具备集体商标或证明商标相应的主体资格和监督能力。同时，《征求意见稿》第 63 条回应社会热点事件❶，新增了集体商标和证明商标注册人不正当行使权利的法律责任。

5. 建立每五年报告商标使用情况的制度

为了强化商标使用义务，引导商标注册回归制度设计初衷。《征求意见稿》第 61 条新增了商标使用的报告制度。该条款规定，商标注册后应当每五年主动向主管部门说明商标使用情况，对未说明使用情况或正当理由的，视

---

❶ 张静，贺娟娟. 直击风暴眼中的"潼关肉夹馍协会"：加盟会员单位已过百，300 多条开庭公告，多为商标权纠纷 [EB/OL]. (2021－11－27) [2022－10－23]. https：//www.nbd.com.cn/articles/2021－11－27/2013140.html.

为放弃其注册商标专用权，对经抽查发现说明不真实的，主管部门有权撤销其注册商标。

6. 完善电子商务活动中的商标保护制度

对于侵犯商标专用权的行为，《征求意见稿》增加了通过电子商务活动实施商标侵权行为这一类型。《征求意见稿》第72条明确了未经商标注册人的许可，在同一种商品或者类似商品有关的电子商务中使用与他人注册商标相同或者近似的标志，误导公众的，构成商标侵权行为。

典型案例

恶意抢注"长津湖""全红婵"等商标注册

从雷神山、火神山、钟南山到奥运健儿，各地以热门名人为目标的恶意抢注商标行为屡见不鲜。为此，国家知识产权局于2021年发布了《打击商标恶意抢注行为专项行动方案》，对恶意抢注具有较高知名度的公众人物姓名、知名作品或者角色名称等10类典型商标恶意抢注行为给予严肃处理。据2021年知识产权相关工作统计数据显示，国家知识产权局在2021年快速驳回抢注"长津湖""全红婵"等商标注册申请1111件，依职权主动宣告注册商标无效1635件，向地方转交涉嫌重大不良影响及恶意商标注册案件线索1062件。同时，国家知识产权局还组织开展了自查整改和信用承诺，要求2.3万家商标代理机构对照重点整治事项完成自查并提交报告。[1]

就是否能使用名人姓名注册商标，《商标法》第32条规定："申请商标注册不得损害他人现有的在先权利，也不得以不正当手段抢先注册他人已经使用并有一定影响的商标。"《最高人民法院关于审理商标授权确权行政案件若干问题的规定》第5条进一步明确，将政治、经济、文化、宗教、民族等领域公众人物姓名等申请注册为商标，属于《商标法》第10条第1款第8项所指的"其他不良影响"。该条款被称为"不良影响条款"，主要规制的对象是那些对我国政治、经济、文化、宗教、民族等社会公共利益和公共秩序产

---

[1] 杨柳. 国家知识产权局去年严厉打击非正常专利申请和商标恶意抢注行为[EB/OL]. (2022-01-26) [2022-06-06]. https://www.cnipa.gov.cn/art/2022/1/26/art_53_172926.html.

生消极、负面影响的商标。该条款的施行是法治精神体现道德理念、强化法律对社会主义道德建设促进作用的一个典型例子。❶

典型案例

第36699370号"云铜"等系列商标无效宣告案*

一、基本案情

"云铜"等系列97件商标分别由云南云瑞之祥文化传播有限公司(以下简称"云瑞之祥")、美国奥洛海集团公司(以下简称"美国奥洛海")、中国云铜集团有限公司(以下简称"中国云铜")(上述三方公司为该案的被申请人)在多个商品及服务类别上注册。

2015年开始,云南铜业(集团)有限公司(该案申请人,以下简称"云南铜业集团")分别对上述"云铜"等系列商标(以下简称"争议商标")提出无效宣告请求。申请人主张其为1996年经批准成立的大型国有企业,"云铜"作为申请人的简称,已经与申请人建立了唯一、固定的对应关系。美国奥洛海、中国云铜均系以云瑞之祥为核心设立的公司,上述三家公司联合囤积注册大量"云铜"等商标,虚假宣传,以牟取非法利益,其系列注册行为严重违反诚实信用原则,对商标注册秩序造成破坏,请求依据《商标法》第4条、第44条第1款等规定,宣告争议商标无效。

二、案件解析

商标局审理认为,在案证据显示争议商标申请日前,"云铜"已作为申请人云南铜业(集团)有限公司企业名称的简称与申请人形成对应关系,在有色金属行业具有一定知名度。争议商标与申请人的企业名称的简称完全相同,被申请人对此无合理解释。被申请人三方核心股东重合,中国云铜昆明代表处与云瑞之祥地址相同,上述三家公司具有关联关系。云瑞之祥、美国奥洛海以及被申请人在全部45个商品及服务类别上通过申请注册、转让等方式大量持有"云铜"及与云南铜业集团企业标识完全相同的牛角图形等商

---

❶ 万勇. 在法治轨道上进行知识产权治理 [N]. 光明日报, 2020-03-16 (2).

* 国家知识产权局. 第36699370号"云铜"等系列商标无效宣告案 [R/OL]. (2021-07-20) [2022-03-12]. https://sbj.cnipa.gov.cn/sbj/alpx/202107/t20210720_918.html.

标，并以此为权利基础对申请人提出多起民事侵权诉讼，同时通过中金通汇国际投资有限公司向申请人关联公司发出报价80亿元人民币的《关于就"云铜"等商标进行合作与服务的报告》。

被申请人三家公司大量申请、囤积注册商标，以合作为名索取高额转让费，同时利用注册商标进行恶意诉讼，中国云铜在其官网发布于2019年和2020年其分别以2.34亿美元和43.7亿美元收购美国奥洛海持有的"云铜"商标进行炒作。上述行为明显有悖于诚实信用原则，具有通过抢注商标牟取不当利益的目的，严重扰乱了正常的商标注册秩序，已构成2019年《商标法》第4条"不以使用为目的的恶意商标注册申请"，以及2019年《商标法》第44条第1款所指"以其他不正当手段取得注册"之情形。

三、典型意义

该案中商标申请人"不以使用为目的"的大量申请商标和意欲借此牟利，囤积商标构成不正当占用商标资源和扰乱商标注册秩序，此为《商标法》第4条所规制的"恶意"商标注册申请。此外，恶意申请注册的商标不以诉争商标申请人本人申请注册的商标为限，还包括与该行为人具有串通合谋行为或者具有特定身份关系或者其他特定联系的自然人、法人或者其他组织申请注册的商标。

第二章 商标注册制度

> **案情导入**
>
> 鹿角巷奶茶品牌创立于2013年，其创始人为中国台湾地区知名插画师邱某某。2017年，鹿角巷进入中国大陆市场，凭借一款黑糖鹿丸鲜奶产品迅速走红。2017年8月1日，邱某某提出了第25629373号"鹿角巷 THE ALLEY DA"商标的注册申请，指定使用在第43类的"备办宴席；咖啡馆；自助餐厅；流动饮食供应；茶馆"等服务上，但被商标局以"有近似商标"为由驳回。邱某某随后提出复审申请。经过商标复审程序后，该商标于2018年12月13日获得了初步审定。在初步审定公告期内，该商标被多家企业提起商标异议。经过商标异议程序后，2019年12月7日，国家知识产权局对第25629373号"鹿角巷 THE ALLEY DA"商标进行了商标注册公告。但是，从鹿角巷奶茶首次进入中国大陆市场到正式获得商标注册的三年时间里，全国各地出现了大量山寨的奶茶店铺，鹿角巷公司因此错过了奶茶行业转型升级和飞速发展的时期。该案涉及商标注册的申请条件和审查程序等，将在本章进行阐述。此外，本章还将阐述注册商标的分类。

第一节 注册商标的申请与审查

商标权的取得分为原始取得和继受取得。商标权的原始取得，是指商标权由法律创设而来，并非基于他人已有的商标权。商标权的继受取得，是指商标权人基于原商标权人的商标权而取得权利，主要包括商标权的转让和商标权的继承。原始取得主要包括两种方式：使用取得和注册取得。

我国选择商标注册制具有悠久的历史传统。我国近代第一部商标法是1904年清政府颁布的《商标注册试办章程》，该章程首次引进了英国的商标注册制度。1923年北洋政府颁布《商标法》并成立农商部商标局，这是我国历史上第一个中央政府商标注册管理机构。自此到新中国成立之后，我国的商标法都坚持注册取得商标权的制度。❶

我国现行《商标法》第3条规定："商标注册人享有商标专用权，受法律保护。"这意味着在我国只有注册商标才能获得商标专用权保护。需要注意的是，商标注册制并非强制注册制。商标使用人是否注册商标，遵循自愿原则。未经注册的商标可以自由使用，但通常不受法律保护其专用权。❷

一、商标注册的主体

商标注册申请人是商标注册申请的主体。我国《商标法》第4条规定，自然人、法人或者其他组织在生产经营活动中，对其商品或者服务需要取得商标专用权的，应当向商标局申请商标注册。商标注册申请人并不限于中国境内的主体。符合条件的外国人、外国企业也可以在中国申请注册商标。但是，在中国没有经常居所或者营业所的外国人或者外国企业，在中国申请商标注册和办理其他商标事宜的，应当委托依法设立的商标代理机构办理。

外国人或者外国企业在原属国获得商标注册，并不意味着该商标在我国必然受到保护。我国是《保护工业产权巴黎公约》（以下简称《巴黎公约》）的成员，《巴黎公约》第6条明确规定了同一商标在不同国家所受保护的独立性。"商标的申请和注册条件，在本联盟各国由其本国法律决定。在本联盟一个国家正式注册的商标，与在其联盟其他国家注册的商标，包括在原属国注册的商标在内，应认为是相互独立的。"❸ 如果想要在不同国家获得商标注册，应分别向这些国家提出商标注册的申请。由此可见，注册商标专用权具有很强的地域性，只有在主权国家的行政机关核准注册后才能产生，与著

---

❶ 左旭初．中国商标法律制度的历史回顾［J］．中华商标，2012（11）：19-21．
❷ 在我国，未注册的驰名商标受到有限度的法律保护。参见现行《商标法》第13条。
❸ 参见《保护工业产权巴黎公约》（1979年9月28日修正）。

作权的自动保护原则完全不同。

但是,商标权的地域性也给各国的经济贸易活动带来了诸多不便。为了克服这一问题,《商标国际注册马德里协定》(以下简称《马德里协定》)和《商标国际注册马德里协定有关议定书》(以下简称《马德里议定书》)两个条约确立了"领土延伸保护"的原则和规范。具体申请方式为:注册商标所有人通过原属国的商标注册机构(我国是商标局)递交文件向 WIPO 国际局提出商标国际申请。申请人在提出商标国际申请时或在国际局对商标申请予以注册后一并提出领土延伸的要求,并向国际局指定要求保护的国家。国际局向指定国发出通知后,指定国的商标注册机构应在 12 个月内作出批准或驳回的决定,逾期视为同意商标注册。指定国的商标注册机构对马德里国际注册申请进行审查时,主要依据本国法律和规定。❶

二、商标注册的原则

(一) 先申请原则

先申请原则指的是当两个或两个以上申请人就同种或类似商品提出相同或近似的商标注册的申请,先提出申请的人有可能获得商标注册。我国《商标法》第 31 条规定,两个或者两个以上的商标注册申请人,在同一种商品或者类似商品上,以相同或者近似的商标申请注册的,初步审定并公告申请在先的商标;同一天申请的,初步审定并公告使用在先的商标,驳回其他人的申请,不予公告。可见,在我国,注册商标申请日的先后,是以日期来判断的,而不是具体的时刻。

《商标法实施条例》第 19 条对此有详细规定,两个或者两个以上的申请人,在同一种商品或者类似商品上,分别以相同或者近似的商标在同一天申请注册的,各申请人应当自收到商标局通知之日起 30 日内提交其申请注册前在先使用该商标的证据。同日使用或者均未使用的,各申请人可以自收到商标局通知之日起 30 日内自行协商,并将书面协议报送商标局;不愿协商或者协商不成的,商标局通知各申请人以抽签的方式确定一个申请人,驳回其他

---

❶ 杨巧. 知识产权国际保护 [M]. 北京:北京大学出版社,2015:125 - 126.

人的注册申请。商标局已经通知但申请人未参加抽签的,视为放弃申请。如果是通过邮寄进行注册商标申请的,申请日以商标局收到申请文件的日期为准,而不是以邮戳标明的寄出日为准。

(二) 优先权原则

优先权是《巴黎公约》成员国为其他成员国提供的在商标注册申请日期上的优先利益,时间为6个月。享有优先权的注册商标申请人,可以在优先日和申请日之间阻却他人对同一商标的申请。❶ 简单来说,如果在6个月的优先权期限内提出申请,则该申请的递交日期可以往前倒推至在首个国家递交申请的日期,称为优先日;如果错过6个月的优先权期限,则从递交申请的实际日期起算,而不是从优先日起算。产生优先权的方式有两种,一种是首次申请;另一种是首次展览。我国《商标法》第25条和第26条规定了这两种情形。

在国外首次提出的商标注册申请日为优先权日。《商标法》第25条规定,商标注册申请人自其商标在外国第一次提出商标注册申请之日起6个月内,又在中国就相同商品以同一商标提出商标注册申请的,依照该外国同中国签订的协议或者共同参加的国际条约,或者按照相互承认优先权的原则,可以享有优先权。首次在外国提出申请并要求优先权的,应当在提出商标注册申请的时候提出书面声明,并且在3个月内提交第一次提出的商标注册申请文件的副本;未提出书面声明或者逾期未提交商标注册申请文件副本的,视为未要求优先权。

在国际展览会上首次展出商品日为优先权日。《商标法》第26条规定,商标在中国政府主办的或者承认的国际展览会展出的商品上首次使用的,自该商品展出之日起6个月内,该商标的注册申请人可以享有优先权。首次展出商品并要求获得优先权的,应当提出书面声明,并且在3个月内提交展出其商品的展览会名称、在展出商品上使用该商标的证据、展出日期等证明文件;未提出书面声明或者逾期未提交证明文件的,视为未要求优先权。

---

❶ 郑国辉. 知识产权法学 [M]. 2 版. 北京:中国政法大学出版社,2015:343 – 345.

（三）自愿注册原则

自愿注册原则是指是否申请商标注册由注册商标申请人自己决定。一般情况下，国家不得进行强制干预。目前世界上多数国家对商标注册采用自愿注册制度，除了违反法律禁止性规定的情形，商标无须经过注册也可以在生产经营活动中使用。我国《商标法》以自愿注册为原则，强制注册为例外。如《烟草专卖法》第19条规定，卷烟、雪茄烟和有包装的烟丝必须申请商标注册，未经核准注册的，不得生产、销售。这是我国目前商标自愿注册的唯一例外情形。

（四）分类申请原则

分类申请原则是指申请商标注册时，必须按照商品和服务的国际分类填报指定使用的商品或服务类别，以及商品或服务的名称。我国是尼斯联盟成员国，采用《商标注册用商品和服务国际分类》（尼斯分类）。现行尼斯分类将商品和服务分成45个大类，其中商品为1~34类，服务为35~45类。尼斯分类每年修订一次，我国国家知识产权局配套颁布的《类似商品和服务区分表》（以下简称"区分表"）随之予以调整。

区分表的45个类别项下含有类别标题、类别注释、商品和服务项目名称。其中，商品和服务项目名称为标准名称。申请人在申请商标注册时，应首先考虑使用区分表中已列出的标准名称。在申报时，填写区分表中六位代码编号之前的标准名称。商品或服务的名称尚未列入商品和服务分类表的，应当附送对该商品或服务的说明。这样做的目的是方便商标局按照类别进行商标检索和审查，防止在同类或类似的商品或服务上出现两个相同或近似的注册商标。

我国《商标法》修正后允许商标注册申请人通过一份申请就多个类别的商品或服务申请注册同一商标。例如，申请在第25类"服装、鞋、帽"和第8类"刀、叉、勺餐具"上注册同一商标时，在过去要提交两份申请，现在只要提交一份申请即可。但注册商标需要在核定使用范围之外的商品或服务上使用，或者需要改变商标标志，则必须提出新的注册申请，否则视为未注册商标。

三、商标注册的文件

在我国，商标注册申请的相关文件，可以通过书面或者电子方式提交。办理商标注册申请时，申请人需要提交申请书、商标图样、必要的证明文件并缴纳申请费用。❶

（一）申　请　书

每一件商标注册申请需要向商标局提交《商标注册申请书》一份，可以选择以纸质或者电子方式提交。如果申请人是法人或非法人组织的，需要在申请书的指定位置加盖公章；如果申请人是自然人的，需要由申请人在指定位置亲笔签名确认。如果商标注册申请由两个或者两个以上申请人共同申请的，需要由全体申请人签字或者盖章。

（二）商标图样

每一件商标注册申请应当向商标局提交一份商标图样。如果商标以颜色组合或者着色图样的形式申请商标注册的，需要提交着色图样；如果商标不指定颜色的，需要提交黑白图样。所提交的商标图样必须清晰，便于粘贴，可以是纸质印刷或者照片形式。商标图样需要粘贴在《商标注册申请书》的指定位置。

对于以三维标志申请商标注册的，申请人需要在申请书中明确声明，并在《商标注册申请书》"商标说明"栏中详细说明该商标的使用方式。此外，申请人还需提交能够确定三维形状的图样，该商标图样应至少包括该三维形状的三个视图。

如果以颜色组合申请商标注册的，应当在申请书中明确声明，并在《商标注册申请书》"商标说明"栏中以文字形式详细说明颜色组合和商标的使用方式。申请时，商标图样应当呈现颜色组合方式的色块，或者标明颜色使用位置的图形轮廓。由于该图形轮廓不是颜色组合商标的构成要素，在申请

---

❶ 以下内容引自商标局"申请注册商品商标或服务商标（指南）"（EB/OL）．［2022-05-08］．https：//sbj.cnipa.gov.cn/sbj/sbsq/sqzn/．

书中必须以虚线表示，不能以实线表示。

对于声音标志的商标注册申请，应当在申请书中明确声明，并在商标图样框内对声音商标进行详细描述。此外，需要提供符合规定的声音样本，并在《商标注册申请书》"商标说明"栏中说明商标的使用方式。对声音商标的描述可以使用五线谱或者简谱进行，同时附带文字描述。如果无法以五线谱或者简谱描述的，应当使用文字进行描述。通过纸质方式提交声音商标注册申请的，声音样本的音频文件应当储存在只读光盘中。如果通过数据电文方式提交声音商标注册申请的，应按照要求正确上传声音样本。商标的描述还应与提交的声音样本一致。

（三）证明文件

对于国内的法人或非法人组织的申请人，应当提供标注统一社会信用代码的有效身份证明文件的复印件，如营业执照、法人登记证、事业单位法人证书、律师事务所执业证书等。对于申请人为国内的自然人的，应当提供有效身份证件的复印件，如身份证、护照、户籍证明等。

对于外国的自然人、法人或非法人组织的申请人，应当提供护照复印件以及居留证或所属地区或国家的注册证明文件的复印件。外国企业在中国的办事处和常驻代表机构的注册证明文件的复印件不能作为身份证明文件的复印件。如果这些文件是外文书写的，还需要提供它们的中文译文；如果未提供中文译文，则视为未提交该文件。

如果申请人希望享受优先权日来申请注册商标的，需要提交书面声明，并在申请之日起三个月内提交完整的优先权证明文件，包括原件和中文译文。未提出书面声明或填写的《商标注册申请书》不完整的，将被视为未请求优先权。逾期未提交或未完整提交优先权证明文件，或证明文件不足以证明其享有优先权的，将导致优先权无效。

如果将他人的肖像作为商标图样进行注册申请的，必须提供相关的说明，并附上肖像权人的授权书。该授权书应包括作为商标图样申请的肖像人肖像、肖像人的身份证复印件。自然人、法人或其他组织将他人肖像作为商标图样进行注册申请，如果肖像人已死亡，还需要提供申请人有权处置该肖像的证明文件，证明文件应包括作为商标图样申请的肖像人的肖像。如果自然人将自己的肖像作为商标图样进行注册申请的，只需要提供相关说明，无须附上授权书。

(四) 商标注册申请补正程序（非必经程序）

商标注册的申请手续基本齐备或者申请文件基本符合规定，但是需要补正的，主管机关将通知申请人予以补正，申请人必须在收到通知之日起 30 日内，按照指定内容补正并交回主管机关。在规定期限内补正并交回的，将保留申请日期；期满未补正的或者不按照要求进行补正的，商标注册申请将不予受理。

四、注册申请的审查

（一）形式审查

形式审查是对商标申请的文件是否齐备、是否填写正确进行的审查，主要内容涉及申请人是否有资格、申请书和商标图样是否符合要求、是否符合分类申请原则、申请人是否如期缴纳申请费等。由于形式审查是商标局对书面材料进行初步检查的过程，因此，形式审查只涉及形式问题而不涉及实质问题。如果商标局在审查中发现形式问题，会通知申请人在规定的期限内加以补正，不按照要求进行补正的，商标局不予受理。通过形式审查后，申请人会收到商标局发出的《受理通知书》，告知其进入商标注册申请的实质审查阶段。申请人应确保为申请商标注册所提交的材料真实、准确、完整，以欺骗手段或者其他不正当手段取得注册的，商标局有权宣告该注册商标无效或由其他单位或个人请求商标局宣告该注册商标无效。

（二）实质审查

实质审查是对申请注册的标志是否符合商标的注册条件进行的审查，主要内容包括是否存在商标不予注册的绝对理由和相对理由。绝对理由涉及商标法上的合法性、显著性、非功能性以及公共利益，不考虑对特定权利人的影响，一般属于商标局依职权主动审查的范围。相对理由涉及损害他人的在先商标权利、他人现有的其他在先权利等，损害的是特定主体的合法权益，具有权利的相对性，一般在商标异议或商标评审程序中依当事人的申请进行审查审理。

我国《商标法》修正后在第4条第1款中增加了"不以使用为目的的恶意商标注册申请，应当予以驳回"的规定。2022年1月1日施行的《商标审查审理指南》进一步将此实体条款纳入商标审查的绝对理由。这意味着商标注册部门今后可依职权主动审查恶意注册的商标。而在《商标法》修正前，对于不以使用为目的的恶意注册商标的行为，商标权人只能援引诚实信用原则作为法律基础，并以此提出异议或无效宣告申请。但在个案的审理过程中，往往会出现审查标准主观性强、难以统一的问题。

根据《商标审查审理指南》的规定，"不以使用为目的的恶意商标注册申请"是指申请人明显超出正当生产经营活动的需要，而提交大量商标注册申请，不合理占用商标公共资源，扰乱正常商标注册秩序的行为。仅损害特定主体的民事权益，未损害公共利益的，不属于该条款适用的情形。判断是否构成恶意注册的商标，没有一个固定的公式，要综合考虑多种因素。例如，申请人提交的商标注册申请的数量、类别跨度和时间跨度；申请人是否向第三方售卖或转让商标，且未能就其不使用行为作出合理解释；申请人是否向他人索要高额的商标转让费、许可使用费、侵权赔偿金等。[1]

由此可见，《商标法》第4条的立法意图在于规制不以使用为目的的恶意申请、囤积注册等行为，并增强商标注册申请人的使用义务。需要注意的是，《商标法》第4条中"不以使用为目的的商标注册"要以存在主观恶意为前提条件，不包括申请人为防止他人抢注其注册商标而基于防御目的申请相同或近似商标，以及为具有现实预期的未来业务提前适量申请商标等善意情形。

同时，在规制恶意注册行为时，现行《商标法》还增加了商标代理机构的义务。2019年修正后的《商标法》将恶意注册申请纳入商标代理机构不得接受委托的情形以及对商标代理机构予以处罚的事由中，同时也作为对代理机构申请注册商标提起异议和无效宣告程序的事由，有利于规范代理行为，净化商标代理市场秩序。

（三）初步审定公告、异议和复审

商标局经过实质审查，如果认为商标注册申请符合法律规定的，即予以

---

[1] 参见《商标审查审理指南》，2022年1月1日起施行。

初步审定公告，并定期在其官方刊物《商标公告》上公布相关信息。需要注意的是，初步审定公告并不代表商标已经核准注册。在初步审定公告期的3个月内，任何人认为商标注册损害了公共利益或存在不予注册的绝对理由，都可以向商标局提出异议。同时，在先权利人和利害关系人如果认为商标注册损害其民事权利或存在不予注册的相对理由，也可以向商标局提出异议。如果初步审定公告期满后没有收到异议的，商标局将核准注册并颁发商标注册证，并再次予以公告。

商标局在对异议的各方的陈述、事实和理由进行调查和核实后，应在初步审定公告期满之日起12个月内作出是否准予注册的决定。如果商标局作出了不予注册的决定，被异议人不服的，可以自收到通知之日起15日内向商标评审委员会申请复审。商标评审委员会应在收到申请之日起12个月内作出复审决定，并书面通知异议人和被异议人。在复审阶段，如果某个案件涉及的在先权利的确定需要以人民法院正在审理或者行政机关正在处理的另一案件的结果为依据的，商标评审委员会可以中止审查。中止原因消除后，应当恢复审查程序。被异议人对商标评审委员会的复审决定不服的，可以自收到通知之日起30日内以商标评审委员会为被告向人民法院提起行政诉讼。人民法院应当通知异议人作为第三人参加诉讼（见图2-1-1）。

（四）核准注册

经审查异议不成立而准予注册的商标，商标注册申请人取得商标专用权的时间自初步审定公告3个月期满之日起计算。在初步审定公告期满至正式准予注册的这段时间，由于商标局尚未进行商标注册公告，其他人无法知道申请人是否享有商标专用权，因此，在这段时间内，其他人在同一种或者类似商品上使用与该商标相同或者近似的标志的行为不具有法律追溯力。如果异议人对核准注册的决定不服的，可以按照《商标法》第44条和第45条的规定向商标评审委员会请求宣告该注册商标无效。

第二章 商标注册制度

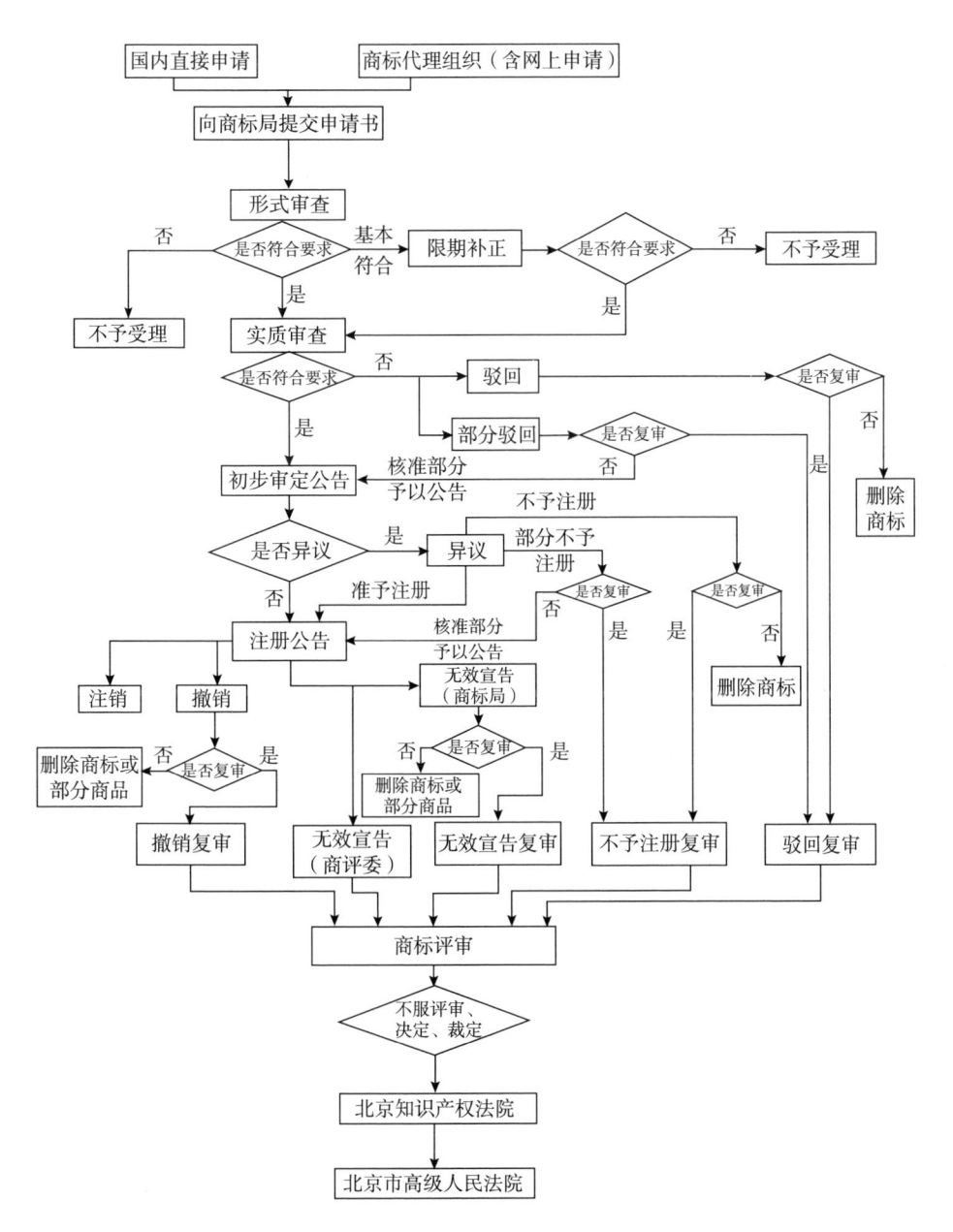

图 2-1-1 商标注册流程

典型案例

法国迪奥尔香料公司与商标评审委员会商标申请驳回复审行政纠纷案[*]

一、案情介绍

2014年8月，法国奢侈品牌Christian Dior（以下简称"迪奥尔公司"）针对"J'Adore"香水瓶提交了国际商标注册申请。迪奥尔公司根据《商标国际注册马德里协定》《商标国际注册马德里协定有关议定书》的相关规定，通过世界知识产权组织（WIPO）国际局（以下简称"国际局"），一并向澳大利亚、丹麦、芬兰、英国、中国等提出领土延伸保护申请。2015年7月13日，原国家工商行政管理总局商标局（以下简称"商标局"）向WIPO国际局发出申请商标的驳回通知书，以申请商标缺乏显著性为由，驳回全部指定商品在中国的领土延伸保护申请。迪奥尔公司不服，向商标评审委员会提出复审申请，但并未得到商标评审委员会的支持。迪奥尔公司向法院提起行政诉讼，其主要理由是：申请商标设计独特并已在中国市场进行了广泛宣传、使用，也在海外多个国家获得商标注册，故其在中国的领土延伸保护申请应当获得核准。一审、二审法院均未支持迪奥尔公司的主张。迪奥尔公司不服二审判决，向最高人民法院提出再审申请。

二、争议焦点

该案再审阶段的争议焦点在于两个方面：被诉决定是否违反法定程序，以及申请商标是否具备显著特征。迪奥尔公司主张，根据申请商标的国际注册信息，申请商标为"立体商标"，并非商标局档案信息中记载的"普通商标"。因此，被诉决定作出的事实依据明显错误。商标评审委员会答辩称，申请商标为国际注册并指定在中国进行领土延伸保护的商标，国际局将申请材料移交至商标局后，迪奥尔公司应在3个月内向商标局提交《商标法实施条例》第13条规定的材料。由于迪奥尔公司未在规定期限内向商标局补充材料，故商标局将申请商标作为图形商标予以审查的做法并无不当。

迪奥尔公司还诉称，申请商标设计独特，由法国艺术家尚·米歇尔·欧

---

[*] 克里斯蒂昂迪奥尔香料公司、国家工商行政管理总局商标评审委员会商标行政管理（商标）再审行政判决书，最高人民法院（2018）最高法行再26号。

托尼为著名香水品牌"J'Adore"量身定制,并非普通或者常用的产品包装形式,也不是通用的香水瓶设计,具有固有显著性,能够作为立体商标起到识别商品来源的作用。商标评审委员会答辩称,申请商标是一个由瓶子构成的图形,易被识别为指定商品的常用容器,以此作商标指定使用在第3类香水等商品上,消费者不易将其作为商标识别,难以起到区别商品来源的作用,缺乏商标应有的显著性。

三、裁判要旨

注册商标申请人已根据《马德里协定》及其议定书的规定,完成了申请商标的国际注册程序,以及《商标法实施条例》第13条规定的声明与说明义务,应当属于申请手续基本齐备的情形。在申请材料仅欠缺《商标法实施条例》规定的部分视图等形式要件的情况下,商标行政机关应当秉承积极履行国际公约义务的精神,给予申请人合理的补正机会。

四、裁判结果

一审法院认为,迪奥尔公司在驳回商标注册申请复审申请书中,并未明确将商标局忽略申请商标为三维立体和指定颜色商标这一重要事实作为复审申请理由。商标评审委员会对迪奥尔公司提交的证据已经进行了综合性评述,并未出现遗漏审查或程序错误的情况。并且,申请商标缺乏固有显著性,即使考虑到申请商标为三维立体标志这一事实,申请商标仍不具有显著性。迪奥尔公司提交的证据也无法证明申请商标经过使用已经具有区分商品来源的显著性。故判决驳回迪奥尔公司的诉讼请求。

迪奥尔公司不服,提起上诉。二审法院认为,迪奥尔公司并未在国际局国际注册簿登记之日起3个月内向商标局声明申请商标为三维标志并提交至少包含三面视图的商标图样,商标局将申请商标作为普通图形商标进行审查,并无不当。该案中,申请商标是由圆锥形香水瓶图案构成的图形商标,虽然该图案在瓶体造型和装饰上具有一定特点,但作为图形商标指定使用在香水、香料制品等商品上,根据一般消费者的识别能力,易将其作为商品包装或装饰图样进行识别,难以起到区分商品来源的作用。迪奥尔公司提交的证据虽然能够证明该公司的香水商品在中国市场进行了广泛销售,但不足以证明申请商标作为普通图形商标的情况下,通过在指定香水商品上的使用而获得了显著性。故驳回上诉,维持原判。迪奥尔公司不服,向最高人民法院申请再审。

再审法院经审理认为，申请商标请求在中国获得注册的商标类型为"立体商标"，而非记载于商标局原有档案并作为商标局、商标评审委员会此次审查基础的"图形商标"。迪奥尔公司已经在评审程序中明确了申请商标的具体类型为立体商标，并通过补充三面视图的方式提出了补正要求。对此，商标评审委员会既未在第13584号决定中予以如实记载，也未针对迪奥尔公司提出的上述主张，对商标局驳回决定依据的相关事实是否有误予以核实，而仍将申请商标作为"图形商标"进行审查，并径行驳回迪奥尔公司复审申请的做法，违反法定程序，并可能损及行政相对人的合法利益，应当予以纠正。商标局、商标评审委员会应当根据复审程序的规定，以三维立体商标为基础，重新对申请商标是否具备显著特征等问题予以审查。

五、案件评析

《马德里协定》和《马德里协定有关议定书》制定的主要目的是通过建立国际合作机制，确立和完善商标国际注册程序，减少和简化注册手续，便利申请人以最低成本在所需国家获得商标保护。结合该案事实，申请商标作为指定中国的马德里商标国际注册申请，有关申请材料应当以国际局向商标局转送的内容为准。

现有证据可以合理推定，迪奥尔公司已经在商标国际注册程序中对申请商标为"立体商标"这一事实作出声明。由于该案中我国商标局未能如实记载迪奥尔公司在国际注册程序中对商标类型作出的声明，而且在欠缺当事人请求与事实依据的情况下，径行将申请商标类型变更为"图形商标"，从而作出了不利于迪奥尔公司的审查结论。

这种做法既损害了当事人的实体利益，也违反了法定程序。再审法院明确了在商标申请材料仅缺少部分视图等形式要件的情况下，商标行政管理部门应当充分考虑到商标国际注册程序的特殊性，给予申请人合理的补正期限和机会，以平等保护商标国际注册申请人的合法权益。

第二节 注册商标的分类

注册商标的构成要素，应依法律规定，不能自由选取。我国《商标法》

第 8 条对注册商标的构成要素作了明确规定，包括文字、图形、字母、数字、三维标志、颜色组合、声音，以及上述要素的组合。按照构成要素的不同，可以将注册商标分为传统型商标和非传统型商标。在我国，立体商标和声音商标均属于可以申请商标注册的非传统型商标。按照商标识别对象的不同，注册商标还可以分为商品商标与服务商标。分类不同的商标，获得注册的条件不同，法律保护的强度也有区别。例如，集体商标和证明商标发挥的作用与普通商标不同，其注册主体和注册条件也具有一定的特殊性。

一、传统型商标与非传统型商标

传统型商标指的是常见的文字、图形、字母、数字和颜色组合等平面商标（见图 2-2-1、图 2-2-2）。非传统型商标主要包括三维标志、声音、气味等非平面商标。2006 年世界知识产权组织（WIPO）通过的《商标法新加坡条约》，首次将全息影像、动态、位置等新类型商标纳入保护范围，并在国际层面形成了非传统型商标的注册管理体系。[1] 2012 年我国台湾地区实行的所谓新"商标法"扩大了商标注册保护的客体，规定动态商标和全息影像商标可以申请注册为商标。我国虽然没有正式加入《商标法新加坡条约》，但 2001 年修正《商标法》时将三维立体商标纳入了可注册商标的范围，并在 2013 年修正《商标法》时删除了可视性标志的注册条件，加入了声音商标的类别。但气味商标、动态商标、全息影像商标等其他非传统型商标在我国仍未获认可。

图 2-2-1　　　　　　图 2-2-2

---

[1] 徐瑛晗. 非传统商标保护之必要性——法经济学的解释 [J]. 中华商标，2021 (1)：69-73.

(一) 立体商标

立体商标是指仅由三维标志或者含有其他要素的三维标志构成的商标，既可以是商品本身的形状，也可以是商品的包装物或者其他三维标志。按照《商标审查审理指南》的规定，立体商标主要分为两大类：一类是与指定商品无关的"其他装饰性立体外形"，如麦当劳的"麦当劳叔叔"形象、米其林轮胎的"轮胎人"形象、咸亨酒店的"孔乙己"形象；另一类则是与指定商品密切相关的，包括商品本身的立体外形或包装物的立体外形，如巧克力的形状、打火机的形状或饮料瓶的形状等。❶ 第一类立体商标较容易满足显著性的条件，得到注册。第二类立体商标由于与商品本身或商品包装物的实用功能性相关，一般需要同时满足显著性和非功能性两个条件，才可获得注册。对于不具备固有显著性的三维标志，有充足证据证明该三维标志经过长期或广泛地使用起到了区分商品来源作用的，可以取得显著特征，并予以注册（见图 2-2-3、图 2-2-4）。

（指定使用商品：香水）
图 2-2-3

（指定使用商品：巧克力）
图 2-2-4

(二) 声音商标

声音商标，是指以音符编成的一组音乐或以某种特殊声音指示商品或服务来源的商标。我国商标局要求，以声音标志申请商标注册的，需要提交符合要求的声音样本和文字说明。对于音乐性质的声音商标，要用五线谱或简

---

❶ 袁博. 论立体商标的注册条件：非功能性和显著性 [J]. 中华商标，2013 (3)：77-81.

谱加以描述；对于非音乐性质的声音商标，要用文字加以描述，例如，以动物声音申请注册为商标的，可以将该声音标志描述为"由牛在石板路上走两步之牛蹄声，以及之后伴随一声牛叫声（moo 牛叫拟声词）所构成"。

一般认为，即使是独特的声音，也不具有商标的固有显著性，需要通过长期或广泛的使用，与申请主体产生稳定联系，具备区分商品或服务来源的功能，才能获得显著性。例如，广为人知的《新闻联播》片头曲，以及中国国际广播电台的广播开始曲。在我国，声音商标遵循传统商标显著性的判断原理、标准和规则，对于那些仅直接表示指定商品或服务内容、消费对象、质量、功能、用途及其他特点的声音，被认为缺乏显著特征。例如，将儿童嬉笑声指定使用在"婴儿奶粉"上，将验钞机"哗哗"的数钱声指定使用在"银行服务"上，或者将《婚礼进行曲》的主题旋律指定使用在"婚庆服务"上。

《商标审查审理指南》修改完善了声音商标的显著性判定标准，提出了在商标审查中要排除"文字化的声音"这种特殊情形。即对于文字呼叫类声音商标，注意分辨在使用过程中真正起识别作用的是呼叫的文字，还是声音本身。如果令人印象深刻起识别作用的是文字，则声音仅被视为文字辅助背景，或被称为"文字的声音化"，声音本身缺乏显著特征，不予注册。❶

（三）气味商标

气味商标在我国尚未获得认可。气味商标指的是以某种特殊气味作为区别不同商品或服务的商标。1990 年，美国商标审判和上诉委员会在 In re Clarke 案中，确立了气味的商标地位。商标申请人希利亚·克拉克（Celia Clarke）经营一家名为 Osewez 的纺织工厂，向商标局申请在刺绣和缝纫的纺纱线上注册一种气味。商标局驳回了该申请，认为这种气味无法将其与同类产品区分开来。希利亚·克拉克提出上诉，美国商标审判和上诉委员会综合考虑商品的特点和所属行业的实际情况后，认为气味可以作为商标使用在纺纱线商品上。"从销售记录来看，申请人是同行业中唯一使用香气来推销纺纱线商品的厂家，这说明香气并不是纺纱线商品的内在属性或自然特征，而是人为添加的一种特征。况且，申请人在广告中也强调了带有香气是其产品

---

❶ 例如，商标局曾经驳回了将直播带货的著名口头语"Oh my god"注册为声音商标的申请。

与同类产品的不同之处,相关的顾客、经销商和零售商都能识别出申请人是该纺纱线的来源。"[1] 虽然在美国、英国和欧洲部分国家,都已经有成功注册的气味商标,如指定使用在网球上的青草气味、指定使用在汽车机油上的樱桃味等。但世界上大多数国家还不允许气味商标的注册,不仅因为气味天然地缺乏固有显著性,还因为气味对技术的要求很高,样本保存、质谱测定等难题尚未解决。[2]

(四) 位置商标

位置商标是指在商品或服务的相同位置上以固定比例使用的可视性标志。我国《商标法》虽然没有关于位置商标的具体规定,但司法实践中倾向于认为位置商标属于可注册的商标类型。如在鲁布托"红鞋底"案中,诉争商标由限定使用在高跟鞋鞋底的红色(潘通号18.1663TP)构成,其中高跟鞋的外形不属于商标的一部分,仅用于指示商标的位置。法院认为,虽然该案诉争商标的构成要素不属于《商标法》第8条明确列举的商标构成要素,但因为其并未被《商标法》明确排除在可以作为商标注册的标志之外,因此,该商标应当具有可注册性。[3]

实际上,关于位置商标的可注册性,在我国《商标审查审理指南》中已有部分体现。颜色组合商标的注册申请形式审查部分中指出,"用虚线图形轮廓表示颜色使用位置",颜色组合商标图样应当是表示颜色组合方式的色块,或是表示颜色使用位置的图形轮廓。[4] 至于位置商标实质审查中的显著性判断,我国司法实践中的认定标准存在差异。例如,在阿迪达斯"三道杠"案中,法院认为,争议商标以虚线勾勒出上衣轮廓,袖臂配以三道平行排列的竖杠,乃运动服装上常见的装饰性图形,难以起到区分商品来源的作用,缺乏商标应有的显著性特征(见图2-2-5)。[5] 而在李维斯"双弧线"案中,法院却认为,李维斯牛仔裤裤袋上的双弧线图形经过多年的使用和广

---

[1] In re Clarke, 17 U. S. P. Q. 2d 1238 (1990).
[2] 池欣欣. 气味商标申请注册的要件和难点探析 [J]. 中华商标, 2018 (3): 49-53.
[3] 国家知识产权局、克里斯提鲁布托商标行政管理(商标)再审审查与审判监督行政裁定书,最高人民法院(2019)最高法行申5416号。
[4] 参见《商标审查审理指南》第一部分第二章。
[5] 阿迪达斯有限公司等与国家工商行政管理总局商标评审委员会二审行政判决书,北京市高级人民法院(2016)京行终3052号。

告宣传，足以使消费者将双弧线与李维斯牛仔裤联系起来，获得了商标应有的显著特征（见图 2-2-6）。❶

（指定使用商品：运动服）

图 2-2-5

（指定使用商品：牛仔裤）

图 2-2-6

（五）动态商标

动态商标，也被称为多媒体商标，指的是将视频文件展现的一系列特定的动作或运动状态作为识别商品或服务来源的标志。社交网络媒体的兴起，使得动态商标比传统的静态商标更易于传播。商家选择动态商标的形式，是希望它们能产生一种轰动和广告效应。例如，英国的商标法中引入动态商标后，日本的东芝公司就率先申请将一段时长 1 秒钟的多媒体动画注册为动态商标（见图 2-2-7）。❷ 动态商标在我国尚未获得认可，但实际上已经作为未注册商标进行使用。例如，很多手机、平板电脑、电视机的开机画面具有动态商标的属性。

（指定使用商品：电子设备）

图 2-2-7

---

❶ 北京百德宝服饰有限公司等与利惠公司（LEVI STRAUSS & CO.）侵害商标权纠纷二审民事判决书，北京市高级人民法院（2019）京 73 民终 2706 号。

❷ 徐瑛晗. 动态商标形式审查要件研究［J］. 电子知识产权，2020（10）：26-39.

典型案例

"红鞋底"商标侵权纠纷案[*]

一、基本案情

"红鞋底"商标于 2010 年 1 月 6 日在荷兰商标局获得注册。2012 年原告克里斯提鲁布托（Christian Louboutin）公司发现一家荷兰公司 van Haren Schoenen BV（以下简称"van Haren"）销售价格低廉的红底高跟鞋，遂以 van Haren 公司侵犯其注册商标权为由向荷兰海牙地方法院提起商标侵权之诉。Van Haren 公司辩称，"红鞋底"商标属于使商品具有实质性价值的形状组成的立体商标，应当被宣告无效。荷兰海牙地方法院认为，鞋底的颜色既是商标，又是商品的组成部分，难以确定该注册商标的有效性，于是决定暂停此案的审查，并向欧盟最高法院请示《欧盟商标指令》第 3（1）（3）（iii）的适用范围。[❶]

二、裁判结果

该案的争议焦点是，将单一颜色使用在商品的指定位置是否构成《欧盟商标指令》第 3（1）（3）（iii）所指的"形状"（shape）。欧盟最高法院认为，《欧盟商标指令》第 3（1）（3）（iii）中的"形状"，指的是具有线条或轮廓的某种造型，并不包括附着的"颜色"。虽然商品或商品一部分的形状在确定该颜色的上色轮廓方面发挥了作用，但该案的商标在注册申请中并未要求保护该部分的形状，而只是要求保护将颜色应用到该部分的特定位置。克里斯提鲁布托公司在申请注册"红鞋底"商标时已经在"商标描述"中明确指出："该商标由红色（潘通号 18 - 1663TP）构成，指定使用在图样所示的鞋底位置（高跟鞋的轮廓不是商标的一部分，仅用于指示商标的位置）。"换言之，该案的商标与高跟鞋鞋底的特定形状没有关系，鞋底形状的改变不影响商标的使用。因此，"红鞋底"商标并未落入《欧盟商标指令》第 3（1）（3）（iii）规定的"形状"的适用范围。

---

[*] Christian Louboutin and Christian Louboutin Sas v. van Haren Schoenen BV，Case C - 163/16，ECLI：EU：C：2018：423.

[❶] Directive 2008/95/EC—Article 2—Article 3（1）（e）（iii）.

三、典型意义

在时尚行业的特定背景下,如果某种单一颜色被设计师如此一贯和显著地使用在特定商品上,以至于它成为商品提供者的象征,则其主要功能转变为用来识别商品的来源而不是商品本身,那么该种单一颜色即获得商标法意义上的"第二含义"。

四、延伸思考

该案中高跟鞋鞋底的红色是起装饰作用还是起识别商品来源的作用(见图2-2-8)?如果某商家生产的高跟鞋从鞋面到鞋底全都是红色,是否构成对"红鞋底"商标的侵权行为?如果某商家生产的高跟鞋的款式与克里斯提鲁布托公司生产的高跟鞋一样,但鞋底采用亮黄色,是否构成商标侵权行为或不正当竞争行为?

(克里斯提鲁布托红底高跟鞋)
图 2-2-8

典型案例

"红鞋底"商标授权确权行政纠纷案[*]

一、基本案情

2010年10月,原告克里斯提鲁布托(Christian Louboutin)公司的"红鞋底"商标注册申请被原国家工商行政管理总局商标局驳回。在法定期限内,克里斯提鲁布托公司向商标评审委员会提出复审申请,被驳回。克里斯提鲁布托公司不服,向北京知识产权法院提起行政诉讼。北京知识产权法院

---

[*] 克里斯提鲁布托等商标行政管理(商标)二审行政判决书,北京市高级人民法院(2018)京行终2631号。

经审理认为,被诉决定关于申请商标属于图形商标的认定有误,该商标标志应当属于三维标志,故判决撤销商标评审委员会的被诉决定。原告克里斯提鲁布托公司不服该判决,向北京市高级人民法院提起上诉,请求在依法纠正原审判决事实认定和理由错误的基础上,维持原审判决。克里斯提鲁布托公司诉称,该案申请商标属于商标法未明确列举的其他类型标志,而非三维标志。

二、裁判结果

二审法院认为,申请商标系限定使用位置的单一颜色商标。虽然该案申请商标的标志构成要素不属于《商标法》第8条中明确列举的内容,但该条款也未明确将其排除在外。商标评审委员会在重申过程中应当结合克里斯提鲁布托公司在评审程序和该案一审、二审诉讼过程中提交的相关证据,重新就申请商标是否具备显著特征作出认定。二审法院对原审原告提出的在纠正原审判决错误的基础上维持原审判决结论的上诉请求,予以支持。即判决撤销商标评审委员会作出的被诉决定,责令其重新作出复审决定。

三、典型意义

由于两级人民法院考虑到该案被告的审级利益,没有直接就"红鞋底"商标的显著性问题直接给出判断,因此"红鞋底"商标的注册最终需要等待国家知识产权局审查的结果(见图2-2-9)。然而,这一案件在中国商标审查历史上仍然具有里程碑意义。该案中,法院对于《商标法》第8条作出了扩张性解释,使得非传统商标在中国的注册和保护具有可能。该案进一步启示,在商标注册审查阶段,除了妨害公共利益不应获得注册的绝对事由,在当事人可以自由处分的领域,"显著性"是商标可注册性的黄金准则。

(红鞋底商标图样)

图2-2-9

二、商品商标与服务商标

根据商标识别对象的不同,注册商标可以分为商品商标与服务商标。商品商标用于识别商品的提供者,如方便面上使用的"康师傅"和面包上使用的"味多美",而服务商标用于识别服务的提供者,如餐饮服务上使用的"海底捞"和教育服务上使用的"新东方"。一般来说,法律法规有关商品商标的规定,适用于服务商标。我国商标局基于尼斯分类,将商品商标指定使用于第1~34类的商品类别,将服务商标指定使用于第35~45类的服务类别。如第35类为广告、商业经营、商业管理、办公事务;第36类为保险、金融事务、货币事务、不动产事务;第45类为法律服务、为有形财产和个人提供实体保护的安全服务等。

商品商标还可以进一步分为制造商标和销售商标。制造商标用于区分商品的制造者,如计算机上使用的"联想"和"苹果",而销售商标用于识别商品的销售者,如零售服务上使用的"家乐福"和"罗森"。在过去,销售商很少在销售的商品上使用自己的注册商标。随着市场竞争的加剧,许多销售者开始使用销售商标区分自己的商品与其他零售商的商品。例如,在罗森便利店销售的某些方便食品上,往往贴附了"罗森"便利店的商标,说明这些商品是由指定供货商生产制造,并由"罗森"便利店统一配货销售的,这些商品上使用的商标就是销售商标。

三、集体商标与证明商标

根据商标注册人的身份和商标所起的作用,商标可以分为个体商标和团体商标。个体商标是指生产经营者可以自行注册并使用的商标。团体商标是指以团体的名义注册并允许符合条件的生产经营者使用的商标。在我国,团体商标又被分为集体商标和证明商标。[1]

---

[1] 在法国,"证明商标"被称为"集体证明商标",属于"集体商标"的一个子集。《法国知识产权法典》L715-1规定了"集体商标"和"集体证明商标"两种商标。"集体商标"指可由任何人按注册所有人制定的使用章程使用的商标。"集体证明商标"适用于具有章程中列举的特点,尤其是具有独特品质、特性或质量的商品或服务。涉及"集体证明商标"的一般条款,均适用于"集体商标"。参见法国知识产权法典[M]. 黄晖,朱志刚,译. 郑成思,审校. 北京:商务印书馆,2016:222-223.

（一）集体商标

集体商标是指以团体、协会或者其他组织名义注册，供该组织成员在商事活动中使用，以表明使用者在该组织的成员资格的标志。申请集体商标注册的，应当附送主体资格证明文件并应当详细说明该集体组织成员的名称和地址。申请以地理标志作为集体商标注册的团体，还应当证明其成员全部来自该地理标志标识的地区范围内。典型的集体商标，如黑龙江省五常市大米协会注册的"五常"商标（见图2-2-10）、福建省沙县小吃同业公会注册的"沙县小吃"商标（见图2-2-11）和新疆巴音郭楞蒙古自治州库尔勒香梨协会注册的"库尔勒"商标等。

图2-2-10 图2-2-11

集体商标与个体商标的功能有所不同，集体商标表明商品或服务来自某个组织，而个体商标则表明商品或服务来自某个特定的经营者。只要是该组织成员均可使用集体商标，但集体商标不得许可非集体组织成员使用。❶ 地理标志集体商标的注册和使用比较特殊。集体商标的注册人准许其组织成员使用时不必签订许可合同。

使用集体商标的意义在于，在不改变单个成员的独立身份的情况下，通过共同使用相同的商标，有效地整合了所有成员的生产和经营能力。这有助于充分发挥团体的优势，实现规模经济效益，扩大市场份额和影响力，同时有助于维护团体或行业协会的信誉，保护团体和协会成员的利益。注册集体商标是中小企业发展特别是农副产品商标战略之一的可行路径。❷

---

❶ 参见《集体商标、证明商标注册和管理办法》第17条。
❷ 王莲峰. 商标法学［M］. 4版. 北京：北京大学出版社，2023：19-20.

（二）证明商标

证明商标是指由对某种商品或者服务具有监督能力的组织所控制，而由该组织以外的单位或者个人使用，用以证明该商品或者服务的原产地、原料、制造方法、质量或者其他特定品质的标志。申请证明商标注册的，要附送主体资格证明文件并应当详细说明其所具有的或者其委托的机构具有的专业技术人员、专业检测设备等情况，以表明其具有监督该证明商标所证明的特定商品品质的能力。申请以地理标志作为证明商标注册的团体、协会或者其他组织，还应当证明该商品全部来自该地理标志标识的产地范围内并达到了地理标志产品的品质标准（见图2-2-12）。

图2-2-12

证明商标的申请人必须具有法人资格，且对商品或服务的特定品质具有检测和监督能力。证明商标的注册人不能在自己经营的商品或服务上使用该证明商标，只能准许他人使用并履行相应的监督职责。转让证明商标时，受让人必须是具有同等法人资格以及检测和监督能力的组织。证明商标的使用范围比集体商标的使用范围更开放，只要商品或服务达到特定的品质就可以要求使用证明商标。证明商标的注册人不得拒绝符合条件者使用其商标。❶

（三）地理标志集体商标或地理标志证明商标

在我国，地理标志可以作为集体商标或证明商标申请注册。以地理标志作为集体商标注册的，其商品符合使用地理标志条件的自然人、法人或者其他组织，可以要求参加以该地理标志作为集体商标注册的团体、协会或者其他组织，该团体、协会或者其他组织应当依据章程规定接纳其为新会员；未

---

❶ 参见《集体商标、证明商标注册和管理办法》第18条。

参加这些团体、协会或者其他组织的集体商标使用人，只要商品符合使用地理标志的条件，都可以正当使用该地理标志。同样地，以地理标志作为证明商标注册的，其商品符合使用该地理标志条件的自然人、法人或者其他组织可以要求使用该证明商标，控制该证明商标的组织应允许其使用。

由于集体商标、证明商标注册人没有对该商标的使用进行有效管理或者控制，致使该商标使用的商品达不到其使用管理规则的要求，对消费者造成损害的，一般由市场监督管理部门处以行政处罚或者由消费者直接提起诉讼。

典型案例

"五常大米"地理标志证明商标侵权纠纷案[*]

一、基本案情

五常大米协会经原国家工商行政管理总局商标局核准，先后在"大米、大米制品"商品上注册了"五常WUCHANG及图"商标及"五常大米"商标，均为地理标志证明商标。2019年3月，五常大米协会发现北京凯杰永康商贸有限公司销售标记"五常""稻花香"字样的大米，于是以侵犯商标权为由将该公司诉至法院。

二、裁判结果

法院经审理认为，涉案产品包装袋上以突出方式标记有"五常"字样，与两个地理标志证明商标"五常WUCHANG及图"和"五常大米"中的主要识别部分"五常"字样相同。而被告未能提供证据证明涉案大米是来自"五常大米"地理标志证明商标所划定的五常市指定区域内且具有五常大米的特定品质，其行为足以使公众对商品的来源产生误认。被告也未能提供相关证据证明其获得大米协会的相关批准和授权。

三、典型意义

以地理标志作为证明商标注册的，相关商品符合使用该地理标志条件的自然人、法人或者其他组织可以要求使用该证明商标，管理该证明商标的组织应当允许。对于没有向注册人提出使用证明商标的要求，但商品确实符合

---

[*] 北京凯杰永康商贸有限公司与五常市大米协会侵害商标权纠纷二审民事判决书，北京知识产权法院（2020）京73民终2180号。

地理标志条件的使用人，注册人无权禁止他人在地理标志含义上的地名使用行为。该案中，被告未能提供证据证明其销售的涉案大米都来自"五常大米"地理标志证明商标所划定的五常市指定区域内并具有五常大米的特定品质，故相关抗辩理由不能成立。

四、联合商标与防御商标

联合商标是指同一商标所有人将某个商标及其近似的若干商标，在同一种或者类似商品上注册，这些近似商标，即为联合商标。联合商标是相对于正商标而言的。正商标指的是最先创设使用的商标，其他与其近似的商标为联合商标。申请联合商标要具备两大条件：（1）申请人与正商标所有人是同一人，这样才可以保证近似商标不会导致消费者产生混淆和误认；（2）联合商标核定使用的商品与正商标核定使用的商品相同或者类似。如海底捞公司指定在餐饮服务上注册了"河底捞""湖底捞"等数十个联合商标。

防御商标是指同一商标所有人在不相同或不相类似商品上注册的同一商标。防御商标是相对于正商标而言的，因为两者的性质是不同的。防御商标的注册目的是扩大正商标的保护范围，阻止他人未经许可跨类注册或使用相同商标。申请防御商标要具备三大条件：（1）申请人与正商标所有人是同一人，这样可以避免消费者对商品或服务的来源产生混淆误认；（2）申请注册的防御商标与正商标在构成上完全相同；（3）正商标使用在核定使用的商品或服务上，并在相关公众中已经驰名。如海尔公司在医疗服务、建筑服务等与家电商品不同类别的商品和服务上注册了"海尔"商标。

需要注意的是，联合商标和防御商标是在反不正当竞争法中发展起来的，都属于防卫性质的商标。两者的注册目的并不是自己使用，而是阻止他人注册或者使用相同商标。❶ 因此，联合商标和防御商标在使用问题上不受商标法一般原则的限制，不会因为未投入实际使用而被撤销。❷ 只要正商标在使用，联合商标和防御商标也视为在使用。目前，世界上只有部分国家和地区对联合商标和防御商标给予保护，即使是为联合商标和防御商标提供注册保

---

❶ 张今，谭伟才. 联合商标、防御商标与商标权的保护 [M]. 知识产权，1994 (6)：14-17.
❷ 吴汉东. 知识产权法学 [M]. 6版. 北京：北京大学出版社，2014：200-201.

护的国家，也不是不加区别允许所有申请人注册。一般来说，只有驰名商标的所有人才会获准注册这类特殊商标。❶

我国现行《商标法》尚未对联合商标和防御商标作出明确规定，但允许同一申请人在不同类别的商品上注册同一商标。《商标法实施条例》第31条第2款亦规定，转让注册商标，商标注册人对其在同一种或者类似商品上注册的相同或者近似的商标应当一并转让。该条文可以理解为《商标法》中关于联合商标和防御商标的补充性规定。

典型案例

"纯K"商标侵权纠纷案*

一、基本案情

2015年12月13日珠海横琴好唱文化投资管理有限公司（以下简称"好唱公司"）通过受让方式取得涉案"纯k"和"**纯K**"两个注册商标，注册有效期限至2024年4月13日，核定使用在服务项目包括提供卡拉OK服务等。2018年6月15日，经好唱公司申请，某公证机关到西安领尚文化娱乐有限公司（以下简称"领尚公司"）经营的KTV店里进行了证据保全，证明领尚公司在其KTV店铺多处使用了"领尚纯K"标识。好唱公司认为领尚公司侵犯了其第11727503号"纯k"及第11727497号"**纯K**"注册商标专用权，向法院提起诉讼。

二、争议焦点

该案的争议焦点为：（1）领尚公司是否侵犯了好唱公司第11727503号"纯k"及第11727497号"**纯K**"注册商标专用权；（2）如构成侵权，侵权责任如何承担。

三、裁判理由

法院认为，首先，关于涉案"纯k"注册商标的合法性问题。"纯k"作为卡拉OK服务的标识，从字面含义理解，其中，"k"通常被理解为"K

---

❶ 王莲峰. 商标法学［M］. 4版. 北京：北京大学出版社，2023：27-29.

* 西安领尚文化娱乐有限公司、珠海横琴好唱文化投资管理有限公司侵害商标权纠纷再审审查与审判监督民事裁定书，最高人民法院（2020）最高法民申5966号。

歌"，即"唱卡拉OK"。"纯k"通常被理解为"单纯地唱卡拉OK"。该标识表示了提供卡拉OK服务内容本身，显著性较弱。但由于好唱公司在全国范围内已有40多家直营店和加盟店，"纯k"商标经过好唱公司的实际使用，在全国范围内已有一定的知名度，取得了能够区分卡拉OK服务来源的显著性，故好唱公司涉案"纯k"注册商标应受《中华人民共和国商标法》保护。

其次，关于领尚公司是否侵犯了好唱公司"纯k"注册商标专用权的问题。该案中，领尚公司在其经营的卡拉OK服务项目上使用了"领尚纯K"标识，与好唱公司"纯k"注册商标核准使用的服务项目类别相同。以相关公众的一般注意力为标准对"领尚纯K"标识与"纯k"注册商标进行比对，能够看出："领尚纯K"完整包含了"纯k"文字，"领尚纯K"中的"纯K"与好唱公司"纯k"注册商标进行对比，两者"纯"的字形结构相同，字体不同，两者字母"K"的大小写不同，两者的读音、含义相同。结合好唱公司"纯k"商标在全国范围内具有的知名度，应认定领尚公司使用的"领尚纯K"标识与好唱公司的注册商标"纯k"构成近似，容易使相关公众认为"领尚纯K"标识与"纯k"商标具有某种特定联系，造成相关公众对服务来源的混淆，构成商标侵权行为。

最后，领尚公司是否同时侵犯好唱公司涉案"纯k"及"**纯K**"注册商标专用权的问题。联合商标是指同一商标所有人在相同或类似的商品上注册的若干个近似的商标，这些相互近似的商标被称为联合商标。联合商标的作用是商标所有权人防止他人仿冒或注册，从而更有效地保护自己的商标。因联合商标相互近似的整体作用，联合商标中只要有一个商标被使用，即可视为全体联合商标被使用。同时，联合商标不得单独许可或转让，我国《商标法》第42条第2款规定联合商标应一并转让。

该案中，好唱公司在相同服务上同时注册了"纯k"和"**纯K**"商标。"纯k"和"**纯K**"相比，其中，两个"纯"字的字形结构相同、字体不同，两个字母"K"，一个是英文小写，另一个是经艺术加工的"K"的变形体，两者的读音、含义相同，两者构成近似。故应认定"纯k"商标与"**纯K**"商标系联合商标。考虑到"纯k"和"**纯K**"作为联合商标的相似性和整体不可分性，领尚公司侵犯好唱公司"纯k"商标专用权的行为，亦应视为领尚公司同时侵犯了好唱公司"**纯K**"商标专用权。

关于侵权赔偿责任的承担问题。尽管被控侵权行为侵犯了多个相互近似的联合商标，但由于被控侵权行为是同一行为，权利人为维权支付的合理开支是同一笔，权利人因被侵权受到的实际损失或侵权人因侵权所获得的利益是单一的，故计算赔偿数额时以被控侵权行为给权利人造成的实际损失为标准计算，不应加重侵权人的赔偿责任。❶

四、典型意义

该案明确了联合商标专用权侵权行为的司法认定标准。首先审查权利人注册的多个商标是否构成联合商标，然后审查正商标和联合商标是否满足商标注册和保护的条件，再审查被控侵权行为是否侵犯了正商标专用权，最后认定被控侵权行为是否侵犯了联合商标专用权。

五、商标与其他商业标记

商标不是商业标记的简称，它只是众多商业标记中的一种。商标与这些商业标记既有关联，又有区别。其他商业标记包括商品名称、商品包装和装潢、商号、域名、特殊标志和广告语等，这些商业标记在某种程度上也能标识商品或服务的来源。商标与其他商业标记的联系和区别主要体现在以下四个方面。

（一）商标与商品名称

商品名称（product name）是指用以区别其他商品而使用在本商品上的称号。它分为通用名称和特有名称两种。商品的通用名称是一种商品名称的形式，它是用来描述商品的通用属性或类别的名称。通用名称通常是普遍接受和理解的，因此它们可以适用于一类或类似的商品。例如，"苹果"是一个通用的水果名称，用来描述这一类具有相似特征的水果。商品的特有名称也是一种商品名称的形式，它是用来描述某种特定商品的产地、成分、型号、功能等专有属性，并与通用名称有显著区别的名称。例如，"茅台酒"是白酒的一个特有名称，用来描述贵州茅台镇酒厂生产的白酒。

商标与商品名称的主要区别在于两个方面。一方面，商品的通用名称不

---

❶ 罗亚维. 侵犯联合商标专用权的认定及侵权责任的承担［N］. 人民法院报，2019-12-12（7）.

能作为商标申请注册在同类商品,如"苹果牌"苹果、"小米牌"小米等;商品的特有名称如果符合法定条件的,可以作为商标申请注册,如"243牌"胶水、"稻花香牌"大米。另一方面,商标与商品名称所受到的法律保护不同。经过注册的商标获得商标专用权,受到商标法的保护;对于商品名称的法律保护并不适用于所有的商品名称,只适用于有一定影响的商品名称,受到反不正当竞争法的保护。

(二)商标与商品装潢

商品装潢(trade dress)是指商品的外部装饰和包装,包括商品的外观、形状、颜色、包装设计等。商品装潢的目的是在商品展示和销售过程中吸引消费者的注意力,与竞争对手的产品区分开来。商品装潢的精美设计可以使商品在货架上脱颖而出,引起消费者的兴趣,促使它们选择购买,如大白兔奶糖和王老吉凉茶的包装。

商品装潢与商标的主要区别之一在于法律保护不同。注册商标受商标法保护,而商品装潢虽然可以受到法律保护,但通常不像商标那样受到广泛的法律保护。具有独创性的商品装潢可以作为美术作品受著作权法保护。知名商品的装潢可以受到反不正当竞争法的保护。此外,商品装潢的稳定性也不如注册商标。商品装潢虽然在商品包装和展示中具有重要作用,但是它通常不如注册商标那样具有持久性和稳定性。商品装潢的外观和设计可以根据市场趋势和消费者需求进行调整和变化。

(三)商标与企业名称

企业名称,又称为商号(trade name),是指企业或公司在其注册登记和法律文件中使用的官方名称,用于标识和区分企业。与商标不同,企业名称通常没有以图形或符号的形式存在,而是以文字形式呈现,如"ABC有限公司"。在实际生活中,很多企业名称中的字号和商标是一致的,如华为技术有限公司的字号和商标都是"华为"。在我国,商标和企业名称是由不同法律去规范的,商标是按照《商标法》的规定进行注册和保护,而企业名称则依据《企业名称登记管理规定》进行登记和保护。两者的法律效力也不同。在我国,商标一经注册,即取得全国范围内的商标专用权保护。而企业名称专用权仅在地方工商行政主管部门划定的某一地域范围内有效。

(四) 商标与特殊标志

特殊标志（special logo）是指一种特定的标志、图形或设计，通常被用于特殊场合或具有特殊含义的场景。在我国，特殊标志指的是经国务院批准举办的国际性和全国性的文化、体育、科学研究及其他社会公益活动中所使用的标志，❶ 如世界大学生夏季运动会标志、亚洲运动会标志、中国进出口商品交易会标志等（见图 2-2-13、图 2-2-14）。

图 2-2-13

图 2-2-14

在我国，注册商标与特殊标志在法律保护和保护期限上有所不同。注册商标受《商标法》保护，而特殊标志的登记管理由《特殊标志管理条例》进行规范。注册商标的保护期为 10 年，从核准之日起计算，期满可以申请续展，并且申请续展的次数不限。特殊标志的有效期为 4 年，自核准登记之日起计算。《特殊标志管理条例》并未明文规定特殊标志的续展期限，特殊标志的续展时间由国家知识产权局根据实际情况和社会需要综合考虑后决定。

典型案例

杭州亚运会特殊标志专有权及不正当竞争纠纷案[*]

一、基本案情

2021 年 3 月 17 日，第 19 届亚运会组委会（以下简称"亚组委"）在百

---

❶ 参见《特殊标志管理条例》第 2 条。

[*] 2022 年第 19 届亚运会组委会、杭州龙都置业有限公司等侵害特殊标志专有权纠纷一审民事判决书，杭州市萧山区人民法院（2021）浙 0109 民初 12877 号。

度网站搜索"杭州亚运会"时发现，第一条搜索结果为"杭州亚运会旁山水时代 | 与全国第三座 SKP 面对面"，其内容系某房地产开发公司所开发楼盘的营销网页。亚组委向杭州市萧山区人民法院起诉称，"杭州亚运会"系亚组委的特殊标志，被告房地产公司明知"山水时代"楼盘与杭州亚运会无任何关联，且未经亚组委授权，擅自使用"杭州亚运会"作为该楼盘搜索关键词的行为侵犯了亚组委的特殊标志专有权，并构成不正当竞争。被告某房地产公司辩称，该网页广告内容包含"杭州亚运会旁"六个字，事实上是关于楼盘地理位置的描述，属于正当使用亚组委的特殊标志，不构成对亚组委特殊标志专有权的侵害。

二、裁判结果

法院经审理认为，被告未经亚组委许可，擅自将"杭州亚运会"设置为互联网广告的搜索关键词并展示在搜索结果的网页标题中，其行为已构成对亚组委特殊标志专有权的侵害。同时，其行为目的是使相关公众误以为该房地产公司开发的楼盘与"杭州亚运会"存在某种程度的关联，以借助"杭州亚运会的声誉"，为提升楼盘知名度、获取更大商业利益提供可能，是误导消费者、破坏公平竞争秩序的不正当竞争行为。

三、典型意义

依据《特殊标志管理条例》的规定，特殊标志所有人可以在其公益活动相关的广告、纪念品及其他物品上使用该标志，并许可他人在核准使用该标志的商品或服务项目上使用。特殊标志使用人应当同所有人签订书面使用合同。亚运会作为亚洲规模最大、水准最高的综合性运动会，该案传递出尊重和保护亚运会知识产权的理念。

（五）商标与域名

域名（domain name）是用于在互联网上标识和访问特定网站的地址。域名通常由字母和数字组成，以便人们更容易记忆和使用。域名是由注册机构统一分配和管理的，与该计算机的互联网协议（IP）地址相对应。域名具有唯一性，用一个符号注册了域名后，就不能在网络上使用第二个相同的符号。企业和个人可以注册域名，用于建立在线存在、发布网站和进行电子邮件通信。

企业通常会选择与其商标相同或类似的域名，如微软公司的域名 www.

microsoft.com 和蒙牛集团的域名 www.mengniu.com.cn。商标和域名的一致性有助于建立消费者对企业的信任。当消费者在互联网上看到与他们熟悉的商标相匹配的域名时,他们更容易信任并访问该网站。从这种意义上看,域名实际上是商标在互联网环境下的延伸,由此,域名又被称为"电子商标"。[1]

但是,域名与商标有很多不同之处,主要表现在三个方面:(1)超地域性。因为互联网是全球互联,不受地域限制,域名一经注册,即在全球通用。而商标的注册和保护要受到当地法律制度的约束,具有地域性。(2)唯一性。域名在整个互联网上都是唯一的,只有第一家注册该域名的机构才能拥有这个域名。域名的注册人还需要定期更新域名注册信息和缴费信息,才能维持全球范围内对该域名的专有权。而注册商标在商品或服务市场上并不一定是唯一的,相同商标可以被不同的申请人注册使用在不同类别的商品或服务上。即使是对驰名商标的跨类保护,也并未延伸到所有类别的商品或服务上。(3)相似性。按照《商标法》的规定,未经许可在相同或类似商品或服务上使用与他人相同或近似的注册商标,构成商标侵权行为。但在互联网上的域名,使用相似的文字是普遍存在的现象,如"www.bing.com"和"www.bring.com",尽管这两个域名的拼写很相似,但都是合法的域名。

典型案例

"稻花香"商标侵权纠纷案[*]

一、基本案情

福州米厂为第 1298859 号"稻花香 DAOHUAXIANG"注册商标专用权人,涉案商标于 1998 年 3 月提出申请,于 1999 年 7 月 28 日获准注册,核定使用商品为第 30 类大米。2009 年 3 月 18 日,黑龙江省农作物品种审定委员会出具的《黑龙江省农作物品种审定证书》记载:品种名称为"五优稻 4 号",原代号为"稻花香 2 号",从 2009 年起定为推广品种。

2014 年 2 月 18 日,福州米厂经过公证程序,在福州市某百货大楼购买

---

[1] 王莲峰. 商标法学 [M]. 4 版. 北京:北京大学出版社,2023:33-35.

[*] 五常市乔府大院农业股份有限公司、福州米厂侵害商标权纠纷再审审查与审判监督民事裁定书,最高人民法院(2016)最高法民再 374 号。

了一袋由五常市金福泰农业股份有限公司生产、销售的"乔家大院稻花香米"。大米实物包装袋正面中间位置以大字体标注有"稻花香（字体中空，底色黑色）DAOHUAXIANG"。福州米厂以五常金福泰农业股份有限公司生产、销售被诉侵权产品侵害其注册商标权为由，向福州市中级人民法院提起民事诉讼。

二、争议焦点

该案的争议焦点是"稻花香"是否构成大米产品的通用名称。被诉侵权产品包装上使用"稻花香"是否构成侵犯涉案商标专用权。

三、裁判理由

一审法院认为，"稻花香"不构成通用名称，五常公司未经许可，在产品包装袋上突出使用与涉案商标非常近似的标志，容易误导消费者，侵害了原告的商标权。五常公司不服，提起上诉。

二审法院认为，基于五常市这一特定的地理种植环境所产生的"稻花香"大米属于约定俗成的通用名称。五常公司在其生产、销售的大米产品包装上使用"稻花香"文字及拼音以表明大米品种来源的行为，属于正当使用，不构成商标侵权行为。福州米厂不服，提出再审申请。

最高人民法院经再审审理认为，"稻花香"不属于通用名称。主要的判决理由如下：

（一）"稻花香"是否属于法定的通用名称

首先，法律规定为通用名称的，或者国家标准、行业标准中将其作为商品通用名称使用的，应当认定为通用名称。该案中，五常公司并无证据证明"稻花香"依据法律规定或者国家标准、行业标准应认定为法定的通用名称。

其次，品种审定办法规定的通用名称与商标法意义上的通用名称含义并不完全相同，不能仅以审定公告的名称为依据，认定该名称属于商标法意义上的通用名称。2014年施行的《主要农作物品种审定办法》第32条第3款规定，"审定公告公布的品种名称为该品种的通用名称。禁止在生产、经营、推广过程中擅自更改该品种的通用名称"。此处规定的通用名称是指根据品种审定办法审定公告的主要农作物品种名称，用以指代该特定品种。该名称在生产、经营、推广过程中禁止擅自更改。商标法中的通用名称指代某一类商品，因该名称不能用于指代特定的商品来源，故相关公众都可以正当使用。

最后，根据《主要农作物品种审定办法》第32条的规定，审定公告的通用名称在实际的使用过程中不得擅自更改。审定公告的原代号为"稻花香2号",并非"稻花香",在在先存在涉案商标权的情况下,不能直接证明"稻花香"为法定的通用名称。因此,现有证据不足以证明"稻花香"为法定的通用名称,二审判决以品种审定办法为依据认定"稻花香"为法定的通用名称,适用法律错误。

(二)"稻花香"是否属于约定俗成的通用名称

首先,关于稻米品种的通用名称是否可以作为大米商品的通用名称。根据水稻种植、收获、生产、销售的过程,水稻最终以大米这种商品的形式呈现给消费者。因此,如果"稻花香"为涉案特定稻米品种约定俗成的通用名称,对于用该稻米品种种植加工出来的大米,可以标注"稻花香"以表明大米品种来源,即稻米品种的通用名称可以延伸使用于以此品种种植加工出来的大米上。

其次,关于"稻花香"是否属于涉案特定稻米品种约定俗成的通用名称。约定俗成的通用名称一般以全国范围内相关公众的通常认识为判断标准。虽然基于历史传统、风土人情、地理环境等原因,某些商品所对应的相关市场相对固定,如果不加区分地仍以全国范围内相关公众的认知为标准,判断与此类商品有关的称谓是否已经通用化,有违公平原则。但是,适用不同评判标准的前提是,当事人应首先举证证明此类商品属于相关市场较为固定的商品。否则,是否构成约定俗成的通用名称,仍应当以全国范围内相关公众的通常认知作为判断依据。

该案中,被诉侵权产品销售范围并不局限于五常地区,而是销往全国各地,在福州米厂的所在地福建省福州市的超市内就有被诉侵权产品销售。在这种情况下,被诉侵权产品相关市场并非较为固定在五常市地域范围内,应以全国范围内相关公众的通常认识为标准判断。二审判决认为"稻花香"属于五常地域范围内约定俗成的通用名称,未考虑被诉侵权产品已经销往全国,相关市场超出五常地域范围的实际情况,属于适用法律错误。

四、典型意义

该案涉及注册商标专用权与品种名称之间的关系、通用名称的判断标准等问题。最高人民法院通过对商标法中一些重要法律问题的阐释,如法定通用名称与约定俗成通用名称的判断标准,以及注册商标专用权与品种名称之间的区别与联系,明确了此类案件的裁判标准。"适用不同评判标准的前提是，当事人应首先举证证明此类商品属于相关市场较为固定的商品。否则，是否构成约定俗成的通用名称，仍应当以全国范围内相关公众的通常认知作为判断依据。"

这里的"相关市场"与"生产地区"应当理解为不同的概念。《最高人民法院关于审理商标确权授权行政案件若干问题的规定》中也作出了类似规定："约定俗成的通用名称一般以全国范围内相关公众的通常认识为判断标准。对于由于历史传统、风土人情、地理环境等原因形成的相关市场固定的商品，在该相关市场内通用的称谓，人民法院可以认定为通用名称。"❶

五、延伸思考

在该案中，当事人曾经提交《黑龙江省农作物品种审定证书》等证据，证明黑龙江省农作物品种审定委员会于2009年对品种名称"稻花香2号"的水稻品种予以了审定编号，从而试图证明根据原农业部《主要农作物品种审定办法》的规定，"稻花香2号"可以被认定为法定的通用名称。但再审法院仍认为，这些证据不能证明"稻花香"依据法律规定或者国家标准、行业标准属于商品通用名称。因此，有人认为，"商标是否为通用名称的判断，其主体在消费者，而不在权威人士或权威资料"。你同意该观点吗？

---

❶ 前几年的"沁州黄"商标案和"鲁锦"商标案的裁判理由值得商榷。"鲁锦"商标案：山东省高级人民法院（2009）鲁民三终字第34号。"沁州黄"商标案：山西省高级人民法院（2010）晋民终字第97号。

第三章 注册商标授权要件

案情导入

2019年，美妆品牌"完美日记"的母公司广州逸仙电子商务有限公司（以下简称"逸仙公司"）向商标局申请注册"小粉钻"商标，指定使用在第3类商品：清洁制剂；研磨材料；牙膏；动物用化妆品。商标局以申请商标违反《商标法》第30条所指情形为由驳回了该注册申请。逸仙公司不服，向商标评审委员会提出复审申请，但并未得到商标评审委员会的支持。逸仙公司不服，再次向法院提起行政诉讼。法院经审理认为，诉争商标与引证商标构成《商标法》第30条所指的近似商标，不予注册。该案所涉及的注册商标审查的绝对事由和相对事由，将在本章进行阐述。此外，本章还将进一步阐述商标的合法性、显著性、非功能性、在先权利等。

第一节 合 法 性

商标的合法性是指，标识本身不属于法律规定明确禁止作为商标使用的标识。商标的合法性由我国《商标法》在第10条中采用列举的方式进行了规定。

第一，同中华人民共和国的国家名称、国旗、国徽、国歌、军旗、军徽、军歌、勋章等相同或者近似的，以及同中央国家机关的名称、标志、所在地特定地点的名称或者标志性建筑物的名称、图形相同的，不得作为商标使用。

但《商标审查审理指南》规定了几种例外情形，即下列标志可以作为商标使用：

（1）描述的是客观存在的事物，不会使公众误认的（见图3-1-1）。

图3-1-1

（2）商标含有与我国国家名称相同或近似的文字，但其整体是依法登记的企事业单位名称或报纸、期刊、杂志名称的（见图3-1-2、图3-1-3）。

图3-1-2　　　　　　　图3-1-3

（3）商标所含国名与其他具备显著特征的标志相互独立，国名仅起表示申请人国别作用（见图3-1-4）。

图3-1-4

第二，同外国的国家名称、国旗、国徽、军旗等相同或者近似的，不得作为商标使用。

但《商标审查审理指南》在《商标法》第10条第2项的基础上，详细列举了几种例外情形，即下列标志可以作为商标使用：

（1）经该国政府同意的。申请人就该商标在相同或类似商品、服务上，在该外国已经获得注册的，视为该外国政府同意。例如，在瑞士军刀、瑞士军包上使用的商标（见图3-1-5）。

（2）外国国名具有其他含义且不会造成公众误认的（见图3-1-6）。

图 3-1-5 　　　　　　　　图 3-1-6

（3）商标同外国国名的旧称相同或者近似的（见图 3-1-7、图 3-1-8）。

（美国旧称）　　　　　（泰国旧称）

图 3-1-7　　　　　　　　图 3-1-8

第三，同政府间国际组织的名称、旗帜、徽记等相同或者近似的，不得作为商标使用，但经该组织同意或者不易误导公众的除外。

但《商标审查审理指南》规定了例外情形：具有明确的其他含义或者特定的表现形式，不会误导公众的，可不适用本禁止规定（见图 3-1-9）。

第四，与表明实施控制、予以保证的官方标志、检验印记相同或者近似的，不得作为商标使用，但经官方机构授权的除外（见图 3-1-10）。

图 3-1-9 　　　　　　　　图 3-1-10

第五，同"红十字""红新月"的名称、标志相同或者近似的，不得作为商标使用（见图 3-1-11）。

图 3-1-11

第三章　注册商标授权要件

第六，带有民族歧视性的，不得作为商标使用。

该条中的"民族歧视性"，是指标志本身及其构成要素与民族名称相同或近似，并丑化、贬低或者其他不平等看待该民族的文字、图形等内容。例如，在"蜂蜜"等商品上申请的"蛮子"标志，该词汇属于古代对少数民族的蔑称。

第七，带有欺骗性，容易使公众对商品的质量等特点或者产地产生误认的，不得作为商标使用（见图3-1-12、图3-1-13）。

（指定使用商品：发电机）

图3-1-12

（指定使用商品：烟草）

图3-1-13

但《商标审查审理指南》规定了几种例外情形，即下列标志可以作为商标使用：

（1）申请注册的标识、文字等所指示的含义或物品与商标指定使用的商品无行业关联性的除外（见图3-1-14、图3-1-15）。

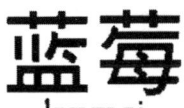

（指定使用商品：洗碗机）

图3-1-14

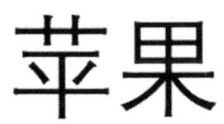

（指定使用商品：手机）

图3-1-15

（2）申请注册的标识、文字所指示的地点或地域与商标指定使用的商品没有特定联系，不会使公众对商品的产地发生误认（见图3-1-16）。

（指定使用商品：服装）

图3-1-16

第八，县级以上行政区划的地名或者公众知晓的外国地名，不得作为商

063

标使用（见图3-1-17）。[1]

加州红

图3-1-17

但《商标审查审理指南》规定了几种例外情形，即下列标志可以作为商标使用：

(1) 地名具有其他含义且该含义强于地名含义的（见图3-1-18、图3-1-19）。

凤凰　　**东 城**

图3-1-18　　图3-1-19

(2) 地名作为集体商标、证明商标组成部分的（见图3-1-20、图3-1-21）。

寿光蔬菜 SHOU GUANG VEGETABLES　　佛山陶瓷 FOSHAN CERAMIC

图3-1-20　　图3-1-21

第九，有害于社会主义道德风尚或者其他不良影响的，不得作为商标使用。

商标作为一种符号化的表达方式，其所传递和表达的信息与社会公共利益和公共秩序息息相关。例如，"老鼠仓"是一种对金融领域从业人员营私舞弊行为的俗称，如果用作金融服务的商标易产生不良的社会影响。需要注意的是，《商标法》第10条第1款第8项的规定既属于商标注册的禁止条款，

---

[1] 在"Oxford"商标驳回注册案中，商标评审委员会认为，英文与图形的组合商标为公众知晓的外国地名，不能作为商标使用，否则容易导致消费者误认为此商品来自该地域。"Oxford"商标驳回注册案：国家工商行政管理总局商评字（2007）第1795号。

又属于抽象的道德评价，对该条文的扩大解释可能会限缩商业活动中经营者自由表达和创作的空间。❶

典型案例

"MLGB"商标争议行政纠纷案*

一、案情介绍

2011年12月28日，上海俊客贸易有限公司（以下简称"俊客公司"）"MLGB"商标获得核准注册，核定使用在第25类"服装、婚纱、鞋、帽、袜、领带、围巾、皮带、运动衫、婴儿全套衣"商品上，有效期至2021年12月27日。2015年10月9日，自然人姚某某向商标评审委员会（以下简称"商评委"）提出注册商标无效宣告申请，理由是：该商标容易让人想到不文明用语，有害于社会主义道德风尚，具有不良影响。2016年11月9日，商评委作出裁定，认为该商标在网络等社交平台上广泛使用，含义消极、格调不高，用于商标有害于社会主义道德风尚，易产生不良影响，裁定对"MLGB"商标予以宣告无效。俊客公司不服，向法院提起诉讼。一审法院审理后，判决维持商评委的无效宣告裁定，驳回俊客公司的诉讼请求。俊客公司不服，提起上诉。二审法院判决驳回上诉，维持原判。

二、争议焦点

该案的争议焦点主要在于，争议商标及其构成要素是否属于2001年《商标法》第10条第1款第8项规定的"其他不良影响"的认定。俊客公司诉称，争议商标的明确释义应为"My Life's Getting Better"，与网络上的不文明含义并无一一对应关系，不会产生不良影响。商评委辩称，社会公众易将"MLGB"认知为不文明用语，会产生不良影响。

三、裁判要旨

争议商标早于2013年《商标法》施行前已经被核准注册，根据法不溯

---

❶ 盖璞（国际商标）公司与国家工商行政管理总局商标评审委员会行政裁决申诉行政判决书，最高人民法院（2016）最高法行再7号。

* 上海俊客贸易有限公司等与国家工商行政管理总局商标评审委员会二审行政判决书，北京市高级人民法院（2018）京行终137号。

及既往原则,该案相关实体问题适用2001年《商标法》,程序问题适用2013年《商标法》。作为商标禁止使用、禁止注册的绝对理由之一,2001年《商标法》第10条第1款第8项规定,有害于社会主义道德风尚或者有其他不良影响的标志不得作为商标使用。但由于该条款本身规定过于概括、抽象,在具体适用时容易出现分歧。法院应从判断主体、判断时间、标志含义的判断标准以及举证责任的分配四个方面考虑诉争商标是否具有"其他不良影响"。

四、裁判结果

一审法院认为,依据"其他不良影响"条款审查注册商标是否无效时,应当充分考虑裁判作出时争议商标的含义,而不仅限于商标标志在申请日或核准注册日的含义。现有证据证明在核准使用日前,争议商标具有的不文明含义已经存在,尤其在青年网络用户中具有一定的影响。在争议商标核准注册后,这种指代使用不仅没有缩小,反而扩大出现在日常生活中,被更多人所知晓。虽然俊客公司主张其使用的"MLGB"标志是"My Life's Getting Better"的缩写,但并无证据表明这种缩写在英文中常见,也没有证据表明这种用法广为公众所知或不会引起公众的厌恶感。且争议商标的主要消费群体为喜爱潮牌服饰的青年群体,这些群体恰好熟悉争议商标的不文明含义。从商品使用的群体定位来看,争议商标申请注册时即具有迎合低级趣味和叛逆心理的意图。因此,判决驳回俊客公司的诉讼请求。

俊客公司不服,提起上诉。二审法院认为,商标是否有不良影响,判断主体是社会公众,而非购买商品的相关群体。在审查判断商标标准或者其构成要素是否具有"其他不良影响"的情形时,一般应以诉争商标申请注册时的事实状态为准。对于诉争商标的理解,一般根据其"固有含义"进行判断,并应以我国公众的通常认知为标准,即以词典、工具书等具有公信力的信息载体所确定的内容为准,应避免将诉争商标标志在特殊场合等情况下,通过演绎、联想等方式后所形成的非通常含义作为认定"不良影响"的标准。在审查判断商标标准或者其构成要素是否具有"其他不良影响"的情形时,一般遵循"谁主张谁举证"的原则,由无效宣告申请人承担举证证明责任。该案中争议商标由字母"MLGB"构成,虽然该字母并非固定的外文词汇,但无效宣告申请人提供的证据可以证明在争议商标申请注册日之前,大量网络用户已经将"MLGB"指代为具有不良影响的含义。为了积极净化网络环境,引导青年一代树立积极向上的主流文化和价值观,制止以"擦边球"方式迎合三俗行为,发挥司法对主流文化意识传承和价值观引导的职责作用,应认定"MLGB"商标本身存在含义消极、格调不高的情形。此外,考虑到上海俊客公司除了申请"MLGB"还申请了"caonima"等商标,以媚俗的方式迎合不良文化倾向意图较为明显。因此,驳回上诉,维持原判。

五、案件评析

2001年《商标法》第10条第1款第8项作为商标禁止使用、禁止注册的绝对理由之一,因为条款本身的规定过于概括、抽象,在审查审理的具体适用中经常出现分歧。在该案的一审裁判文书中,法院罕见地公开了合议庭的多数意见和少数意见,表明在案件的审理过程中法官们出现过激烈的观点交锋。基于此,二审法院在充分考虑了"其他不良影响"条款的立法目的、宗旨,以及历史演变,提炼梳理了具体适用"其他不良影响"条款的四个考量因素,为此类案件法律适用的统一提供了有益借鉴。

第二节 显 著 性

一、显著性的含义

商标的显著特征,即商标的显著性,是商标标志获得商标注册的前提条件。不仅在商标注册阶段作为核心要件,显著性还是在商标使用阶段认定商标侵权行为的重要因素。[1] 因此,显著性这一概念,又被称为"商标法正常运转的枢纽"[2],其重要意义不亚于新颖性之于专利、独创性之于作品。[3]

但是,何为商标的显著性,在我国商标法中却没有一个正面表述的、可

---

[1] 曹阳. 商标实务指南与司法审查 [M]. 北京:法律出版社,2018:42-43.
[2] BEEBE B. The Semiotic Analysis of Trademark Law [J]. 51 UCLA Law Review, 2004 (51):625-672.
[3] 阿瑟·米勒,迈克·戴维斯. 知识产权法 [M]. 北京:法律出版社,2004:164-166.

操作性的定义。❶ 我国《商标法》仅在第 11 条采用列举排除的方式进行了规定：仅有本商品的通用名称、图形、型号的标志；仅直接表示商品的质量、主要原料、功能、用途、重量、数量及其他特点的标志；或者其他缺乏显著特征的标志，均不得作为商标注册。不过，上述标志经过使用取得显著特征，并便于识别的，可以作为商标注册。

除了经使用获得显著性，缺乏显著特征的标志如果与其他商标构成要素重新组合，整体上能够起到区分商品或服务来源的，也可以申请注册为商标。最高人民法院的司法解释指出，审查诉争商标是否具有显著特征，应当根据商标所指定使用商品的相关公众的通常认识，判断该商标整体上是否具有显著特征。商标标志中含有描述性要素，但不影响其整体具有显著特征的；或者描述性标志以独特方式加以表现，相关公众能够以其识别商品来源的，应当认定其具有显著特征。❷

二、显著性的来源

由于显著性产生的方式不同，现代商标法理论将显著性分为固有显著性、获得显著性、显著性退化三种情况。❸ 尽管我国《商标法》对此问题没有明文规定，但事实上是接受这种划分方式的。❹

（一）固有显著性

固有显著性，指的是一个标志天生具有指示产品来源的属性。在商标注册制模式下，具有固有显著性的标志可以不经过使用仅仅通过注册取得商标权。换言之，法律将具有固有显著性的标志推定为商标标志，除非有相反的

---

❶ 参见《商标法》第 9 条的规定："申请注册的商标，应当具有显著特征，便于识别，并不得与他人在先取得的合法权利相冲突。"从语言逻辑来看，"便于识别"是一个独立的概念，并不是立法者给前述"显著特征"所下的定义。因此，《商标审查审理指南》更倾向于将《商标法》第 9 条规定中的"便于识别"理解为"便于记忆"。

❷ 参见《最高人民法院关于审理商标确权授权行政案件若干问题的规定》第 7 条。

❸ 有学者认为传统的"固有"和"获得"显著性观念有局限性，主张将商标显著性重构为"来源"显著性和"区分"显著性两个方面。前者适用于商标侵权问题，后者适用于商标淡化问题。商标的区分显著性越强，其来源显著性也越强。参见 BEEBE B. The Semiotic Analysis of Trademark Law [J]. UCLA L. Rev., 2004 (51)：625 – 672.

❹ 王太平. 商标法原理与案例 [M]. 北京：北京大学出版社，2015：69 – 70.

证据。在商标实践中，固有显著性意味着某个标志与所指的商品或服务之间不存在描述、说明、通用名称等关系，如"Haier"（海尔）、"GREE"（格力）、"Tencent"（腾讯）等。

1. 文字商标

商标法的传统理论认为，商标的显著性是有一个谱系（spectrum）的，根据显著性的强弱从高到低排列，依次分为五大类：臆造性标志、任意性标志、暗示性标志、描述性标志和属名性标志。[1] 在这五类标志中，臆造性标志、任意性标志和暗示性标志被认为是具有固有显著性的，未经使用也可以注册为商标。而描述性标志和属名性标志不具有内在的显著特征，必须经使用取得显著特征才可以注册为商标。因此，暗示性标志和描述性标志的区分具有重要的法律意义（见图 3-2-1）。

标志的显著性		
臆造性		显著性由强到弱
任意性	固有显著性	
暗示性		
描述性	无固有显著性	
属名性		

图 3-2-1　标志的显著性

"臆造"是指凭空构想出来的标志，如使用在冰箱产品的"海尔"商标。"任意"是指将原含义的标志用于全新的领域，如使用在手机产品的"苹果"商标。"暗示"是指将产品的某些特点作为商标，如使用在洗头膏产品的"飘柔"。"描述"是指将直接表示产品的质量、主要原料、功能、颜色、重量、数量等特征的标志作为商标。我国商标法并不禁止将描述性词汇用作商标，只是在描述性词汇获得显著性之前不允许将其注册为商标，不受商标法保护而已。[2] "属名"是指将特定种类产品的合集名称作为商标[3]，而在我国

---

[1] Abercrombie & Fitch Co. v. Hunting World, Inc., 537 F. 2d 4 (2nd Cir. 1976).

[2] 参见我国《商标法》中关于商标权取得的条件。《商标法》第 11 条规定的是"不得作为商标注册"，而第 10 条规定的是"不得作为商标使用"。两个条文的表述不同，在商标法上的地位也不同。

[3] 类似的，生物学有七大分类：界（Kingdom）、门（Phylum）、纲（Class）、目（Order）、科（Family）、属（Genus）、种（Species）。

的惯用提法是"通用名称"❶。简单来讲,通用名称只能告诉消费者某件商品是什么,而不能告诉消费者某件商品是谁生产的。

在这五类中,暗示性标志和描述性标志的区分是很困难的。因为"描述"和"暗示"这两个词语本身是有重合的,暗示中总有某种描述,否则暗示过程不会发生。❷ 在 Stix 案中,美国法院论证了两种标志的不同点:暗示性标志需要消费者发挥想象、思考和洞察力才能知道商品的特点;而描述性标志则直接向消费者传递了商品的原料、质量、特征等信息。另外,同业竞争者和其他销售者使用争议商标的情况也会影响法院的判断。如果除当事人双方之外的同业竞争者从未在广告宣传中使用该标志描述其产品,则不能认定其为描述性标志。❸

在商标实践中,我国法院已经借鉴了 Stix 案确立的"想象"测试和"同业竞争者使用"测试两种方法。例如,在"抗噪卫士"商标案中,北京市知识产权法院认为,"抗噪卫士"虽然可以理解为抵抗噪音污染保护耳朵听力的含义,但该词并非指定使用商品的同业经营者描述该特点所使用的常用方式,消费者亦需加以想象才可以认识到其含义,故诉争商标相对于耳机等商品而言,并非直接描述性标志,而系暗示性标志,因此该文字商标具有固有显著性。

典型案例

"抗噪卫士"商标授权确权行政纠纷案*

一、基本案情

2016 年 11 月 7 日乐腾达(深圳)日用品有限公司向商标局在第 9、10 类耳机等申请注册"抗噪卫士"商标,国家工商行政管理总局商标局作出《商标驳回通知书》,根据《商标法》第 11 条第 1 款第 2 项"缺乏显著特征,不得作为商标注册"的规定,决定驳回诉争商标的注册申请。在法定期限内,乐腾达公司向商标评审委员会提出复审申请。商标评审委员会亦认为诉

---

❶ 参见《最高人民法院关于审理商标授权确权行政案件若干问题的规定》第 10 条。
❷ 王太平. 商标法原理与案例 [M]. 北京:北京大学出版社,2015:69-70.
❸ Stix Products, Inc. v. United Merchants & Mfrs., Inc., 295 F. Supp. 479 (S. D. N. Y. 1968).
* 国家工商行政管理总局商标评审委员会与乐腾达(深圳)日用品有限公司二审行政判决书,北京市高级人民法院(2019)京行终 1279 号。

争商标构成《商标法》第 11 条第 1 款第 2 项规定的情形，决定予以驳回。

乐腾达公司不服商标评审委员会作出的决定，向北京知识产权法院提起诉讼，主张该诉争商标与乐腾达公司形成了特定及唯一对应关系，可以佐证诉争商标获得了显著性，并主张诉争商标相对其申请核准的商品而言并非直接描述性标志，而是暗示性标志，不属于《商标法》第 11 条第 1 款第 2 项规定的情形，请求法院依法撤销商标评审委员会作出的决定，并就诉争商标重新作出决定。

二、争议焦点

该案的争议焦点是诉争商标是否属于《商标法》第 11 条第 1 款第 2 项规定的不得作为商标注册的情形。

三、裁判理由

法院经审理认为，诉争商标中"抗噪卫士"虽然可以理解为抵抗噪音污染保护耳朵听力的含义，但该词并非指定使用商品的同业经营者描述该特点所使用的常用方式，消费者亦需加以想象才可以认识到其含义，故诉争商标相对于耳机等商品而言，并非直接描述性标志，而系暗示性标志，不属于《商标法》第 11 条第 1 款第 2 项所规定的不具有显著特征的情形。此外，诉争商标指定使用的"体育用护目镜"商品的功能用途与抵抗噪音污染也无必然关联性。鉴于此，诉争商标应当准许注册。商标评审委员会认为申请商标的注册不符合《商标法》第 11 条第 1 款第 2 项规定的认定错误，应依法予以纠正。综上，被诉决定认定事实和适用法律有误，依法予以纠正。乐腾达公司的诉讼请求，予以支持。一审判决后，商标评审委员会向北京市高级人民法院提出上诉。

2019 年 3 月 14 日，北京市高级人民法院经审理认为，该案中，诉争商标的构成文字"抗噪卫士"并非中文固有词汇，按照其文字构成，可以解读出抵抗噪音污染、保护耳朵听力等相关含义。一方面，将"抗噪卫士"使用在诉争商标指定的耳塞机、潜水用耳塞等在耳朵上佩戴的商品上，虽然能够隐含表达出相关商品具有抵抗噪音等功能品质，但"抗噪"并非耳塞机、潜水用耳塞等商品的通常功能或特点，相关公众无法将二者直接相关联，在看到"抗噪卫士"一词时，相关公众需要经过一定程度的演绎、想象才能将"抗噪"与消费者对耳塞机、潜水用耳塞等商品具有抵抗噪音的功能品质相联系。

因此，"抗噪卫士"并非对上述商品的质量或其他特点的直接表述，能够起到指示商品来源的作用，并未违反《商标法》第 11 条第 1 款第 2 项的规定。另一方面，将"抗噪卫士"使用在诉争商标指定的工人用防护面罩等与耳朵、听力无关的商品上，相关公众不会将之理解为系对相关商品具有抵抗噪音污染等功能品质的直接描述或暗示，相关公众不会将之与商品的特点相关联。因此，诉争商标不属于《商标法》第 11 条第 1 款第 2 项规定的不得作为商标注册的情形。法院判决驳回上诉，维持原判。

四、典型意义

该案明确了描述性标志与暗示性标志的判断原则与方法，一般从以下两个方面考虑：其一，相关公众看到该标志的通常认知。如果相关公众在看到某一标志时，无须想象即能判断出其属于对商品或服务特点的描述，则该标志为描述性标志。如果相关公众在看到某一标志时，需要经过一定程度的演绎、解释、说明或想象才能将该标志与商品或服务的特点相对应，则该标志并非直接描述性标志，而属于暗示性标志，虽然显著性不高，但是已经达到商标法对显著特征的最低要求。其二，是否属于同业经营者描述该商品或服务的惯常方式。如果某一标志为同业经营者用来描述此类商品或服务功能、用途、特点的常用标志，则该标志为描述性标志。暗示性标志之所以具有显著特征，一是因为相关公众虽然最终能认识到该标志在一定程度上反映了商品或服务的特点，但是需要一定程度的演绎、解释、说明或想象才能将该标志与商品或服务的特点相对应，可以区分商品或服务来源；二是因为暗示性标志不属于同业经营者在描述商品或服务特点时所常用的标志，具有较大的选择空间，不会不适当地妨碍同业经营者的正当使用。

2. 立体商标

我国现行《商标法》对于立体商标固有显著性的认定并未特别规定，但立体商标与文字商标的固有显著性，其背后的判断原理是大致相同的，即都是通过消费者的个体认知心理来确定。❶ 根据 2020 年修订的司法解释《关于审理商标授权确权行政案件若干问题的规定》第 7 条和第 9 条的规定，立体商标固有显著性判断的关键在于相关公众对于该商标所指定使用商品的通常

---

❶ 程德理. 立体商标固有显著性认定研究［J］. 电子知识产权，2019（10）：16-29.

认知,即消费者是否倾向于将该立体标志视为识别商品或服务来源的标志。❶

例如,在"万宝龙钢笔"立体商标案(见图3-2-2)中,北京市高级人民法院认为,虽然申请商标在笔身图案的设计上具有独特性,但作为整体指定使用在自来水钢笔、水性圆珠笔等商品上,消费者难以将其视为识别商品来源的标志,而容易将其作为笔类商品的通用形状进行识别,故该立体标志缺乏固有显著性。❷ 在"雀巢方形瓶"立体商标案(见图3-2-3)中,北京市高级人民法院认为,虽然涉案立体标志有区别于常见瓶型的特点,但消费者难以将其视为识别商品来源的商标,而更容易将其作为商品容器加以识别,故该立体标志缺乏固有显著性。至于获得显著性的认定,北京市高级人民法院认为,应由注册商标申请人承担举证责任,证明该立体标志在特定商品或服务上经过长期和广泛的使用获得显著性。❸

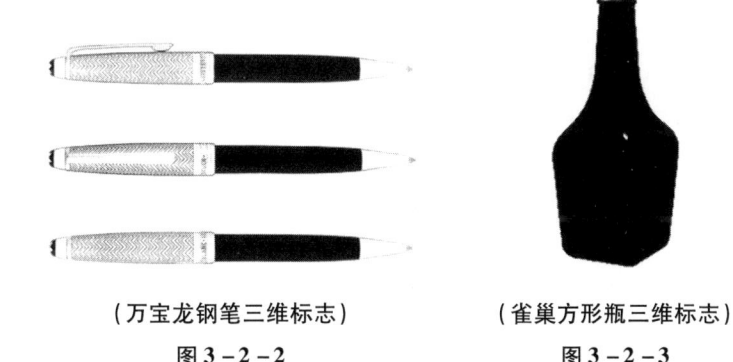

(万宝龙钢笔三维标志)　　　(雀巢方形瓶三维标志)
图3-2-2　　　　　　　　　图3-2-3

在认定立体商标的固有显著性时,除了考虑相关公众的认知习惯,还会考虑三维标志本身的独创性。但三维标志本身的独创性并不起决定性作用,固有显著性判断的关键还是在于消费者的认知心理。例如,在"宝马汽车模型"立体商标案中,一审和二审法院都认为,申请注册的汽车模型三维标志设计独特,但由于相关公众更容易将其识别为待售商品,而非商标,故该三

---

❶ 芮松艳. 论司法审判中如何认定商标显著性——兼评《关于审理商标授权确权行政案件若干问题的规定》第8、9、11条[J]. 法律适用,2019(17):16-20.

❷ 万宝龙-辛普洛有限公司与国家工商行政管理总局商标评审委员会二审行政判决书,北京市高级人民法院(2017)京行终734号。

❸ 雀巢产品有限公司、开平味事达调味品有限公司与雀巢产品有限公司、开平味事达调味品有限公司确认不侵害商标权纠纷申请再审民事裁定书,最高人民法院(2013)民申字第61-1号。

维标志缺乏固有显著性。❶ 在"奇巧（Kit Kat）四指条状巧克力"立体商标案（见图3-2-4）中，欧洲法院裁定雀巢公司生产的四指条状巧克力在欧盟范围内不具有足够的独特性而驳回了其注册商标申请上诉。❷ 而在"瑞士（Toblerone）三角柱巧克力"立体商标案（见图3-2-5）中，三角柱形状的三维标志由于其独特的造型被成功注册为立体商标，指定使用在巧克力商品上。❸

（奇巧巧克力）
图 3-2-4

（瑞士巧克力）
图 3-2-5

（二）获得显著性

获得显著性，指的是一个缺乏固有显著性的标志，通过使用获得了指示产品来源的第二含义。即通过商标的长期使用和广告宣传使消费者意识到这个商标代表着特定商品或服务的来源。❹ "获得显著性"和"第二含义"是同义词，但从字面意思来看，"第二含义"的表述带有一定的误导性。所谓"第二含义"不是某个词汇在字典或词典里的第二种含义，而是相关消费者首先联想到的商标与商品之间的特定关系。❺ 通过使用获得显著性的商标一般是描述性标志。例如，"酸酸乳"（指定使用商品：酸奶）、"小罐茶"（指

---

❶ 宝马股份有限公司与国家工商行政管理总局商标评审委员会二审行政判决书，北京市高级人民法院（2015）高行知终字第799号。

❷ Société des produits Nestlé SA v. Mondelez UK Holdings & Services Ltd and and European Union Intellectual Property Office（EUIPO），Case C84/17 P，C85/17 P and C95/17 P，ECLI：EU：C：2018：596.

❸ Poundland and Mondelēz go to war over Toblerone lookalike［EB/OL］.（2017-08-17）［2022-03-06］. https://www.worldipreview.com/news/poundland-and-mondelez-go-to-war-over-toblerone-lookalike-14473.

❹ 王迁. 知识产权法教程［M］. 6版. 北京：中国人民大学出版社，2019：422-423.

❺ 杜颖. 商标法［M］. 3版. 北京：北京大学出版社，2016：17-18.

定使用商品：茶叶）、"两面针"（指定使用商品：牙膏）、"六个核桃"（指定使用商品：饮料）等。

有观点认为，获得显著性才是真正的显著性，固有显著性只是获得显著性的有利条件，因为任何标志都只有经历了获得显著性的过程才能成为真正的商标。❶ 商标没有经过使用就不能具备区分商品来源的功能，也不能积累商誉。商标注册制的实行，本质上是法律对商标的固有显著性进行的拟制，主要是出于行政和司法便利的考量。❷ 在"小罐茶"商标案中，对于如何判断标志是否通过使用获得显著性的问题，北京知识产权法院指出，一般应以提出商标注册申请时的事实状态为准。但如果当事人有充分证据能够证明诉争标志在申请日之后通过实际、有效使用已获得显著性的，从节约司法资源和保护当事人合法权益的视角出发，应当对申请日之后的证据一并予以考量。❸

需要注意的是，"第二含义"与我国《商标法》第 10 条关于地名商标的"其他含义"的意义是不同的。根据《商标法》第 10 条第 2 款规定，县级以上行政区划的地名或者公众知晓的外国地名，不得作为商标使用，但是，地名具有其他含义的除外。这里的"其他含义"，是指某些地名词汇本身具有多重含义，例如凤凰（县）、东城（区）、江山（市）等。它们除了地名的含义，还有别的含义。当这些词汇作为商标使用后，所产生的指示特定产品来源的含义被称为"第二含义"。例如，"凤凰"牌自行车、"江山"牌香烟、"东城"牌瓷砖。由于这些地名词汇自身的丰富含义，反而淡化了其指示地理位置的行政色彩，故而可以作为商标使用。

立体商标获得显著性的判断一直是一个难题。在我国，目前几乎没有立体商标被承认通过使用获得显著性的司法案例。❹ 我国《商标法》也尚未对立体商标的获得显著性作出特别的规定。目前，只有北京市高级人民法院发布的《商标授权确权行政案件审理指南》（2019 年）对获得显著性的认定作出了明确规定，即对于获得显著性的认定应综合考量三大因素：（1）标志的

---

❶ 彭学龙. 商标显著性新探［J］. 法律科学，2006（2）：60-69.
❷ 文学. 商标使用与商标保护研究［M］. 北京：法律出版社，2008：21-22.
❸ 张宁，聂菲. "以案释法"使用获得显著性的考量因素［EB/OL］.（2021-03-15）［2022-10-15］. https://bjzcfy.bjcourt.gov.cn/article/detail/2021/03/id/5866777.shtml.
❹ 程德理. 立体商标获得显著性认定研究［J］. 同济大学学报（社会科学版），2020（3）.

使用足以使其发挥识别商品来源的作用;(2)使用的时间、地域、范围、规模、知名程度等;(3)其他经营者使用该标志的情况。

关于使用时间的考量,可以比照我国《驰名商标认定和保护规定》中的认定标准,即对于未注册的商标,申请人应当提供证明其使用持续时间不少于五年的材料❶;或者借鉴《美国商标法》中对获得显著性的一般规定,即申请人已在商业活动中将商标在其商品上连续地实质上独家使用满五年,可以初步证明该商标已经获得显著性。❷ 以可口可乐的弧形瓶(Contour Bottle)(见图3-2-6)为例,该三维标志不仅在设计上具有独特性,还经过可口可乐公司历时百年、全球范围内的广告宣传和市场营销,使消费者很容易将其与可口可乐公司相联系,并建立独一无二的对应关系,从而使该三维标志获得了商标注册的显著性。该立体商标已于2005年12月14日获得中国商标注册,并经两次商标续展,将保护期延长到2025年12月13日。❸

(可口可乐公司的弧形瓶诞生于1915年❹)

图3-2-6

(三) 显著性退化

商标的显著性处于动态变化中。显著性退化,指的是一个标志经过使用变成了商品的通用名称而无法继续作为商标。显著性退化的商标例子有

---

❶ 参见《驰名商标认定和保护规定》第9条第2款。
❷ 姚洪军. 商标获得显著性认定标准的中美比较 [J]. 知识产权,2015 (7):92-93.
❸ 张曼,方婷. 商标法教程 [M]. 北京:清华大学出版社,2021:33-34.
❹ "可口可乐"百年摩登弧形瓶的进化史 [EB/OL]. (2018-07-26) [2023-11-03]. https://www.sohu.com/a/243437629_99949144.

aspirin（阿司匹林）、escalator（自动扶梯）、Simmons（席梦思）、zipper（拉链）、Jeep（吉普）、优盘❶等，这些原来都是指定商品的商标，后来逐渐演变为商品的通用名称，故而无法再继续作为商标使用了。这是因为，商品通用名称表示商品的自然属性，而商标表示商品的社会属性，两者的功能根本不同。❷

我国《商标法》第49条规定，"注册商标成为其核定使用的商品的通用名称或者没有正当理由连续三年不使用的，任何单位或者个人可以向商标局申请撤销该注册商标"，对显著性退化的法律后果作出了明确要求。《最高人民法院关于审理商标确权授权行政案件若干问题的规定》（法释〔2017〕2号）第10条规定："人民法院审查判断诉争商标是否属于通用名称，一般以商标申请日时的事实状态为准。核准注册时事实状态发生变化的，以核准注册时的事实状态判断其是否属于通用名称。"❸ 该条款对判断显著性退化的时间节点作出了明确要求，如果申请注册商标时不是通用名称，但在核准注册时变成通用名称的，应当认定其属于通用名称而不予注册。❹

要想避免显著性退化的不利后果，商标权人应当加强商标管理工作。❺ 一旦发现商标显著性退化的问题，及时采取反退化手段使商标重新具备显著性，恢复识别商品或服务来源的功能。例如，"吉普"商标，在该文字商标即将退化为越野车的通用中文名称时，商标权人通过广告宣传积极表明它是一个商标、及时纠正他人对该商标的错误称谓或不正当使用行为等一系列反退化手段，使得"吉普"商标的显著性和识别功能得以恢复，该商标的注册状态得以维持。❻

无论是"优盘"案还是"吉普"案，都反映了一个非常典型的情况，即当新产品是前所未有的情况下，如何命名商品关系到商标的保护问题。这个现象的产生是有原因的。如果一种商品或服务是首次出现，一般还不存在被

---

❶ 北京市第一中级人民法院（2004）一中行初字第1014号。
❷ 吴新华.商标与商品通用名称辨析——第1509704号"优盘"商标争议办案札记［EB/OL］.（2009-04-09）［2023-11-03］. https：//sbj. cnipa. gov. cn/sbj/alpx/200904/t20090409_789. html.
❸ 参见《最高人民法院关于审理商标授权确权行政案件若干问题的规定》第10条第4款。
❹ 创博亚太科技（山东）有限公司等与国家工商行政管理总局商标评审委员会二审行政判决书，北京市高级人民法院（2018）京行终809号。
❺ 吴汉东.知识产权法学［M］. 6版.北京：北京大学出版社，2013：213-214.
❻ 王迁.知识产权法教程［M］. 6版.北京：中国人民大学出版社，2019：425-426.

公众普遍接受的通用名称。在这种情况下，如果通用名称使用起来比较拗口又难以记忆，相关公众就容易将商标当作通用名称使用，这将会导致商标的显著性发生退化。在实践中，一个可行的方案是，在商标之外再创造出一个简洁易记的通用名称来，鼓励公众将商标当作一个形容词与该通用名称连在一起使用。❶ 例如，"邦迪"创可贴一度因为其市场占有率高，几乎被当作创可贴的代名词，有沦为通用名称的风险。因此，强生公司将经典广告词"我爱上'邦迪'"改为了"我爱上'邦迪'创可贴"，以提醒公众"邦迪"的商标属性。

三、显著性的判断和证明

（一）显著性的判断主体

商标显著性的判断主体是相关公众。《商标审查审理指南》规定，商标的显著特征，是指商标应当具备的足以使相关公众区别商品来源的特征。判断商标是否具有显著特征，应当综合考虑构成商标的标志本身的含义、呼叫和外观构成、商标指定使用商品、商标指定使用商品的相关公众的认知习惯、商标指定使用商品所属行业的实际使用情况等因素。

相关公众作为商标法的拟制主体，不仅是商标显著性的判断主体，还是商标近似、商标混淆、商品类似、商标侵权等的判断主体。❷ 那么，如何定义相关公众呢？最高人民法院在司法解释中规定："商标法所称相关公众，是指与商标所标识的某类商品或者服务相关的消费者和与前述商品或者服务的营销有密切关系的其他经营者。"❸ 需要注意的是，这里的相关公众不仅包括消费者还包括经营者。北京市高级人民法院进一步细化了相关公众的考察因素："在确定相关公众时，应当考虑商品性质、种类、价格等因素对其范围及其注意程度的影响。"❹ 例如，一台价值数百万元人民币的生物实验仪

---

❶ 亚历山大·波尔托拉克，保罗·勒纳. 知识产权精要：法律、经济与战略 [M]. 2版. 王肃，译. 北京：知识产权出版社，2017：17-18.
❷ 曹阳. 商标实务指南与司法审查 [M]. 北京：法律出版社，2018：57-58.
❸ 《最高人民法院关于审理商标民事纠纷案件适用法律若干问题的解释》（2002）第10条。
❹ 北京市高级人民法院《关于审理商标民事纠纷案件若干问题的解答》（京高发〔2006〕68号）第10条。

器，其使用者只能是大学或科研院所的专业科研人员，因此，这类产品的相关公众只能是特定人群，而非普通大众。

（二）显著性的证明方式

显著性是一个事实判断问题，判断的标准完全取决于相关公众的心理状态。❶ 既然牵涉到人的主观意识，从外部证明起来就比较困难。一般认为，最有力的证据是消费者证言。消费者证言分为两种：一种是法庭上出示的随机选择的消费者证言。美国法院对该证据持怀疑态度，认为随机选择的消费者不能代表相关公众的真实反应。❷ 另一种是由专业机构组织的消费者问卷调查。问卷调查报告的制作由独立第三方机构来完成，问卷设计、样本选取及数据整理的过程有一定的科学规范性。❸

虽然消费者问卷调查在美国法院是常规证据，但在我国，消费者问卷调查的证据属性尚不明朗，在司法审判中的应用率和采信率都整体偏低。❹ 在"乔丹"系列商标案中，最高人民法院虽然采信了再审申请人提交的《Michael Jordan（迈克尔·乔丹）与乔丹品牌联想调查报告（全国、上海）》，却不予采信《乔丹品牌辨识度研究报告》，认为后一份报告"没有记载调查过程，也没有附调查问卷或具体问题，其相关调查数据的来源和调查结论的形成过程不明，真实性难以认定"。❺

除了消费者证言，美国法院还考虑其他能够证明显著性的间接证据。具体包括商标的使用情况、广告费用、销售量、消费者数量、市场占有率、被告故意仿冒商标的证据等。❻ 我国《商标审查审理指南》对于获得显著性的

---

❶ 彭学龙. 商标法的符号学分析［M］. 北京：法律出版社，2007：145-148.
❷ 杜颖. 商标纠纷中的消费者问卷调查证据［J］. 环球法律评论，2008（1）：71-80.
❸ 张俊发. 问卷调查报告作为知识产权诉讼证据的合理性［J］. 北京邮电大学学报，2018（5）：16-23.
❹ 陈贤凯. 商标问卷调查的司法应用——现状、问题及其完善路径［J］. 知识产权，2020（9）：61-71.
❺ 《Michael Jordan（迈克尔·乔丹）与乔丹品牌联想调查报告（全国、上海）》的调查过程，分别由北京市长安公证处、上海市东方公证处等公证机构进行了公证。两份调查报告后附有"技术说明"和"问卷"，以及问题"卡片"等，法院认为调查程序较为规范，调查结论的真实性、证明力相对较高，可以与该案其他证据结合后共同证明相关事实。参见最高人民法院（2018）最高法行再32号。
❻ Echo Travel, Inc. v. Travel Associates, Inc., 870 F. 2d 1264 (7th Cir. 1989).

判断有相似的规定：判断商标是否经使用获得显著性，应当综合考虑相关公众对该标志的认知情况，该标志在指定商品实际使用的时间、使用方式及同行业使用情况，使用该标志的商品的销售量、营业额及市场占有率，以及使用该标志的商品的广告宣传情况及覆盖范围等。

典型案例

腾讯公司"嘀嘀嘀嘀"声音商标争议行政纠纷案[*]

一、案情介绍

2014年5月4日，腾讯科技（深圳）有限公司（以下简称"腾讯公司"）向商标局提出诉争商标的注册申请，指定使用在国际分类第38类的下列服务项目上：电视播放；新闻社；提供互联网聊天室；电子邮件；信息传送；在线贺卡传送；数字文件传送；计算机辅助信息和图像传送；提供在线论坛；电话会议服务。商标局于2015年8月11日作出商标驳回通知。腾讯公司对商标局作出的商标驳回通知不服，于法定期限内向商标评审委员会提出复审申请。2016年4月18日，商标评审委员会以"难以起到区分服务来源的作用"为由驳回了腾讯公司的复审申请。腾讯公司不服，向北京知识产权法院提起行政诉讼。

二、争议焦点

该案的争议焦点在于，诉争商标是否构成《商标法》第11条第1款第3项规定的情形，即诉争商标是否具有显著性。商标评审委员会辩称，诉争商标"嘀嘀嘀嘀嘀嘀"仅是一个急促、单调的重复音，比较简单，缺乏商标应有的显著性。腾讯公司诉称，诉争商标为六声音响，不冗长也不简单，声音特点鲜明、简短突出，具有声音商标应有的显著性。而且，QQ软件是中国市场用户数最多的即时通信工具，诉争商标经过在QQ软件上长期、广泛的使用，已经成为相关公众识别服务来源的标志。

三、裁判要旨

对于该案涉及"嘀嘀嘀嘀嘀嘀"声音商标的显著性判断，法院首先援引

---

[*] 国家工商行政管理总局商标评审委员会与腾讯科技（深圳）有限公司二审行政判决书，北京市高级人民法院（2018）京行终3673号。

了《商标法》第11条第1款第3项的规定，认为该声音商标比较简单，相关公众通常情况下不易将其作为区分商品或者服务来源的标志加以识别，属于缺乏固有显著性的标志。之后，法院明确指出，当缺乏显著特征的商标经过使用而能够发挥识别作用时，可以根据《商标法》第11条第2款的规定予以核准注册。只不过此类商标获准注册的商品或者服务范围，必须以其实际使用的商品或者服务为限，不可以仅因其在该商品或者服务上的使用行为，而在其他商品或者服务项目上当然获得显著特征。

四、裁判结果

一审法院认为，诉争商标作为QQ软件默认的新消息提示音，经过多年使用已经与QQ软件之间形成了相互指代的关系，在指定使用的"信息传送"服务项目上起到了商标应有的标识服务来源的功能。至于"互联网聊天室、在线论坛、电子邮件、在线贺卡传送"等服务，虽然申请商标的声音并未实际使用，但是这些服务均属于QQ软件作为综合性即时通信平台提供的服务。既然申请商标通过在"信息传送"服务上使用与QQ软件建立了对应关系，将申请商标使用在QQ软件的"互联网聊天室、在线论坛、电子邮件、在线贺卡传送"等服务项目上亦具有显著性。此外，"电视播放、新闻社、电话会议服务"与QQ软件在功能、用途、服务对象等方面存在关联性，结合申请商标与QQ软件的知名度，在"电视播放、新闻社、电话会议服务"等服务项目也能起到识别服务来源的功能。故判决撤销商标评审委员会作出的被诉决定，要求其重新作出决定。

商标评审委员会不服，提起上诉。腾讯公司服从一审判决。二审法院经审理认为，腾讯公司提供的证据能够证明申请商标"嘀嘀嘀嘀嘀嘀"声音通过在QQ即时通信软件上的长期使用，具备了识别服务来源的作用。原审判决认定申请商标在与QQ即时通信软件相关的"信息传送、提供在线论坛、计算机辅助信息和图像传送、提供互联网聊天室、数字文件传送、在线贺卡传送、电子邮件"服务上具备了商标注册所需的显著特征，并无不当。但是，申请商标并未在"电视播放、新闻社、电话会议服务"上实际使用，原审判决以"电话会议服务"与"超级群聊天"服务功能完全相同以及综合性即时通信软件服务平台存在提供电视播放、新闻服务的可能性为由，认定申请商标在上述三个服务项目上亦具有显著特征，不符合申请商标经过使用才能取得显著特征的案件事实，不适当地为申请商标预留了申请注册的空间，属于适用法律错误。二审法院在纠正一审判决相关错误的基础上，对其结论予以维持。故判决驳回上诉、维持原判。

五、案件评析

该案历时四年多，是我国商标法领域经司法判决的首例声音商标案件。相对于传统类型的通过视觉识别的商标，声音商标为现行《商标法》规定的新类型商标。构成元素的差异是否导致对于声音商标的显著性判断采用不同的方式，一审法院对此问题未予明确。二审法院在审理时，根据《商标法》第8条的有关规定，明确了在商标注册申请的审查过程中，无论具体商标标志是由何种要素构成，只要其符合《商标法》的规定，都应当采用相同的审查标准予以同等对待。对获得显著性的判断不应考虑申请商标在非指定使用的商品或服务上的使用情况，一审法院却考虑了，还错误地认为：通过QQ软件知名度、"QQ"商标知名度、诉争商标知名度及相互之间对应关系的分析认定，诉争商标指定使用在QQ软件以外的服务项目上也可以起到商标应有的标识服务来源的功能。二审法院援引《商标法》第11条第2款的规定，对一审法院的观点予以纠正。二审法院明确指出，对于通过使用而取得显著特征的商标的审查，必须遵循"商品和服务项目特定化"之审查原则，避免显著特征在使用取得认定过程中的泛化处理和以偏概全。需要注意的是，新类型商标不断被纳入商标法的保护范畴，使得任何能够发挥商品或服务来源识别功能的标志都有可能作为商标获准注册。如何平等对待具有不同商标注册需求的市场经营者，如何平等保护已经获准注册的不同类型商标的权利人，给商标法律制度的运行带来了新的课题。该案终审判决所体现的思路不失为一种理性的应对之策。

第三节　非功能性

一、非功能性的基本概念

非功能性和显著性作为立体商标注册的两个审查条件，在立法目的上有着明显区别，非功能性审查的重点在于保持商标法与专利法之间的协调平衡，避免申请人利用商标注册制度对发明和外观设计实现垄断性的永久期限保护。而显著性审查的重点则在于保障商标识别商品来源的核心功能，降低消费者发生混淆误认的可能性。

二、实用功能性和美学功能性

我国《商标法》明确禁止注册具有功能性的商品外观或造型，其目的在于确保具有实用价值或美学价值的商品特征不能通过获取可无限续展的注册商标专用权的方式被永久保护，以维持知识产权法体系的利益平衡。因此，如果三维标志被认定具有功能性，即使满足显著性的条件也不能获得注册。❶

实用价值是专利法的保护对象，但受到专利法保护的技术方案和外观设计是有时间限制的。我国《专利法》对发明的保护期限是 20 年，对外观设计的保护期限是 15 年，对实用新型的保护期限是 10 年。在专利保护期届满后，无论是技术方案还是外观设计都进入公有领域，任何人都可以自由使用曾经获得专利权的技术方案或外观设计。如果允许将能够实现一定技术效果的形状注册为商标，就意味着发明人或设计人可以通过商标实现永久保护某个技术方案或外观设计的目的。这与知识产权法的立法本意相悖，因此被禁止。

美学价值是著作权法的保护对象，但著作权法对作品的保护是有时间限制的。我国《著作权法》对作品著作权的保护期限是作者终生及其死亡后五十年，截止于作者死亡后第五十年的 12 月 31 日。在著作权保护期届满后，相关作品就进入了公有领域，任何人都可以自由使用。如果允许将能够获得著作权法保护的形状注册为商标，就意味着作品的创作者可以通过商标实现永久保护其作品的目的。这与知识产权法的立法本意相悖，因此被禁止注册。

（一）仅由商品自身的性质产生的形状

我国《商标法》第 12 条规定，以三维标志申请注册商标的，仅由商品自身的性质产生的形状，不得注册。根据《商标审查审理指南》（2021 年

---

❶ 《商标法》第 11 条的但书涵盖了获得显著性这一特殊情形，而《商标法》第 12 条并没有类似的规定，其原因在于一旦三维标志被认定具有功能性，即使经过长期和广泛的使用，也不能注册为立体商标。

版）第 3.3.1 条规定，这里的"仅由商品自身的性质而产生的形状"，是指为实现商品固有的目的和用途所必须采用的或通常采用的三维形状。例如，轮胎的圆环形是为了保证车辆的行驶性能而必须采用的形状，这种由商品自身性质产生的三维形状，不得注册为立体商标。

（二）为获得技术效果而需有的商品形状

我国《商标法》第 12 条规定，以三维标志申请注册商标的，为获得技术效果而需有的商品形状，不得注册。根据《商标审查审理指南》（2021 年版）第 3.3.2 条规定，这里的"为获得技术效果而需有的商品形状"，是指为使商品具备特定的功能，或者使商品固有的功能更容易地实现所必需使用的立体形状。例如，飞利浦公司电动剃须刀的三剃头形状具有实用价值，三个剃刀的设计是为了达到更好的剃须效果，因此不得注册为立体商标（见图 3-3-1）。[1] 这种能促进产品实现特定的技术效果的实用价值也被称为三维标志的实用功能性。具有实用功能性的三维标志不得注册为立体商标。

（三）使商品具有实质性价值的形状

我国《商标法》第 12 条规定，以三维标志申请注册商标的，使商品具有实质价值的形状，不得注册。根据《商标审查审理指南》（2021 年版）第 3.3.3 条规定，这里的"使商品具有实质价值的形状"，是指为使商品的外观或造型影响商品的价值所采用的形状。[2] 例如，在艺术品市场上，工艺难度越高、造型越独特、越精美的仿古瓷器，其市场价值越大，对瓷器收藏家的吸引力也越大（见图 3-3-2）。[3] 这种通过商品的外观或造型使商品对消费者产生更大吸引力的美感价值被称为三维标志的美学功能性。[4] 具有美学功

---

[1] Koninklijke Philips Electronics NV v. Remington Consumer Product Ltd., Court of Justice, Case C-299/99. ECLI：EU：C：2002：377. 飞利浦公司在"三剃头"外观设计专利到期后，希望通过商标法获得永久期限保护。

[2] 王迁. 知识产权法教程［M］. 6 版. 北京：中国人民大学出版社，2019：433-435.

[3] 如清雍正仿汝天青釉六方贯耳大瓶，在 2018 年秋季拍卖会上曾以二百多万元人民币的价格成交。

[4] 1938 年《美国侵权法重述》在注释（a）中对此表述为："产品对消费者的吸引力如果主要在于美感价值，由于产品的外观特征明显助益于上述价值进而促进产品吸引力的实现，它们应当是功能性的。"参见 Comment a, Restatement of Torts, §742（1938）.

能性的三维标志，不得注册为立体商标。

（指定使用商品：电动剃须刀）
图 3-3-1

（指定使用商品：瓷器）
图 3-3-2

第四节　不与在先权利相冲突

不与在先权利相冲突，是取得商标权的重要条件。在先权利，是指在申请商标注册之前的他人已有的合法权利。按照我国《商标法》及相关司法解释，当商标权与其他权利发生冲突时，在先取得的合法权利优先。但是，商标核准注册时在先权利已不存在的，不影响该商标注册。❶ 在先商标是最容易与后商标发生冲突的一种在先权利。❷ 其他的在先权利包括但不限于下列权利：著作权、外观设计专利权、地理标志、姓名权、肖像权、声音权益等。❸

一、在先商标权

根据《商标法》第 30～33 条的规定，在先商标的类型可以分为：在先注册的商标、在先初步审定的商标、先申请的商标、在先使用并有一定影响的商标以及驰名商标。对于注册商标与在先商标发生权利冲突的案件，人民

---

❶ 《最高人民法院关于审理商标授权确权行政案件若干问题的规定》（法释〔2017〕2 号）。
❷ 吴汉东. 知识产权法学［M］. 6 版. 北京：北京大学出版社，2014：215-216.
❸ 《民法典》第 1023 条第 2 款规定："对自然人声音的保护，参照适用肖像权保护的有关规定。"

法院一般不受理，由当事人向商标行政管理部门提出异议。❶ 当事人不服商标行政管理部门的决定，可以向人民法院提起行政诉讼。

（一）与在先商标相同或近似

申请商标与在先商标相同或者近似，是发生权利冲突的条件之一。这里的"商标相同"指的是，申请商标与引证商标在视觉上或听觉上基本无差别。例如，"Susanna"与"SUSANNA"虽然在字形上存在细微差别，仍判定为相同商标。

"商标近似"的判定标准比较复杂。《商标审查及审理标准》通过列举的方式规定：商标文字的字形、读音、含义近似；商标图形的构图、着色、外观近似；或者文字和图形组合的整体排列组合方式和外观近似；立体商标的三维标志的形状和外观近似；颜色商标的颜色或者颜色组合近似；声音商标的听觉感知或整体音乐形象近似；并且，易使消费者对商品或服务的来源产生混淆的，判为近似商标。

例如，"红太阳"和"太阳"虽然商标文字构成、读音不同，但含义相同，易使相关公众对商品或服务的来源产生混淆的，判定为近似商标。又如，"蒙原肥羊"仅由引证商标"蒙原"及所指定使用的肉类商品的通用名称组成，易使相关公众对商品或服务的来源产生混淆的，判定为近似商标。再如，"丽人坊"仅由引证商标"丽人"及表示服务提供场所的文字组成，易使相关公众对商品或服务的来源产生混淆，判定为近似商标。需要注意的是，"好哥"和"好歌"虽然读音相同，且整体外观近似，但商标含义、字形区别明显，不易使相关公众对商品或者服务的来源产生混淆，不判为近似商标。

判断申请商标与引证商标是否构成相同商标或近似商标时，应当以相关公众的一般注意力和认知力为标准，采用隔离观察、整体比对和显著部分比较的综合方法进行认定。首先，"一般注意力"的判定标准并没有一个固定的量化公式，要结合个案具体分析。例如，有的人在购物时小心翼翼、反复挑选；有的人在购物时粗心大意、走马观花。通常认为，介于这种极高或极低的注意力之间的才是"一般注意力"，即消费者在购物时运用的普通注意

---

❶ 《最高人民法院关于审理注册商标、企业名称与在先权利冲突的民事纠纷案件若干问题的规定》（法释〔2008〕3号）。

力。其次,"隔离观察比较"指的是,不能将两个商标摆放在一起进行比较,而应分别观察后凭借记忆印象将两个商标比较。这是为了模拟消费者在真实购物环境下的体验,即凭借脑海中对商标并不精确的印象选购商品。再次,"整体比对"指的是,判断两个商标是否在整体上给人留下了非常接近的印象,而不能只对两个商标中的相同要素或差异要素进行分别比较。最后,"显著部分比较"指的是,比较两个商标之间最显著、给人留下印象最深的部分是否相同。

(二) 与在先商标所使用的商品/服务相同或者类似

对"相同商品/服务"和"类似商品/服务"的定义,目前尚无统一的认识。《商标侵权判断标准》第9~12条分别对"相同商品/服务"和"类似商品/服务"的认定方式和判定原则进行了具体说明。"同一种商品"指的是,商品名称相同的,或商品名称虽然不同,但在功能、用途、主要原料、生产部门、消费对象、销售渠道等方面相同或者基本相同,相关公众一般认为是同种商品。"同一种服务"指的是,服务名称相同的,或服务名称不同但在服务的目的、内容、方式、提供者、对象、场所等方面相同或者基本相同,相关公众一般认为是同种服务。

"类似商品"指的是,在功能、用途、主要原料、生产部门、消费对象、销售渠道等方面具有一定共同性的商品。"类似服务"是指在服务的目的、内容、方式、提供者、对象、场所等方面具有一定共同性的服务。"商品与服务类似"指的是,商品和服务之间具有较大关联性,在用途、用户、通常效用、销售渠道、销售习惯等方面具有一致性。商标局对于类似商品或者类似服务的认定,主要分为两个阶段进行:(1)在商标注册审查和驳回复审案件审理中,原则上以《类似商品和服务区分表》中对于商品和服务项目的类似关系界定为判定依据;(2)在商标异议、无效宣告案件审理中涉及商品或者服务类似判定的,或者案件中出现《类似商品和服务区分表》未涵盖的商品或者服务项目的,应当结合案件事实进行个案判定。❶

---

❶ 《商标审查审理指南》第一部分第一章。

典型案例

"小粉钻"商标授权确权行政纠纷案[*]

一、基本案情

完美日记母公司广州逸仙电子商务有限公司（以下简称"逸仙公司"）于2019年4月8日向商标局申请注册"小粉钻"商标，指定使用在第三类商品化妆品等。商标局以申请商标违反《商标法》第30条为由驳回了该注册申请。逸仙公司不服，向北京市知识产权法院提起行政诉讼。引证商标"粉钻4C"的申请人为上海瑾晖贸易有限公司，申请日期为2014年7月15日，核定使用在第三类商品化妆品等。引证商标因连续三年未使用被撤销，但该案发生时撤销裁定尚未生效。

二、裁判结果

法院经审理认为，关于商标近似方面，诉争商标与引证商标均为文字商标，诉争商标由汉字组合"小粉钻"构成；引证商标由汉字组合"粉钻"与数字字母组合"4C"构成。该案中，诉争商标与引证商标有两个汉字完全一致，且标识的其他部分不具有可作区分的显著性，两方商标在文字构成、整体外观、设计风格、含义等方面相近，相关公众施以一般注意力不易区分，诉争商标与引证商标应认定为近似商标。

诉争商标与引证商标若共同使用在同一种或类似商品上，易造成相关公众混淆，从而对商品来源产生误认，已构成使用在同一种或类似商品上的近似商标。关于原告请求法院以引证商标因连续三年未使用被撤销为由暂缓审理该案的主张，法院认为，该案为商标授权案件，主要是对被诉决定合法性的审查，且目前引证商标相关撤销裁定并未生效，目前引证商标处于合法有效状态。故法院判决驳回原告的全部诉讼请求。

三、典型意义

该案中，原告提出"小粉钻"商标经过宣传使用，拥有了较高的知名度和显著性，能够起到区分商品来源的作用，应当获准注册。此主张未获得法

---

[*] 广州逸仙电子商务有限公司与国家知识产权局一审行政判决书，北京市知识产权法院（2020）京73行初6546号。

院支持。判断申请商标与引证商标是否近似时，申请商标的使用情况及由此产生的显著性和知名度，不在考虑范围内。这与商标侵权诉讼中要考虑被控侵权商标的使用情况的做法完全不同。

二、其他在先权利

（一）著作权

未经著作权人的许可，将他人享有著作权的作品申请注册为商标，应认定为对他人在先权利的侵犯。但如果申请人能够证明该申请商标是独立创作完成的，或者与著作权人签订了著作权许可使用合同，则不构成对他人在先著作权的侵犯。

需要补充的是，按照我国《著作权法》的规定，作品名称、角色名称通常不能受到著作权的保护。但是，对于知名度高的作品名称、角色名称而言，由于其知名度具有商业价值，属于可受保护的合法权益。❶《商标授权确权规定》将作品名称、作品中的角色名称所具有的相关利益，作为一种合法权益，纳入《商标法》第32条"在先权利"予以保护。例如，在"邦德007"商标案中，法院认为，"007"系列电影中人物的角色名称已经具有较高知名度，其知名度的取得是电影公司大量劳动和资本投入带来的。因此，在与商标权发生冲突时，在先知名的电影人物角色名称应当受到优先保护。❷

典型案例

"公牛图形"商标授权确权行政纠纷案*

一、基本案情

2005年3月15日，黄某向中华人民共和国国家工商行政管理总局商标

---

❶ 最高人民法院《关于审理商标授权确权行政案件若干问题的规定》相关内容并回答记者提问［EB/OL］．（2017-01-10）．http：//www.court.gov.cn/zixun-xiangqing-34702.html．

❷ 北京市高级人民法院（2011）高行终字第374号。

＊ 北京市高级人民法院（2013）高行终字第343号。

局（以下简称"商标局"）提出第 4539238 号"公牛图形"商标（以下简称"被异议商标"）的注册申请，指定使用在第 30 类"茶、糖、糖果、谷类制品"等商品上。在被异议商标的法定异议期内，美国 NBA 公司向商标局提出异议。2010 年 10 月 20 日，商标局作出（2010）商标异字第 22485 号《"图形"商标异议裁定书》（以下简称"第 22485 号裁定"），对被异议商标不予核准注册。黄某不服第 22485 号裁定，于 2010 年 11 月 29 日向商标评审委员会申请复审。

2012 年 5 月 14 日，商标评审委员会作出商评字〔2012〕第 20939 号《关于第 4539238 号图形商标异议复审裁定书》（以下简称"第 20939 号裁定"）。该裁定认为：美国 NBA 公司对"公牛图形"享有在先著作权，被异议商标的图形部分与美国 NBA 公司享有在先著作权的公牛图形基本相同，构成实质性近似。黄某未经美国 NBA 公司许可，将美国 NBA 公司享有著作权的作品作为商标申请注册，损害了美国 NBA 公司的在先著作权，裁定：被异议商标不予核准注册。黄某不服商标评审委员会的裁定，于法定期限内向法院提起行政诉讼。

二、裁判结果

法院认为，美国 NBA 公司主张享有在先著作权的上述图案，由英文"CHICAGO BULLS"及艺术化处理的牛头图案有机组合而成，具有一定的艺术美感，符合《著作权法》关于作品独创性的要求，属于《著作权法》意义上的作品，依法应予保护。但不能单纯依据美国 NBA 公司申请注册商标的行为直接认定 NBA 公司对芝加哥公牛队队徽或"公牛图形"享有在先著作权。

《商标法》第 30 条规定："对初步审定的商标，自公告之日起 3 个月内，任何人均可以提出异议。公告期满无异议的，予以核准注册，发给商标注册证，并予公告。"因此，因被异议商标的申请注册损害在先著作权而提出异议的主体，并不限于在先著作权人，对与在先作品具有利害关系的人甚至是任何人，均可依据《商标法》的上述规定提出异议。

经过对比可知，被异议商标标志与作为美国全国篮球联赛芝加哥公牛队队徽的"公牛图形"相比，除有无英文"CHICAGO BULLS"的差异外，二者的图形部分在构图方式、表现手法、整体效果等方面均极为近似，因此，被异议商标与"公牛图形"已构成实质性相似。黄某向商标评审委员会提交的部分含有"牛头"要素的商标档案也进一步印证了该案"公牛图形"的独创性和被异议商标与该图形的实质性相似。在未提交证据证明已获得"公牛图形"著作权人许可的情况下，黄某将与众所周知的美国全国篮球联赛芝加哥公牛队队徽"公牛图形"构成实质性相似的被异议商标标志作为商标加以申请注册，无疑损害了该作品作者享有的在先著作权，属于《商标法》规定的"损害他人现有的在先权利"的情形，不予核准注册。

三、典型意义

当事人主张享有在先著作权时，应当对著作权归属进行举证。仅有商标注册证尚不足以确定著作权归属的，由人民法院结合案件事实及当事人提交的其他权属证据进行综合判断。

典型案例

"鸡图形"著作权侵权纠纷案[*]

一、基本案情

陈某于2005年创作并发表《2005（鸡年）新年活动标志》，该标志由纵向排列的鸡图形、"HAPPYNEWYEAR2005"及"7981设计顾问标识"组成，其中鸡图形是该组合图形的主要部分，由数字"2005"变形而成。陈某提供了创作草稿。

被告鸡心岭公司于2012年2月7日、2016年10月25日分别在第32类、第29类、第39类商品及服务类别上申请注册了由"鸡图形"构成的商标，并在顺企网信息中使用了该注册商标。陈某以鸡心岭公司擅自使用其美术作品申请注册商标侵害其著作权为由提起民事诉讼。

二、裁判结果

法院经审理认为，原告陈某于2005年创作并发表了《2005（鸡年）新年活动标志》。该美术作品具有独创性，受著作权法保护。被告鸡心岭公司于2012年2月7日申请注册了含有鸡图形的组合商标。经比对，被告注册商标中的鸡图形与原告美术作品中的鸡图形高度相似，仅在鸡尾部和鸡身体部位有细微差别，但两者无实质区别。考虑到陈某发表涉案美术作品的时间早

---

[*] 镇坪县鸡心岭旅游开发有限公司与陈某著作权权属纠纷二审民事判决书，陕西省高级人民法院（2020）陕民终66号。

于鸡心岭公司注册涉案商标的时间7年多、涉案美术作品具有一定的知名度，应认定鸡心岭公司抄袭了陈某的涉案美术作品，构成剽窃。鸡心岭公司擅自使用陈某的美术作品申请商标注册并在网络上使用该商标的行为，侵害了陈某对涉案美术作品享有的署名权、修改权、保护作品完整权、复制权、信息网络传播权。

三、典型意义

在处理著作权与商标权权利冲突纠纷时，法院遵循了"保护在先权利"原则，对现有的在先权利予以优先保护。商标注册人擅自使用他人在先美术作品申请商标注册，应认定为侵害了他人对其美术作品享有的在先著作权。

（二）外观设计专利权

未经专利权人的许可，将他人享有专利权的外观设计申请注册为商标，应认定为对他人在先权利的侵犯。主张在先享有外观设计专利权的一方，应当提交外观设计专利证书、年费缴纳凭据等证据材料加以证明。判断商标是否与外观设计构成相同或近似，原则上适用商标之间相同或近似的审查标准，并要求商标与外观设计使用于相同或类似商品。需要注意的是，商标权与专利权、著作权之间的这种竞合关系，给商标注册审查和审判实践都带来了一系列新问题。

（三）地理标志

地理标志是指，标志某商品来源于某地区，该商品的特定质量、信誉或者其他特征，主要由该地区的自然因素或者人文因素所决定的标志。地理标志与商标的重要区别在于，商标指示的是商品的生产经营者或者服务提供者，而地理标志指示的是商品的来源地区，且该商品的质量、声誉或其他特性归因于其地理来源。

申请地理标志的产品主要分为两类：一类来自本地区的种植、养殖，如烟台苹果、拉萨白鸡、和田大枣、库尔勒香梨等；另一类是原材料来自本地或外地，但按照本地区特定工艺生产和加工的产品，如龙口粉丝、金华火腿、绍兴黄酒、柳州螺蛳粉等。在我国，虽然地理标志可以作为证明商标或者集体商标申请注册，但如果商标中有商品的地理标志，而该商品并非来源于该标志所指示的地区，误导公众的，不予注册并禁止使用。

（四）姓名权

姓名是自然人的外在标志，是将其与他人进行区分的关键。我国《民法典》第1012条规定，自然人享有姓名权，有权依法决定、使用、变更或者许可他人使用自己的姓名。未经姓名权人的许可，将他人的姓名申请注册为商标，容易使相关公众认为指示使用的商品是经过该自然人许可或者与该自然人存在特定联系的，应认定为对他人姓名权的侵犯。如果姓名具有其他含义，不会使消费者误认为指定使用的商品与某自然人有关，则不存在商标权与姓名权的冲突。

他人的姓名，既包括本名，也包括笔名、艺名、别名等特定名称。《商标审查及审理标准》将"他人"解释为在世的自然人。以特定名称主张姓名权保护的，特定名称应当具有一定的知名度，并与该自然人建立了稳定的对应关系。❶ 例如，在"易烊千玺"商标复审驳回案中，申请人复审的主要理由是：申请商标"易烊千玺"属于臆造词，无明显含义，不指代任何事物，不会造成公众的误认。商标评审委员会给出的驳回理由是：申请商标"易烊千玺"是公众人物的姓名，以此作为商标使用在指定的枕头等商品上，容易使公众对商品的来源产生误认。❷ 关于翻译名能否主张姓名权保护的问题，《民法典》第1017条明确了可以参照适用姓名权的有关规定。

（五）肖像权

肖像是通过映像、雕塑、绘画等方式在一定载体上所反映的特定自然人可以被识别的外部形象。我国《民法典》第1018条规定，自然人享有肖像权，有权依法制作、使用、公开或者许可他人使用自己的肖像。未经肖像权人的许可，将公众人物的肖像申请注册为商标，或者明知为他人的肖像而申请注册商标的，应认定为对他人肖像权的侵犯。需要指出的是，肖像应清楚反映人物的主要容貌特征，至少应清楚到社会公众能够普遍将肖像识别为肖像权人；否则，肖像权人无权禁止他人对该肖像的使用。

---

❶ 《最高人民法院关于审理商标授权确权行政案件若干问题的规定》（法释〔2017〕2号）第20条。

❷ 商标评审委员会《关于第26285974号"易烊千玺"商标驳回复审决定书》。

(六) 声音权益

我国《民法典》并未将"声音权"确立为一种具体人格权，但仍将其看作一种可保护的合法权益，规定了对自然人声音的保护参照适用肖像权保护的有关规定。❶ 这意味着，自然人有权依法制作、使用、公开或者许可他人使用自己的声音。未经许可，将公众人物的声音申请注册为商标，或者明知为他人的声音而申请注册为商标的，应认定为对他人合法权益的侵犯。❷

(七) 有一定影响的商品或者服务名称、包装、装潢

有一定影响的商品或服务名称、包装、装潢，指的是在商标申请注册之前已经具有一定知名度，相关公众能够以之区分商品或者服务来源的商品或服务外观。2017 年修订的《反不正当竞争法》第 6 条第 1 款，将之前第 5 条第 2 项"知名商品特有的名称、包装、装潢"修改为"有一定影响"，从而实现对尚未达到知名标准但具有足够创意和设计的商品或服务名称、包装、装潢的保护。在判断商标的注册和使用是否与有一定影响的商品或者服务名称、包装、装潢等合法在先权益发生冲突，应综合考虑该商标与商品或者服务名称、包装、装潢的近似程度以及商标指定使用的商品或者服务与名称、包装、装潢有一定影响的商品或者服务的关联程度等。❸

典型案例

"乔丹"系列商标争议行政纠纷案*

一、案情介绍

乔丹体育股份有限公司（以下简称"乔丹体育公司"）是位于福建晋江市的一家体育用品生产企业。2012 年 10 月，美国著名退役篮球运动员迈克尔·

---

❶ 杨立新. 人格权编草案二审稿的最新进展及存在的问题 [J]. 河南社会科学，2019（7）：26-35.

❷ 《民法典》第 1023 条第 2 款。

❸ 参见《商标审查审理指南》第二部分第十四章。

* 迈克尔·杰弗里·乔丹、国家知识产权局商标行政管理（商标）再审行政判决书，最高人民法院（2018）最高法行再 32 号。

杰弗里·乔丹（Michael Jeffrey Jordan）向商标评审委员会提出撤销申请，请求撤销乔丹体育公司的第6020578号"乔丹及图"商标（以下简称"争议商标"）。争议商标核定使用在国际分类第25类"服装；游泳衣；鞋；爬山鞋；帽；袜"等商品上，于2010年4月21日获准注册，专用期限至2020年4月20日。2014年4月，商标评审委员会作出商评字〔2014〕第052424号裁定（以下简称"被诉裁定"），维持争议商标。迈克尔·杰弗里·乔丹不服，向法院提起诉讼。一审法院维持被诉裁定，驳回其诉讼请求。迈克尔·杰弗里·乔丹不服，提起上诉。二审法院维持一审判决，驳回上诉。迈克尔·杰弗里·乔丹继续提起再审申请。再审法院经审理认为，被诉裁定、一审判决和二审判决认定事实和适用法律均有错误，应予撤销。

二、争议焦点

该案的主要争议焦点为：（1）争议商标的注册是否损害了再审申请人主张的在先姓名权和肖像权，违反《商标法》第31条关于"申请商标注册不得损害他人现有的在先权利"的规定；（2）争议商标的注册是否属于《商标法》第10条第1款第8项规定的"有害于社会主义道德风尚或者有其他不良影响"的情形；（3）争议商标的注册是否属于《商标法》第41条第1款规定的"以欺骗手段或者其他不正当手段取得注册"的情形。

三、裁判要旨

姓名权是自然人对其姓名享有的人身权，姓名权可以构成商标法规定的在先权利。外国自然人外文姓名的中文译名符合条件的，可以依法主张作为特定名称按照姓名权的有关规定予以保护。使用是姓名权人享有的权利内容之一，并非姓名权人主张保护其姓名权的法定前提条件。特定名称按照姓名权受法律保护的，即使自然人并未主动使用，也不影响姓名权人按照商标法关于在先权利的规定主张权利。外国自然人就特定名称主张姓名权保护的，该特定名称应当符合以下三项条件：（1）该特定名称在我国具有一定的知名度，为相关公众所知悉；（2）相关公众使用该特定名称指代该自然人；（3）该特定名称已经与该自然人之间建立了稳定的对应关系。

四、裁判结果

一审法院和二审法院均认为，"Jordan"为美国人的普通姓氏而不是姓名，现有证据不足以证明"乔丹"确定性指向"Michael Jordan"和"迈克尔·乔丹"，故迈克尔·乔丹主张争议商标的注册损害其姓名权的依据不足。肖像权是自然人基于其肖像而享有的人格权益，肖像应清楚反映人物的主要容貌特征，至少应清楚到社会公众能够普遍将该肖像识别为肖像权人。该案中，争议商标图形部分的人体形象为阴影设计，未能清楚反映人物的容貌特征，相关公众难以将争议商标中的形象认定为迈克尔·乔丹本人。因此，争议商标的注册没有损害迈克尔·乔丹的在先姓名权和肖像权。此外，如果争议商标的注册仅损害特定民事权益，由于《商标法》已经规定了相应的救济方式和相应程序，不适用《商标法》第10条第1款第8项和第41条的规定。

关于争议商标的注册是否损害了再审申请人的姓名权。再审法院认为，在该案争议商标的申请日之前，再审申请人已在我国具有较高的知名度，其知名范围不仅限于篮球运动领域，而是已经成为家喻户晓的公众人物。我国相关公众通常以"乔丹"指代再审申请人，并且"乔丹"已经与再审申请人之间形成了稳定的对应关系，故再审申请人就"乔丹"享有姓名权。乔丹公司明知再审申请人在我国具有长期、广泛的知名度，仍然使用"乔丹"申请注册争议商标，容易导致相关公众误认为标记有争议商标的商品与再审申请人存在代言、许可等特定联系，损害了再审申请人的在先姓名权。

关于争议商标的注册是否损害了再审申请人的肖像权。再审法院认为，肖像权所保护的"肖像"应当具有可识别性，其中应当包含足以使社会公众识别其对应的权利主体，即特定自然人的个人特征，从而能够明确指代其对应的权利主体。争议商标的图形标志仅包含人物剪影，除身体轮廓外，未包含任何与再审申请人有关的个人特征。且再审申请人对该图形标志所对应的打球动作本身不享有其他合法权利，其他自然人也可以作出相同或类似的动作，故该图形标志不具有可识别性，不能明确指代再审申请人。因此，再审申请人不能就该图形标志享有肖像权，争议商标的注册没有损害再审申请人的肖像权。

关于《商标法》第10条第1款第8项和《商标法》第41条第1款的有关规定，二审法院认为，争议商标的注册仅损害特定主体的民事权益，没有对公共利益或公共秩序产生社会负面影响，不适用《商标法》"其他不良影响"或"不正当手段取得注册"禁止条款。故判决撤销一审和二审判决。

五、案件评析

商标注册审查时，"在先姓名权"与"不良影响"两个条款在法律适用上是否存在竞合关系。在先前的其他涉及姓名权的商标争议行政案件中，各地法院对此问题未予明确，但普遍倾向于直接援引"不良影响"条款认定消费者对相关商品与姓名权人之间关系的猜测和误认属于"不良影响"条款所述的情形。

在该案的审理中，法院梳理了2001年《商标法》第10条第1款第8项和《商标法》第41条第1款的相关规定认为，两个条款的立法目的主要是保护公共利益而非保护私有利益，指的是对我国政治、经济、文化、宗教、民族等公共利益和公共秩序产生消极、负面影响的情形，与自然人的合法权益无关。

据此，法院明确了商标注册与在先权利发生冲突时，应优先适用民商法中对于私有权益的法律保护。乔丹姓名系列案的判决，为今后同类案件的审理提供了可供借鉴的审理思路。需要注意的是，虽然姓名或特定名称的知名度越高，越容易误导消费者，但知名度不是判断此类案件的唯一标准。商标注册和使用的商品或服务领域以及姓名或特定名称本身的显著性程度，也是判断在先姓名权冲突的重要考量因素。

第四章　商标管理制度

> **案情导入**
>
> 自然人薛某某因认为农夫山泉股份有限公司（以下简称"农夫山泉公司"）核定使用在肉干、肉松、罐装水果等商品上的第7681367号"果园老农"商标于2011年7月18日至2014年7月17日期间（以下简称"指定期间"）连续3年不使用，向商标局提起撤销申请。商标局经审理认为，"果园老农"商标在指定期间未进行有效使用，决定对其予以撤销。农夫山泉公司不服，向商标评审委员会提出复审申请。商标评审委员会经审理认为，农夫山泉公司提交的证据不能证明其与被许可使用人在指定期间内对"果园老农"商标进行了实际使用。农夫山泉公司不服复审决定，向法院提起行政诉讼。2020年8月，法院经审理认为，农夫山泉公司虽然提交了复审商标的使用许可合同，但没有提供证据证明该合同的履行情况，其对于使用复审商标商品的销售、宣传情况均未提供任何证据，无法证实复审商标于指定期间内在核定商品上存在真实、公开、合法的使用。该案涉及注册商标连续3年不使用撤销制度，将在本章进行阐述。此外，本章还将阐述注册商标的有效期限、转让和许可使用、无效宣告请求制度等。

第一节　注册商标的有效期限、续展、变更

商标管理是指国家商标行政机关依法对商标的注册、续展、使用、转让、

撤销、无效宣告等行为进行管理。广义的商标管理既包括国家机关对商标的行政管理，也包括企业对商标的经营管理。我国《商标法》指的是狭义的商标管理，即国家机关对注册商标和未注册商标的行政管理。

商标权是有保护期限的。但与其他知识产权不同的是，商标权到期后可以无限续展。[1] 因此，理论上商标权的保护期限是永久的，即可以无限期保护。例如，可口可乐公司于1893年注册"Coca-Cola"商标，该注册商标经多次续展，至今依然有效。注册商标也可以发生变更，但在商标注册制下，商标所有人要办理相应的变更手续。

一、注册商标的有效期限和续展

我国《商标法》第39条和第40条规定，注册商标的有效期为10年，自核准注册之日起计算。注册商标有效期满，需要继续使用的，商标注册人应当在期满前12个月内按照规定办理续展手续；在此期间未能办理的，可以给予6个月的宽展期。每次续展注册的有效期为10年，自该商标上一届有效期满次日起计算。期满未办理续展手续的，由商标局注销其注册商标。

申请商标续展的程序比商标注册申请简单，商标局不对续展申请进行实质审查。申请人只要在规定的时间内提出申请并缴纳费用，就可以获准续展商标，每次续展的有效期为10年，申请注册商标续展的次数不限。由于商标续展申请基本上都能获得批准，对于在续展申请期内发生的商标侵权行为，申请人有权向法院提起诉讼。[2] 法律之所以规定续展，旨在保护经营者的商业信誉，只要经营活动在继续，相应的商业信誉就能通过商标的持续性使用得以体现。

典型案例

根据《中华老字号示范创建管理办法》，中华老字号品牌是指历史底蕴深厚、文化特色鲜明、工艺技术独特、设计制造精良、产品服务优质、营销渠道高效、社会广泛认同的品牌（字号、商标等）。2023年4月，商务部、文

---

[1] 参见 TRIPs 协定第18条：商标的注册可以无限续展。
[2] 参见《最高人民法院关于审理商标民事纠纷案件适用法律若干问题的解释》第5条。

化和旅游部、市场监管总局、国家知识产权局、国家文物局联合开展中华老字号示范创建工作，对已有中华老字号实施"有进有出"的动态管理机制，并对中华老字号企业的经营状况进行全面复核。当年9月28日，复核结果发布，长期经营不善的55个品牌，如"正阳河""寿春堂""老半斋"等，移出中华老字号名录；对经营不佳、业绩下滑的73个品牌，如"张小泉""莲香楼""生茂泰"等，要求6个月内进行整改；继续保留981个经营规范、发展良好的中华老字号品牌，如"云南白药""同济堂""剑南春""陶陶居"等。❶

二、注册商标的变更

根据我国《商标法》第41条的规定，注册商标需要变更注册人的名义、地址或者其他注册事项的，应当提出变更申请。按照该条款的规定，无论是注册人的名义发生了改变，还是注册人的地址或者其他注册事项发生了改变，都需要办理注册商标的变更手续。不仅要提交变更注册事项的申请书，还要提供有关变更的证明材料。变更申请经过商标局的批准，由商标局发给相应的证明，并予以公告。❷

需要注意的是，《商标法》第23条和第24条的规定，事实上并不是商标的变更。《商标法》第23条规定，注册商标需要在核定使用范围之外的商品上取得商标专用权的，应当另行提出注册申请。《商标法》第24条规定，注册商标需要改变其标志的，应当重新提出注册申请。在这两个条文规定的情形下，注册商标已经不是原来的商标，而是变成了新的商标。申请人要向商标局重新提出商标的注册申请，经过实质审查后才能获得核准注册。

第二节　注册商标的转让、许可使用和质押

商标专用权的价值只有通过使用才能实现。商标权的行使方式主要有转

---

❶ 商务部流通发展司．商务部等5部门关于公布中华老字号复核结果的通知［EB/OL］．［2023－11－09］．http：//www.mofcom.gov.cn/article/zwgk/gkgztz/202311/20231103452061.shtml.

❷ 参见《商标法实施条例》（2014年修订）第30条。

让、许可使用、质押等交易方式,也包括破产清算、强制执行等法定方式。由于商标法在保护经营者的商誉利益的同时,还强调保护消费者的合法权益,因此,法律对于商标权的行使方式有一些特殊规定。

一、商标转让

注册商标的转让是指商标权人通过合同将商标专用权转移给他人。我国《商标法》第42条规定,转让注册商标的,转让人和受让人应当签订转让协议,并共同向商标局提出申请。转让注册商标经商标局核准后,予以公告。受让人自公告之日起享有商标专用权。由此可见,对于商标转让行为,我国法律不仅规定了合同的形式要件,还规定了商标转让所必需的行政程序。这意味着,仅仅签订商标转让协议,但未经过商标局核准公告的,不发生法律效力。然而,在很长时间里,对于商标局不予核准商标转让协议的审查标准,我国法律并没有明确的规定。

例如,2006年著名的"达娃之争"纠纷案中,"娃哈哈"注册商标的归属问题一直是争议焦点。1996年2月2日,杭州娃哈哈集团有限公司与法国达能集团签订了《商标转让协议》,将"娃哈哈"商标转让给两家公司的合资公司,但国家商标局对于该商标转让协议一直未予核准,也未予书面答复。直到娃哈哈与达能集团出现商标纠纷后,在浙江省工商行政管理局的请示下,国家商标局才正式给出了批复意见:"国家工商行政管理总局于1995年12月22日发布了《企业商标管理若干规定》(以下简称《规定》),该《规定》的主要内容是防范和制约企业(包括国有企业和非国有企业)商标权的流失,自1996年3月1日起施行。1996年底,我局在无锡召开了会议,专门就贯彻执行《规定》、防止合资过程中商标权的流失进行了布置。"[1] 由于商标局驳回转让的理由所依据的不是《商标法》的相关条文,而是行政机关发布的部门规章,被学界批评为缺乏法律依据。有学者认为,防止国有企业资产流失的规定,不应由国家工商行政管理部门制定,而应该由相关的国务院国有资产管理部门制定;而对于非国有企业的商标权转让,国家工商行政管理部门

---

[1] 陈小莹. 僵局仍未打破"达能娃哈哈"仲裁举证三焦点揭秘[EB/OL]. (2007-08-26) [2023-11-03]. https://business.gohu.com/20070826/n251779958.shtml.

更无权干预，因为商标权本质上是一种私权。❶

为此，我国《商标法》在 2013 年修正时，增加了对注册商标转让的限制性条件。2013 年《商标法》新增的第 42 条第 3 款规定，对容易导致混淆或者有其他不良影响的转让，商标局不予核准，书面通知申请人并说明理由。该新增条文被认为填补了"达娃之争"凸显的法律漏洞。由于商标具有保证商品品质和维护市场竞争秩序的作用，与其他民事合同的交易标的相比，商标的转让不仅涉及当事人之间的私人利益，还涉及公共利益。因此，法律规定国家行政机关对于商标转让可以进行适度的干预，但应在法律授权的范围内行使权力，不得越权或滥用权力。另外，由于商标转让合同是商标法规定的法律关系，按照特殊法优于一般法的法律适用原则，应该优先适用商标法的特殊规定，当商标法没有具体规定时，适用《民法典》的规定。

商标转让不仅发生在企业的并购交易过程中，在商标申请阶段也较为常见。例如，华为公司在智能手机的新操作系统上申请注册"鸿蒙"商标被商标局驳回，主要原因是申请商标"鸿蒙"与引证商标"CRM 鸿蒙及图"构成近似商标。华为公司不服，提起行政诉讼。但在两审败诉之后，华为公司最终以商标转让的方式从原商标权人手中继受取得了注册号为 38307327 的"鸿蒙"商标。❷

二、商标许可使用

商标许可使用是指商标所有人在不转让商标所有权的前提下许可他人使用其注册商标的行为。我国《商标法》第 43 条规定，商标注册人可以通过签订商标使用许可合同，许可他人使用其注册商标，被许可人应当保证商标使用的商品质量。同时，许可人应当将商标使用许可报商标局备案，由商标局公告。商标使用许可未经备案不得对抗善意第三人。由此可见，我国对于商标许可采取的是登记对抗主义，即商标许可使用合同未经商标局备案的，不影响该许可合同的法律效力，但不得对抗善意第三人。需要注意的是，通

---

❶ 王太平. 商标法原理与案例 [M]. 北京：北京大学出版社，2015：224-226.
❷ 华为技术有限公司与国家知识产权局其他一审行政判决书，北京市知识产权法院（2020）京 73 行初 10187 号.

过非法方式受让注册商标后又许可给第三人使用，商标许可使用合同无效。❶

商标许可合同主要分为三大类：第一类是独占使用许可，指的是商标所有人仅许可一个被许可人使用注册商标，同时商标所有人也不得使用该注册商标；第二类是排他使用许可，指的是商标所有人仅许可一个被许可人使用注册商标，但商标所有人自己可以同时使用该注册商标；第三类是普通使用许可，指的是商标所有人许可多个被许可人使用注册商标，且商标所有人自己也可以同时使用该注册商标。在商标许可使用的方式中，独占使用许可给被许可人带来的垄断优势更大，许可人收取的使用费相对更高。如果他人在同一范围内以相同方式使用注册商标，独占使用的被许可人可以单独向法院提起诉讼，而排他使用的被许可人和普通使用的被许可人只能与商标所有人共同起诉。❷

三、商标权质押

商标权质押属于权利质押的一种。我国《商标法》没有对商标权质押作出规定，商标权质押的法律依据是《民法典》关于权利质权的规定。根据《民法典》第444条的规定，以注册商标专用权出质的，质权自办理出质登记时设立。商标权出质后，出质人不得转让或者许可他人使用注册商标，但是出质人与质权人协商同意的除外。出质人转让或者许可他人使用出质的商标权所得的价款，应当向质权人提前清偿债务或者提存。

在商标质押融资中，对商标价值的评估是最大的难点。传统的评估方法是：成本法、市场法和收益法。成本法是指在当前的市场价格下，重建被评估商标所需支付的成本，通常为该商标的设计费、注册手续费、广告宣传费、品牌维护费等可以用货币量化的成本。市场法是指参考可比照的相同或近似商标在最近的收购或交易活动中的价格获得被评估商标的价值。收益法是指计算出拥有商标权的企业利润高于同行业中没有商标权的企业的利润的差额或者计算出受让该商标所有权后，使用方所节省下来的原来需要支付的许可使用费的现值。此外，还有资产证券化等非传统融资方式。例如，美国休闲服装品牌

---

❶ 北京市高级人民法院（2004）高民终字第128号。
❷ 参见《最高人民法院关于审理商标民事纠纷案件适用法律若干问题的解释》第3条和第4条。

Guess 公司曾将 14 个商标许可合同的许可费收益证券化，由特设载体发行了 7500 万美元的私募证券，票面利率为 6%，法定到期日为八年。❶ 这些评估方法没有优劣之分，其关键区别在于评估目的的差异及评估方法的适用性。❷

典型案例

红牛公司与泰国天丝公司商标权属纠纷案*

一、案情介绍

1975 年，泰国商人许某标配制出红牛饮料，目标群体是倒班工人和卡车司机。随着一系列成功的市场营销，1981 年红牛饮料在泰国供不应求。1995 年 3 月 27 日，许某标创立的泰国天丝医药保健品有限公司（以下简称"泰国天丝公司"）与另一位泰国商人严某创立的泰国华彬公司合资成立了泰国红牛公司。1995 年 11 月 10 日，红牛维他命饮料有限公司（以下简称"中国红牛公司"）在深圳注册成立。泰国红牛公司、泰国天丝公司、深圳中浩集团公司和中国食品工业总公司共同签订了合资合同（以下简称"95 年合资合同"）。该合同的第 19 条约定，"红牛公司的产品的商标是合资公司资产的一部分"。

1998 年 8 月 31 日，中国红牛公司在北京重新注册，目的是由外商独资企业变为中外合资企业。泰国天丝公司、泰国华彬公司、泰国红牛公司与北京市怀柔县乡镇企业总公司共同签订了新的合资合同（以下简称"98 年合资合同"），变更红牛公司的工商登记。该合同第 55 条约定，"本合同经签订后，合资各方的一切协议、备忘录、函电等如与合同不符者均以本合同为准"。但是，"98 年合资合同"并无"95 年合资合同"第 19 条的约定内容。许某标去世后，2016 年 10 月，泰国天丝公司向中国红牛公司发起商标侵权诉讼，要求中国红牛公司停止使用红牛商标，理由是：双方签订的《商标许可合同》约定，中国红牛公司享有的商标许可使用期限至 2016 年 10 月 6 日止。2018 年 8 月 30 日，中国红牛公司向法院提起商标确权之诉，要求确认

---

❶ 钟基立. 知识产权价值挖掘的交易设计与风险管理［M］. 北京：北京大学出版社，2015：28-30.

❷ 韦斯顿·安森. 知识产权价值评估基础［M］. 李艳，译. 北京：知识产权出版社，2008：31-32.

* 最高人民法院（2020）最高法民终 394 号。

其为"红牛系列商标"的单独所有人或共同所有人,并要求泰国天丝公司支付广告宣传费用共计37.53亿元。

二、争议焦点

该案的争议焦点主要是:涉案合同应理解为泰国天丝公司同意将"红牛系列商标"归属给中国红牛公司所有,还是应理解为泰国天丝公司只是同意将"红牛系列商标"授权许可给中国红牛公司使用。中国红牛公司坚持前一种观点,泰国天丝公司坚持后一种观点。

三、裁判要旨

原始取得与继受取得均是获得注册商标专用权的两种方式。判断是否构成继受取得,应当审查当事人之间是否就权属变更、使用期限、使用性质等作出了明确约定,并根据当事人的真实意思表示及实际履行情况综合判断。在许可使用关系中,被许可人使用并宣传商标,或维护被许可使用商标声誉的行为,均不能当然地成为获得商标权的事实基础。

四、裁判结果

该案涉及商标许可使用制度下关于商标专用权归属的判定规则。一审法院认为,当事人双方对合同条款的理解有争议时,应当基于合同的解释原则,从以下方面理解:(1)文义解释。从字面上理解,合同条款并不能直接、明确且毫无疑义地得出中国红牛公司所主张的含义。(2)体系解释。从合同条款与其他条款的关系、所处的具体位置以及合同整体的意思等来看,不能得出中国红牛公司的理解内容。(3)目的解释。从合同设立的目的进行解释,天丝医药公司并未将"红牛系列商标"作为标的进行出资,因此"红牛系列商标"的所有权归属问题不会影响中国红牛公司设立后的运营。(4)习惯解释。从订立合同各方主体的交易习惯进行解释,亦不能得出相关合同条款系对"红牛系列商标"所有权进行的约定。(5)诚信解释。从中国红牛公司的相关行为可以印证合同条款并非针对"红牛系列商标"所有权进行的约定。一审法院据此认为,"红牛系列商标"应属于泰国天丝公司所有。中国红牛公司依据广告宣传费的长期投入而认为其取得了商标所有权的主张也缺乏法律依据,判决驳回中国红牛公司的诉讼请求。中国红牛公司不服,提起上诉。二审法院经审理认为,"95年合资合同"的条款"红牛公司的产品的商标是合资公司资产的一部分"中的"商标"一词应被解释为"商标使用权"而非"商标权"。原审法院对合同条款的解释并无不当。故判决驳回上诉,维持原判。

五、案件评析

商标作为一项无形财产，除了具有指示商品来源的功能，还会因投入实际的使用、市场宣传而发挥广告、表彰等功能，其中积累的商誉是否可以成为商标的增值部分。该案中，法院对此问题明确了，在商标注册制度下，商誉是承载于商标之上的，不能脱离商标而独立存在，更不能成为取得商标权的事实基础。此外，该案牵涉的利益巨大，案情复杂，涉及争议双方二十年合作期间签署过的两版合资合同、多份商标使用许可合同、多份商标转让协议以及中泰两国的商业交易习惯等复杂内容。中国红牛公司为此先后四次向法庭提交了 35 份长达 4477 页的证据，而泰国天丝公司则提交了共计 8 组 1886 页的证据。❶ 一个看似简单的商标权权属纠纷案的背后，牵出股权、债权、合同法、商标法、侵权法、公司法以及国际商事仲裁规则及适用问题。

第三节　注册商标的无效宣告和撤销

商标注册申请人取得商标专用权后，可能基于各种原因导致商标专用权的消灭，如因为不符合法定的注册条件而被宣告无效或者因为在商标使用过程中有违法行为而被撤销。被宣告无效的注册商标，其商标权视为自始即不存在。被撤销的注册商标，在注册阶段是没有问题的，其商标权自商标局的撤销决定作出之日起终止。❷

一、商标无效宣告

已经注册的商标，违反《商标法》第 4 条、第 10 条、第 11 条、第 12 条、第 19 条第 4 款规定的，或者是以欺骗手段或者其他不正当手段取得注册的，由商标局依职权宣告该注册商标无效或者由其他单位或者个人请求商标评审委员会宣告该注册商标无效。因商标在注册时违反不予注册的绝对理由

---

❶ 杨潇. 天价商标案一审宣判，红牛之战硝烟未散 [J]. 人物周刊，2019 (23)：1-30.
❷ 汪泽. 商标权的撤销和无效制度之区分及其意义 [J]. 中国专利与商标，2007 (4)：52-55.

而提出的无效请求，任何人都可以作为申请人，且没有时效限制。商标局也可以依职权主动宣告商标无效。因商标在注册时违反不予注册的相对理由而提出的无效请求，在先权利人和利害关系人可以作为申请人，但提出无效请求的期限限于自该商标核准注册之日起五年内。对恶意注册的，驰名商标所有人不受五年的时间限制。

无效宣告请求可以向商标评审委员会提出，也可以在商标侵权诉讼中作为抗辩理由提出。在商标评审委员会对无效宣告请求进行审查的过程中，如发现案件涉及的在先权利的确定必须以法院正在审理或者行政机关正在处理的另一案件的结果为依据的，可以中止审查；待中止原因消除后，恢复无效宣告请求的审查程序。在商标侵权诉讼中，如果被控侵权人对商标权的效力质疑，法院可以中止案件的审理，由商标行政机关对商标权的效力作出裁定后再决定是否继续审理商标侵权诉讼。

但是，商标行政机关宣告注册商标无效的决定或者裁定，对宣告无效前法院作出并已执行的商标侵权案件的判决、裁定、调解书以及双方当事人已经履行的商标转让或者使用许可合同不具有追溯力。因恶意的商标注册给他人造成损失的，由商标注册人承担赔偿责任。

典型案例

"小肥羊"商标权无效宣告请求行政纠纷案[*]

一、案情介绍

内蒙古小肥羊餐饮连锁有限公司（以下简称"小肥羊公司"）于2001年7月在包头市注册成立。同年12月，小肥羊公司提出诉争商标的注册申请，2003年5月被核准注册在餐厅、饭店、自助餐馆、流动饮食供应等第42类服务上使用。2014年12月，自然人姚某某针对诉争商标向国家工商行政管理总局商标评审委员会（以下简称"商评委"）提出商标无效宣告请求，主张诉争商标缺乏商标应有的显著特征等。

经审查，商评委于2016年1月作出裁定，认定姚某某提出的无效宣告理

---

[*] 姚某某、国家工商行政管理总局商标评审委员会商标行政管理（商标）再审审查与审判监督行政裁定书，最高人民法院（2017）最高法行申7175号。

由不成立，裁定诉争商标予以维持。姚某某不服商评委作出的上述裁定，随后向北京知识产权法院提起行政诉讼，并提交了相关媒体报道及裁判文书等证据，用以证明在第42类餐饮服务上"小肥羊"的使用者不唯一。姚某某认为，在商标申请注册时，"小肥羊"就已经被多个羊肉餐饮店使用，小肥羊应该是一个通用名称。这个理由没有得到法院的支持。北京知识产权法院一审判决驳回姚某某的诉讼请求。姚某某不服一审判决，向北京市高级人民法院提起上诉。终审判决依然驳回了姚某某的上诉，维持了原判。姚某某不服终审判决，再次向最高人民法院提起再审申请。2018年3月，最高人民法院再审裁定驳回了姚某某的再审申请。

二、争议焦点

该案的争议焦点主要在于，依据2001年《商标法》第11条第2款的规定，在判断标志经过使用取得显著特征时，是否应以标志与使用主体具有指向唯一性为标准。姚某某诉称，商标获得显著性要求标志具有指向唯一性，相关公众根据该标志联想到的商标控制人必须是唯一的。小肥羊公司提交意见称，商标法不要求在商标申请注册时具有"唯一指向性"，即使在诉争商标申请注册时有其他包含"小肥羊"文字的商标存在，诉争商标也可以获得注册，其他人已经使用的商标可以在原有范围继续使用。商评委辩称，商评字（2016）第4365号裁定认定事实清楚，适用法律正确，作出程序合法，请求法院予以维持。

三、裁判要旨

对于标志经过使用取得显著特征时，是否应以标志与使用主体具有指向唯一性作为判断标准，法院梳理了相关法律条文。2001年《商标法》第9条规定，申请注册的商标，应当有显著特征，便于识别，并不得与他人在先取得的合法权利相冲突。2001年《商标法》第11条第2款规定，前款所列标志经过使用取得显著特征，并便于识别的，可以作为商标注册。这些条款中关于申请注册的商标应当"具有显著特征"且"便于识别"的规定，实际上关注的是商标标志的指代能力。该案涉及如何对商标注册阶段的显著性进行判断，与商标侵权行为中的混淆可能性的判断不同，不能混为一谈。法院认为，关于标志是否可以申请注册为商标的显著性而言，并不要求该标志必须达到指向唯一主体，只要能够被相关公众识别为具有指代商品或服务来源的作用即可。

四、裁判理由

一审法院认为，诉争商标自申请注册以来经过十几年的持续使用不仅没有出现丧失显著性的情形，反而进一步增强了诉争商标的显著性，并于2004年被原国家工商行政管理总局认定为驰名商标，相关公众能够通过该标志识别服务来源，判决驳回姚某某的诉讼请求。姚某某不服，提起上诉。终审法院认为，关于标志是否可以申请注册为商标的显著特征而言，并不要求该标志必须达到指向唯一主体，即区别性的程度，只要能够被相关公众识别为具有指代商品或服务来源的作用即可。结合小肥羊公司在申请注册诉争商标以来一直通过使用、宣传积极增加诉争商标自身的商业信誉，并且在相关公众中积累了较高知名度，而且姚某某未举证证明诉争商标存在显著性退化的情形，故诉争商标具备应有的显著特征。终审判决驳回姚某某的上诉，维持原判。姚某某不服，提出再审申请。

再审法院认为，对于在诉争商标申请注册前，是否存在他人的使用，以及他人的使用是否会影响诉争商标与其所使用的商品或服务之间形成稳定联系的判断，必须在依据案件事实的基础上进行，不能仅因标志与使用人之间不具有唯一对应性就否定标志与商品或服务之间已形成稳定联系。在相关公众能够以诉争商标识别商品或服务来源，且没有证据证明他人的使用破坏或者影响了诉争商标与其使用的商品或服务已形成的稳定联系的情况下，认定诉争商标经使用取得显著性并无不当。姚某某认为诉争商标未取得显著特征的观点，缺乏事实依据，故驳回其再审申请。

五、案件评析

该案的判决，分析了商标的识别性与区分性之间的关系，指明了在商标注册阶段对商标标志进行显著特征的判断应当主要考虑商标显著特征中的识别性。需要注意的是，尽管在个案的识别性审查判断中，使用人常常是具体、确定甚至是唯一的，但这并不意味着商标标志所指代的商品或服务必须具有明确、具体的来源指向。

由于商品经济的发展，商标标志的使用形式、使用方式、使用渠道、使用环节等丰富多样，使得商标识别商品或服务具体来源的单一功能发生变化，已从指示来源的唯一性发展为指示商品或服务的来源，即使该来源不为相关公众所知。

因此，再审法院认为，原审原告声称"如果多个经营者在同类商品或服务上同时使用相同商标不会对商标的显著性造成影响，那么他人对于注册商标的侵权使用就不会误导消费者"的假设及论断，实质上混淆了商标的显著性与混淆可能性之间的不同关系。

二、商标权撤销

商标在获得注册后，因违法使用商标或不使用商标导致显著性退化的，由商标局依职权主动撤销或者由其他单位或个人向商标局提出撤销申请。我国《商标法》第49条规定，商标注册人在使用注册商标的过程中，自行改变注册商标、注册人名义、地址或者其他注册事项的，由地方工商行政管理部门责令限期改正；期满不改正的，由商标局撤销其注册商标。需要注意的是，撤销注册商标属于商标局的行政行为，在商标局撤销注册商标之前，注册商标专用权不受影响，继续受法律保护。[1]

注册商标沦为其核定使用的商品的通用名称或者没有正当理由连续三年不使用的，任何单位或者个人可以向商标局申请撤销该注册商标。商标局应当自收到申请之日起9个月内作出决定，遇到特殊情况需要延长的，经批准还可以延长3个月，即商标局最长需要12个月才能作出撤销商标的决定。证明系争商标不存在连续三年不使用情形的举证责任及举证不能的败诉后果由商标注册人承担。[2] 双方当事人不服商标局撤销或不予撤销注册商标的决定，可以自收到通知之日起15日内向商标评审委员会提出复审请求。如果对复审的结果不满意，当事人还可以向法院起诉。

典型案例

江西恒大高新公司与商标评审委员会商标权撤销复审案[*]

一、基本案情

江西恒大高新技术股份有限公司（以下简称"恒大高新公司"）享有第6931816号"恒大"注册商标（以下简称"复审商标"），于2010年5月21日获准注册，核定使用在第32类"啤酒、无酒精果汁饮料、蔬菜汁（饮

---

[1] 曾旻辉，郑友德. 从"黑天鹅商标案"看商标权非法转让救济方式的缺失［J］. 知识产权，2013（2）：39-43.

[2] 参见《商标审查审理指南》第二部分第十七章。

[*] 江西恒大高新技术股份有限公司、国家工商行政管理总局商标评审委员会商标行政管理（商标）再审审查与审判监督行政裁定书，最高人民法院（2018）最高法行申4762号。

料）、可乐、乳酸饮料（果制品，非奶）、奶茶（非奶为主）、纯净水（饮料）、植物饮料、豆类饮料、饮料制剂"等商品上，专用期限至2020年5月20日。

2013年12月16日，张某以复审商标连续三年停止使用为由向国家工商行政管理总局商标局（以下简称"商标局"）提出撤销申请。2014年9月27日，商标局针对复审商标作出商标撤三字〔2014〕第Y000012号《关于第6931816号"恒大"注册商标连续三年不使用撤销申请的决定》，以恒大高新公司提交的商标使用证据有效为由，驳回张某的撤销申请。张某不服商标局决定，于2014年10月23日向商标评审委员会申请复审。2016年1月7日，商标评审委员会作出商评字〔2016〕第01180号《关于第6931816号"恒大"商标撤销复审决定书》（以下简称"被诉决定"），对复审商标予以撤销。恒大高新公司不服该复审决定，向法院提起行政诉讼。

二、裁判结果

一审法院认为，恒大高新公司能够举证证明复审商标于指定期间内在纯净水商品上进行了商业使用，故判决撤销被诉决定，要求商标评审委员会重新作出复审决定。二审法院认为，恒大高新公司的现有证据不足以证明复审商标的被许可人星河纳米公司、云居山泉公司于指定期间内实际持续销售"恒大"纯净水及该商品真实、持续进入市场流通领域的事实。尤其是考虑到恒大高新公司在该案中提交的部分证据存在伪造情形，应相应提高对其证据证明标准的要求。综合考量恒大高新公司提交的在案证据，现有证据不能证明其在指定期间内在纯净水商品上对复审商标进行了真实、合法、持续的使用。在此前提下，复审商标在纯净水及核定使用的其他商品上的注册均应予撤销。故判决撤销一审判决，驳回恒大高新公司的诉讼请求。恒大高新公司不服二审判决，向最高人民法院提出再审申请。

最高人民法院经审理认为，该案指定使用期间为2010年12月16日至2013年12月15日。现有证据不足以证明在指定使用期间内恒大高新公司在纯净水商品上对诉争商标进行了真实、合法、持续的使用。且恒大高新公司在诉讼中还提交了大量其于指定使用期间之后使用诉争商标的证据，在指定使用期间的使用诉争商标的证据明显不足的情况下，结合指定期间之后的使用证据以维持诉争商标的注册，缺乏法律依据。故判决驳回恒大高新公司的再审申请。

三、典型意义

商标权撤销复审案件中，对使用证据的认定是案件审理的焦点和难点。当事人提交多个证据试图形成证据链证明某一事实时，一般应先逐一审查单个证据的真实性、合法性，在确认相关证据真实性、合法性的基础上，从其与案件事实的关联程度、各证据之间的联系等方面判断有无证明力及证明力的大小。该案二审法院对于商标使用证据的审查、认定标准给出了明确的指引，且在再审审查中得到了最高人民法院的支持。

典型案例

清美公司与国家知识产权局商标权撤销复审行政纠纷案*

一、案情介绍

典发食品（苏州）有限公司（以下简称"典发公司"）成立于2005年，主营生产各类豆制品、点心、休闲零食、速冻面等。2015年5月28日，典发公司获得"千页"商标注册，核定使用在"豆腐；豆腐制品"商品上。2017年，上海清美绿色食品（集体）有限公司（以下简称"清美公司"）针对"千页"商标向国家知识产权局提起无效宣告请求，未获支持。清美公司不服，向法院提起诉讼。一审法院认定，诉争商标"千页"在核准注册日已成为"豆腐、豆腐制品"商品约定俗成的通用名称。典发公司不服，提起上诉。二审法院推翻了一审判决，认为清美公司的证据不足以证明诉争商标在核准注册日时成为通用名称。2020年，清美公司再次针对"千页"商标提出撤销申请及后续行政诉讼程序，最终获得法院支持。

二、争议焦点

该案争议焦点为在诉争商标核准注册日至清美公司提出撤销申请的这段时间，诉争商标是否已退化为其核定使用的"豆腐；豆腐制品"商品上的通用名称。清美公司诉称，其在撤销申请日提交的证据，可以证明全国范围内的相关公众已将"千页"作为一类豆制品的通用名称认知；且在撤销申请日后，这种市场共识和认知情况仍在持续。国家知识产权局答辩称，媒体报道

---

* 上海清美绿色食品（集团）有限公司、国家工商行政管理总局商标评审委员会商标行政管理（商标）再审审查与审判监督行政裁定书，最高人民法院（2018）最高法行申8096号。

中有"千叶豆腐""千夜豆腐""千百页豆腐"等，诉争商标不是此类产品的规范化名称。且诉争商标通过典发公司的宣传推广和使用获得了一定的知名度和影响力，并未演化为豆腐、豆腐制品的通用名称。

三、裁判要旨

审查判断诉争商标是否成为2013年《商标法》第49条第2款中的通用名称，一般以当事人向行政审查部门提出撤销申请时的事实状态为准，行政机关审查及法院审理过程中事实状态发生变化的，以审查及审理时的事实状态判断其是否成为通用名称。注册商标显著性的退化，不仅包括商标权利人自身原因造成的，也包括其他经营者和社会公众原因造成的，故不应以商标权利人在通用名称化的过程中存在主观过错为判断前提。

四、裁判结果

一审法院认为，通用名称是反映一类商品与另一类商品之间根本区别的规范化称谓，应当是明确且相对统一的。该案中，市场上对此类豆制产品的称呼方式仍有多种，"千页豆腐"并非规范化的商品名称，不符合构成约定俗成通用名称的特征要件。社会中存在部分消费者和经营者，包括典发公司在实际使用中使用"千页豆腐"指代一种类型豆腐产品的菜肴名称或商品名称，但同时典发公司一直在宣传使用诉争商标并积极维权，诉争商标客观上已形成了"千页豆腐"提供主体唯一的市场格局，保持着产品和品牌混合的属性，具有指示商品来源的识别作用。据此，驳回清美公司的诉讼请求。清美公司不服，提起上诉。

二审法院认为，诉争商标申请日前，"千页""千页豆腐"与豆腐、豆腐制品已存在特定关联。诉争商标撤销申请时，至迟在国家知识产权局审查和原审法院审理该案之时，包括消费者和同业经营者在内的相关公众已普遍认为"千页豆腐"指代的是一类豆腐商品或豆腐制品，且是全国范围内的普遍现象。此外，典发公司维权行为的范围、力度、跨度与其他同业经营者使用行为的范围和规模难以匹配，其自身对于诉争商标的使用并不足以保持诉争商标的显著特征，进而使得相关公众至今仍将其普遍认知为注册商标而非商品名称。据此，二审法院认定"千页""千页豆腐"已成为"豆腐；豆腐制品"商品上约定俗成的通用名称。故判决撤销原审判决，撤销被诉决定，并判令国家知识产权局对清美公司提出的商标撤销复审申请重新作出决定。

五、案件评析

清美公司两次申请的理由都是诉争商标已沦为其核定使用的商品的通用名称，但是两次申请的结果截然相反。法院在审理该案时，根据《商标法》第49条第2款和第44条的相关规定，明确了商标无效宣告程序和撤销程序具有不同的审查时间标准。在无效宣告程序中，审查判断诉争商标的显著性应当以诉争商标核准注册日为时间基准。注册日之后的状态，不能用于认定商标的无效宣告。在撤销程序中，审查判断诉争商标的显著性则应当以当事人向行政审查部门提出撤销申请时的事实状态为准。审查过程中事实状态发生变化的，包括逆向反转的，以审查及审理时的事实状态判断其是否成为通用名称。在该案中，清美公司正是发现了两类程序在显著性审查时点上的区别，所以改变了第二次的申请策略，最终实现结果反转。

需要注意的是，商标法之所以规定注册商标成为核定商品的通用名称后应当予以撤销，主要原因在于此时注册商标已无法发挥商标应当具备的区分商品来源的功能。如果继续维持商标专用权有效，不仅对其他经营者不公平，也不利于维护市场竞争秩序。二审法院的审理思路为此类案件的裁判提供了有益借鉴，即在商标权人已取得的形式上合法有效的商标专用权与社会公众能够更方便、准确地表达商品名称从而确保信息交流顺畅的公共利益之间发生冲突时，应当优先保障社会公共利益的实现。

第五章　商标保护制度

案情导入

南翔小笼包始于1871年,为南翔镇日华轩点心店店主黄明贤所创立,其正宗传人主要分为两支:一支在南翔镇"吴家馆",另一支在豫园"南翔馒头店"。两家店都主打南翔小笼馒头。1949年后,经公私合营,"吴家馆"等多家饭店被合并为嘉定县供销合作社联合社下属的嘉定县饮食服务公司。嘉定县饮食服务公司于1985年注册第260205号"南翔"商标,核定使用在第30类"小笼包、云吞"等方便食品上。后经股份制改革,第260205号"南翔"商标由上海南翔食品股份有限公司(以下简称"南翔食品公司")承继。老城隍庙公司是豫园"南翔馒头店"的唯一股东,也是第772405号"南翔"商标权利人,该商标注册时间为1994年11月21日,核定使用于第42类"餐馆"。从20世纪80年代起,南翔食品公司和老城隍庙公司两家企业在餐饮服务、速冻食品两个各自的领域发展,并无利益冲突。直到2014年,南翔食品公司成立了南翔餐饮公司,通过直营和加盟方式在上海市区开设和授权开设南翔餐馆,老城隍庙公司认为南翔食品公司的上述使用行为已经构成对其"南翔"商标权的侵害,向法院提起诉讼。2021年4月,一审法院判决南翔食品公司商标侵权行为成立。该案所涉商标侵权的认定,将在本章进行阐述。本章还将阐述驰名商标的保护、商标侵权的抗辩理由和救济方式等。

第一节　侵犯商标权的行为

商标权主要包括专用权和禁止权两大项。其中商标专用权以核准注册的商标和核定使用的商品为限,而商标禁止权的适用范围则扩大到近似的商标和类似的商品。商标禁止权是一种禁止他人使用商标的消极权利而非授权他人使用商标的积极权利。从理论上说,商标侵权并不一定是指对某件"商标"的侵犯或非法复制,也可以是通过易引起混淆误认的相似标志侵犯他人的商誉利益。❶ 因此,商标权保护的关键在于制止混淆可能性的发生。

一、商标侵权行为的认定

在著作权法和专利法中,专有权利与直接侵权之间的逻辑关系相对简单。❷ 而在商标法中,直接侵权的认定标准比较复杂,既涉及法律适用也涉及事实认定。我国《商标法》于2013年修正后,首次增加了"容易导致混淆"这一条款,使混淆可能性成为独立于商标近似和商品类似的第三个判断商标侵权的核心要件。❸

(一) 核心概念:混淆可能性*

"混淆"这一概念,日常生活中指的是人们对不同的事物难以区分的一种认知状态。而商标法意义上的"混淆",则特指消费者对商品来源难以区

---

❶ BEEBE B. The Semiotic Analysis of Trademark Law [J]. UCLA Law Review, 2004 (51): 621, 675.

❷ 王迁. 知识产权法教程 [M]. 6版. 北京:中国人民大学出版社,2019:500-501.

❸ 在商标确权授权案件中,也可能涉及对混淆可能性的判断,但证明标准较低。国家知识产权局一般会严格按照《商标法》第30条的字面含义进行审查,较少考虑混淆可能性。

* 有人认为,商标侵权行为的判定标准应分为三个类型:(1) 以美国商标法为代表的"混淆可能性吸收相似性"标准;(2) 以日本商标法为代表的"混淆可能性内化于相似性"标准;(3) 以欧盟商标法为代表的"以相似性为基础、以混淆可能性为限定条件"标准。参见王太平. 商标侵权的判断标准:相似性与混淆可能性之关系 [J]. 法学研究,2014 (6): 162-180.

别的一种心理状态。❶ "混淆"有广义和狭义之分。"广义的混淆"指的是，消费者有发生自觉联想的可能。例如，消费者看到甲企业的商品联想到乙企业的商品，却知道眼前的商品不是乙企业生产的。"狭义的混淆"指的是，消费者对商品来源发生错误认知。例如，消费者看到甲企业的商品就联想到乙企业的商品，并且真的以为眼前的商品就是乙企业生产的。两者的主要区别在于，前者不含"错误"要素，消费者只要看到此商品联想到彼商品即可，而后者则需要对商品来源产生误认。❷ 需要指出的是，商标法意义上的"混淆"，指的是在相关公众中存在混淆的可能性，并不一定要求已经在相关公众中发生了混淆的事实。❸ 我国商标法将混淆的可能性分为两种具体情形：(1) 足以使相关公众认为涉案商品或者服务是由注册商标权利人生产或者提供；(2) 足以使相关公众认为涉案商品或者服务的提供者与注册商标权利人存在投资、许可、加盟或者合作等关系。

（二）混淆可能性的认定

相关公众是否存在混淆的可能性，是一个较为主观的判断，在现行商标法律规定中尚无全面的明确界定。实践中，法院是否认定具有混淆可能性往往要根据个案不同情形进行考量。如在1961年的宝丽来（Polaroid）案中，美国第二巡回法院确立了经典的Polaroid标准❹，包括商标的强度、两个商标之间的相似程度、商品的相似程度、商标在先权利人拓展市场的可能性、消费者发生了实际混淆、被告使用商标的善意程度、被告商品的质量与价格，以及购买者的成熟程度。❺ Polaroid标准明确了在商标侵权认定中应适用"多因素检测法"，即逐一认定相关因素，然后综合判断是否存在相关公众混淆误认

---

❶ 曾陈明汝. 商标法原理[M]. 北京：中国人民大学出版社，2003：96-98.
❷ 杜颖. 社会进步与商标观念：商标法律制度的过去、现在和未来[M]. 北京：北京大学出版社，2012：144-145.
❸ 现行《商标法》没有对"混淆"一词作出清晰的定义。在司法实践中，通常使用"误认"一词作为"混淆"的同义词，或者直接并列使用。例如，在"五粮液"商标侵权纠纷案中，法院认为，被告未经商标权人许可，将注册商标中显著部分"五粮液"醒目地使用在酒行的店铺招牌上，易引起相关消费者的"误认和混淆"。参见江苏省昆山市人民法院（2015）昆知民初字第0088号。
❹ Polaroid Corporation v. Polarad Electronics Corp., 287 F. 2d 492, 495 (2d Cir., 1961).
❺ 在美国法院的判决中，混淆可能性的认定结果与商标的相似性和商品的类似性的认定结果之间的一致性达到96%。BEEBE B. An Empirical Study of the Multifactor Tests for Trademark Infringement [J]. California Law Review, 2006 (94): 1581-1603.

的可能性。

在商标侵权诉讼案件的审理中,我国也明确了法院应当适用"多要素检测法"来判断是否存在混淆可能性。国家知识产权局 2020 年制定的《商标侵权判断标准》规定,在商标侵权判断中,在同一种商品或者同一种服务上使用近似商标,或者在类似商品或者服务上使用相同、近似商标的情形之外,还应当对是否容易导致混淆进行判断。判断是否容易导致混淆,应当综合考虑以下因素以及各因素之间的相互影响:(1)商标的近似情况;(2)商品或者服务的类似情况;(3)注册商标的显著性和知名度;(4)商品或者服务的特点及商标使用的方式;(5)相关公众的注意和认知程度。

如何界定商标相同或者近似?《商标审查审理指南》(原《商标审查及审理标准》)规定了商标相同或近似的判定原则和方法。判定商标相同或者近似时,首先应认定两者指定使用的商品或者服务是否属于同一种或者类似商品或服务,然后从商标标志本身的"字形、读音、含义"和整体表现形式或者图形的构图、颜色或者立体形状的整体结构等方面,以相关公众的一般注意力和认知力为基础,采用"隔离观察、整体比对、主要部分比对"的方法,判断商标是否相同或者近似。❶ 脱离指定使用的商品或者服务而单纯只是比较标志本身的近似程度是不恰当的。需要注意的是,在受理商标注册申请时,审查机关在判断商标是否相同或近似时,不需要考虑申请注册商标的显著性和知名度;而在审理商标侵权纠纷时,司法机关在判断商标是否相同或近似时,则应当考虑请求保护注册商标的显著性和知名度。❷

如何界定商品或者服务相同或者类似?《商标侵权判断标准》明确了商品或者服务相同或者类似的判断标准。相同商品指的是商品名称相同,或者商品名称不同但在功能、用途、主要原料、生产部门、消费对象、销售渠道等方面相同或者基本相同,相关公众一般认为是同种商品。❸ 类似商品指的是在功能、用途、主要原料、生产部门、消费对象、销售渠道等方面具有一定共同性的商品。❹ 人民法院在认定商品或者服务是否相同或者类似,应当依据《商标法》第 57 条第 2 项的规定,以相关公众对商品或者服务的一般

---

❶ 参见《商标审查审理指南》第 240 页。
❷ 参见《最高人民法院关于审理商标民事纠纷案件适用法律若干问题的解释》第 10 条。
❸ 参见《商标侵权判断标准》第 9 条。
❹ 参见《商标侵权判断标准》第 10 条。

认识综合判断，同时可以参考《商标注册用商品和服务国际分类表》和《类似商品和服务区分表》中关于商品或者服务的名称和分类指南。❶

商标相同或者近似和商品相同或者类似都是相对的概念，同时又涉及事实认定，因此，对于认定结论的表述应尽可能客观全面：被控侵权商品与注册商标指定使用的商品在某些方面（功能、销售渠道等）是类似的，或在某些方面（生产工艺、原材料等）是不类似的，然后结合其他相关因素综合认定是否存在混淆可能性。

二、商标侵权行为的具体表现

我国《商标法》第 57 条、《商标法实施条例》第 75 条，以及《最高人民法院关于审理商标民事纠纷案件适用法律若干问题的解释》第 1 条，以列举方式说明了侵害商标专用权的具体表现，是认定商标侵权行为的法律依据。

（一）使用他人注册商标

商标侵权行为的常见形式是，未经商标权人的许可，在同一种或者类似的商品或服务上使用与注册商标相同或近似的商标。其中，在同一种商品上使用与注册商标相同的商标的行为，也称"商标假冒行为"。其他三类行为是指在同一种商品使用与注册商标近似的商标、在类似商品上使用与注册商标相同的商标、在类似商品上使用与注册商标近似的商标，又称"商标仿冒行为"。❷ 对于"商标仿冒行为"，《商标法》第 57 条规定了"容易导致混淆"的构成要件。"商标假冒行为"没有规定"容易导致混淆"这个要件，是因为在商标和商品均相同的"双重相同"前提下，法律推定商标假冒行为存在混淆，无须再由权利主张人证明混淆可能性的存在。

（二）销售侵犯商标权的商品

销售侵害商标专用权的商品的行为主体一般是商品经销商。商标法之所以要规制销售侵权商品的行为，是为了在流通环节干预侵权行为的发生，减

---

❶ 参见《最高人民法院关于审理商标民事纠纷案件适用法律若干问题的解释》第 12 条。
❷ 杜颖. 商标法 [M]. 3 版. 北京：北京大学出版社，2016：138-140.

少商标侵权行为对社会造成的危害。需要注意的是，侵权行为的成立并不一定要承担赔偿责任，承担损害赔偿责任的前提是行为人主观上的过错。❶ 例如，我国《商标法》第64条第2款规定，销售不知道是侵犯注册商标专用权的商品，能证明该商品是自己合法取得并说明提供者的，不承担赔偿责任。❷

（三）伪造商标标识

伪造、擅自制造他人注册商标标识或者销售伪造、擅自制造的他人注册商标标识。商标法之所以要禁止和制裁伪造商标标识的行为，是因为伪造行为为不法商贩制假售假活动提供条件。此种侵权行为的实施主体一般是从事商标印刷的企业或商家。按照我国商标印制管理法规的规定，商标印制单位在承揽商标印刷业务时，应当查验商标印刷委托人提供的有关证明文件。❸

（四）突出使用字号侵犯商标权

对字号的使用有普通使用和突出使用两种情形。我国《商标法》第57条第7项针对的是突出使用字号的商标侵权行为。该条款规定，给他人注册商标专用权造成其他损害的行为，包括"将与他人注册商标相同或者相近似的文字作为企业的字号在相同或者类似商品上突出使用，容易使相关公众产生误认的"。这种侵权行为的违法性表现在"突出使用"与商标相同或近似的字号。正常情况下，即使企业名称中的字号与注册商标相同或近似，但如果规范使用企业名称全称，并不会引起消费者的误认。

对字号的普通使用由《反不正当竞争法》进行规范。为了更好实现与《反不正当竞争法》的衔接，我国《商标法》在2013年修正后，新增了第58条。该条款明确了将他人注册商标、未注册的驰名商标作为企业名称中的字号使用的，误导公众的，构成不正当竞争行为。尤其是，在先注册的商标具有一定知名度，在后登记的企业名称具有攀附在先商标的意图。例如，在"饿了么"不正当竞争纠纷案中，被告"饿了吗餐饮管理（北京）有限公司"的字号"饿了吗"与原告的注册商标"饿了么"相比，字形、读音和含义均极为相近。人民法院经审理认为，被告将与原告的注册商标极为近似的

---

❶ 参见《民法典》第1186条。
❷ 吴汉东. 知识产权法学 [M]. 6版. 北京：北京大学出版社，2014：268-270.
❸ 参见《商标印制管理办法》第4条。

"饿了吗"作为其字号登记注册为企业名称,具有明显的攀附在先知名商标的意图,客观上容易误导公众,因此构成不正当竞争行为。[1]

典型案例

人的认知习惯是喜欢将注意力集中在一个认知对象的醒目图案上而忽略周边其他的附带图案。这就是认知心理学上的"图形—背景分离现象"。例如,美国学者有这样一个试验可以用来说明上述原理:将一个描述性的词汇"美妙"(wonderful)使用在巧克力椰子饼干的包装上。通过不断变化包装的颜色、背景、构图等因素,来测试消费者对该词汇的理解和判断是否会发生变化(见图5-1-1)。[2]

(a)典型的商标使用　　(b)弱商标使用

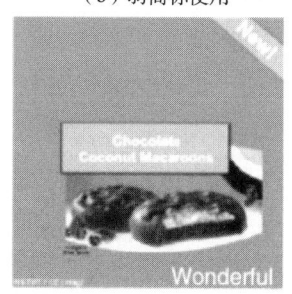

(c)非商标使用1　　(d)非商标使用2

图 5-1-1

---

[1] 拉扎斯网络科技(上海)有限公司与饿了吗餐饮管理(北京)有限公司一审民事判决书,北京市朝阳区人民法院(2019)京0105民初27107号。

[2] LEE T R, DERCSIA E D, CHRISTENSEN G L. An Empirical and Consumer Psychology Analysis of Trademark Distinctiveness [J]. Arizona State Law Journal, 2009 (41): 1033-1109. 转引自程德理. 立体商标获得显著性认定研究 [J]. 同济大学学报(社会科学版), 2020 (3): 108-116.

(五) 以域名侵犯商标权

域名（domain name），是一串用点分隔的字符标识，与该计算机的互联网协议（IP）地址相对应。域名具有唯一性，用一个符号注册了域名后，就不能在网络上使用第二个相同的符号。域名侵犯商标权，是指将与他人注册商标相同或者近似的文字注册为域名，并且通过该域名进行相关商品交易的电子商务，足以造成相关公众的误认，构成商标侵权行为。❶ 特别指出的是，商标与域名的相似度、商品交易的相关性，这两个条件是判断域名使用是否构成商标侵权行为的重要因素。例如，在"海澜之家"商标侵权纠纷案中，海澜服饰公司认为涉案"hlan.cn"网站域名侵犯了原告的注册商标权。但法院认为，原告无法证明被告通过该域名进行过相关商品交易的活动，因此域名不能被认定为商标侵权行为。❷ 此外，对于域名侵犯商标权行为的法律救济，法院一般判决被告停止使用该域名，但很少直接判决将该域名的所有权转移给商标权人。❸

(六) 以关键词广告侵犯商标权

电子商务指的是通过互联网等信息网络销售商品或提供服务的经营活动。随着互联网的全球普及，电子商务迅速崭露头角，并成为商业世界的重要部分。知名的电子商务平台如亚马逊、阿里巴巴、eBay、京东、抖音、拼多多等吸引了数以亿计的买家和卖家，提供了全球范围内的交易机会。消费者可以轻松地在线购买产品，而商家可以拓展市场，实现全球销售。然而，电子商务的便捷性和互联网的匿名性也导致了网络环境下商标侵权纠纷的增加。在司法实践中，该类案件主要包括以下两种类型。

1. 网店售假引发的商标侵权纠纷

在网店售假的商标侵权案件中，除了起诉销售假冒伪劣商品的网店经营者，商标权人往往以未尽监管责任为由连带起诉电商平台。而电商平台的抗

---

❶ 参见《最高人民法院关于审理计算机网络域名民事纠纷案件适用法律若干问题的解释》第4条；《最高人民法院关于审理商标民事纠纷案件适用法律若干问题的解释》第1条。

❷ 海澜之家服饰有限公司与东营区海澜宾馆侵害商标权纠纷二审民事判决书，山东省高级人民法院（2016）鲁民终2364号。

❸ 参见《最高人民法院关于审理计算机网络域名民事纠纷案件适用法律若干问题的解释》第7条。

辩理由在于网络交易平台只是网络交易平台服务的提供者，不是商品交易的一方当事人，也不是商品的共同销售者，因此对于涉案交易不应当承担任何侵权责任。❶ 在著作权侵权纠纷案件中，网络服务提供商可以主张"通知－删除"避风港规则来免除自己的侵权责任。❷ 在商标侵权案件中，网络服务提供商是否可以同样主张"通知－删除"避风港规则来免除自己的侵权责任？这一问题目前仍有待解决。尤其是在一些特殊情况下，交易平台中介者和销售者的界限是如此模糊，法院在判决中也很难给出明确的判断。

由于我国《商标法》和《商标法实施条例》对"通知－删除"避风港规则是否适用于网络交易平台上发生的商标侵权行为尚未有特别规定，《民法典》和《电子商务法》中的一般规定可以作为人民法院在审理网络环境下商标侵权纠纷案件的法律依据。❸《民法典》第1195条规定，网络用户利用网络服务实施侵权行为的，权利人有权通知网络服务提供者采取删除、屏蔽、断开链接等必要措施；网络服务提供者接到通知后，未及时采取必要措施的，对损害的扩大部分与该网络用户承担连带责任。❹《电子商务法》第42条规定，知识产权权利人认为其知识产权受到侵害的，有权通知电子商务平台经营者采取删除、屏蔽、断开链接、终止交易和服务等必要措施；电子商务平台经营者未及时采取必要措施的，对损害的扩大部分与平台内经营者承担连带责任。❺

典型案例

"小米"商标侵权纠纷案*

一、基本案情

2020年9月28日，原告小米科技公司向上海市徐汇公证处申请办理保

---

❶ 广州知识产权法院. 商标法实务研究［M］. 北京：法律出版社，2021：155-156.
❷ 美国于1998年通过的《千禧年数字版权法》（DMCA）第512条m款明确规定：网络服务提供商没有监视网络、寻找侵权活动的义务。《欧盟电子商务指令》第15条规定：欧盟成员国不得规定网络服务提供商负有监视其传输或存储的信息的义务，以及积极发现相关侵权事实的义务。
❸ 广州知识产权法院. 商标法实务研究［M］. 北京：法律出版社，2021：157-160.
❹ 参见《民法典》第1195条。
❺ 参见《电子商务法》第42条。

* 小米科技有限公司等与上海寻梦信息技术有限公司等侵害商标权纠纷一审民事判决书，上海知识产权法院（2021）沪73民初450号。

全证据公证,其委托代理人操作公证处手机,进入拼多多店铺"集成吊顶灯具电器"。该店铺展示有"小米家风暖浴霸集成吊排气扇照明五合一体灯卫生间浴室取暖风机"产品,产品销售页面的图片上使用了"小米家浴霸"字样。经调查,上海寻梦信息技术公司系拼多多平台的运营方,涉案"集成吊顶灯具电器"店铺的经营者为周某。2021年10月,小米科技公司向上海知识产权法院起诉周某和上海寻梦信息技术公司。

二、裁判结果

法院认为,"小米"商标在2020年已为中国境内相关公众广为知晓,属于驰名商标。被告周某在其开设的涉案店铺中销售涉案浴霸、暖风机、平板灯、凉霸四种被诉侵权商品时,在商品名称、商品图片、商品详情页面多处突出使用"小米""小米家浴霸""小米家风暖""小米家用平板灯""小米家用凉霸"等标识。这些标识完全使用了原告的涉案"小米"商标,属于在不相同或者不相类似商品复制、摹仿原告已经注册的涉案"小米"驰名商标,不正当地利用"小米"驰名商标的市场声誉,误导公众,损害了驰名商标权利人的利益,应当认定构成商标侵权。被告寻梦公司系涉案拼多多平台经营者,不是交易的参与者,且对涉案商品链接已采取了禁售措施,不应承担侵权责任。

三、典型意义

网络商户利用网络交易平台实施商标侵权行为的,被侵权人有权通知网络交易平台的经营者采取删除、屏蔽、禁售、断开链接等必要措施。网络交易平台的经营者如果及时采取必要措施制止侵权行为的,不承担侵权责任;未及时采取必要措施制止侵权行为的,对侵权损害的扩大部分与该网络商户承担连带责任。

典型案例

"Teenie Weenie"商标侵权纠纷案[*]

一、基本案情

原告衣念公司诉称:依兰德公司是第1545520号和第1326011号"Teenie

---

[*] 上海市第一中级人民法院(2011)沪一中民五(知)终字第40号判决书。

Weenie"注册商标的权利人。被告杜某在淘宝网销售的服装中使用了"Teenie Weenie"等商标,侵犯了原告的注册商标专用权。被告淘宝公司是淘宝网的运营商。自2009年9月开始,原告就淘宝网上存在的大量侵权商品向淘宝公司提出警告,并要求其采取事先审查、屏蔽关键词等有效措施控制侵权行为的蔓延,但淘宝公司未采取合理措施。被告杜某辩称:其所销售的商品是从其他网站上订购的,不知道这些服装是侵权商品。被告淘宝公司辩称:其已经采取了合理审慎的措施来保护原告的合法权益。

二、裁判结果

该案的一审法院判决认为,被告杜某不能举证证明其销售的商品有合法来源,故其抗辩意见不能成立,应当依法承担侵权责任;被告淘宝公司在接到原告7次有效投诉的情况下,应当知道杜某利用其网络交易平台销售侵权商品,却未采取必要的措施,而是放任、纵容杜某继续销售侵权商品,其主观上具有过错,客观上帮助了杜某实施侵权行为,构成共同侵权,应承担连带赔偿责任。淘宝公司不服,提起上诉。二审法院判决驳回上诉,维持原判。

三、典型意义

网络交易平台经营者对于网络商户的侵权行为一般不具有预见和避免的能力,故不应当为此承担侵权赔偿责任,但如果网络交易平台经营者知道网络商户利用其所提供的网络服务实施侵权行为,而未采取必要措施,则应当与网络商户承担共同侵权责任。网络交易平台经营者是否知道侵权行为的存在,可以结合权利人是否发出侵权警告、侵权现象的明显程度等因素综合判定。

2. 关键词广告引发的商标侵权纠纷

关键词广告竞价排名是一种常见的数字营销策略,它在搜索引擎和社交媒体平台上广泛应用。广告主选择一组与其商品或服务相关的关键词或短语,这些关键词将用于触发广告的显示。广告的内容由广告主自行创建,包括标题、描述和链接。当用户在搜索引擎或社交媒体上输入与广告主选择的关键词相关的搜索查询时,广告将显示在搜索结果或社交媒体的广告位上。广告主仅在用户点击广告时才向搜索引擎或社交媒体运营商支付费用,这被称为"每次点击付费"(PPC)模式。随着互联网经济的发展,关键词广告竞价排名机制的快速增长和全面普及也引发了商标侵权纠纷问题。

与一般网络搜索不同,关键词广告竞价排名涉及广告主与搜索引擎运营商之间的合作,在提供竞价排名和关键词广告时,用户需要向搜索引擎运营商提交申请并选取关键词。这使得搜索引擎运营商能够对用户的资质、关键词的合规性进行初步的事前审查。❶ 在司法实践中,有的法院认为搜索引擎运营商负有事前审查义务,有的法院则根据搜索引擎运营商是否在收到通知后及时删除涉嫌侵权链接等确定其法律责任。❷

至于关键词广告主的侵权行为认定,则要回归商标的核心功能来综合考量。关键词推广仅存在于搜索引擎的后台程序中,除使用该关键词的广告主及提供搜索服务的网络服务提供商之外,用户一般接触不到该关键词的实际内容。❸ 当商标隐性使用在关键词广告中,不为消费者可见时,商标是否还能够发挥识别商品来源的作用?

在涉及关键词广告的案件中,广告主使用他人商标的行为通常可以分为三种:(1)仅在搜索引擎的后台程序中使用权利人的商标;(2)在搜索引擎的后台程序中使用了权利人的商标,还在搜索结果列表的网页标题中使用了权利人的商标,但在所链接的网站中并未使用权利人的商标;(3)不仅在搜索引擎的后台程序和搜索结果列表的网页标题中使用权利人的商标,还在所链接的网站中使用权利人的商标。❹ 在第一种情形中,用户不会看到搜索引擎后台的关键词,因此不会导致混淆。在第二种情形中,用户进入所链接的网站后即发现并非自己所要搜寻的网站,因此只是导致了初始兴趣混淆(Initial Interest Confusion)❺。对于售前发生的这种初始兴趣混淆,法院在适用《商标法》认定其构成商标侵权行为时需要对混淆概念作扩张性解释。❻ 在第三种情形中,用户进入所链接的网站并在网页上看见权利人的商标,可能会误认为两者存在一定的联系,因此存在混淆可能性。

---

❶ 杜颖. 商标法 [M]. 3版. 北京:北京大学出版社,2016:217-218.
❷ 广州知识产权法院. 商标法实务研究 [M]. 北京:法律出版社,2021:171-173.
❸ 姜琨琨. 数字网络环境下商标侵权证成的难点与分解 [J]. 电子知识产权,2019(2):81-89.
❹ 周樨平. 商业标识保护中"搭便车"理论的运用——从关键词不正当竞争案件切入 [J]. 法学,2017(5):126-138.
❺ 邓宏光. 商标混淆理论之新发展——初始兴趣混淆 [J]. 知识产权,2007(3):72-77.
❻ 也有学者认为,初始兴趣混淆应由《反不正当竞争法》来规制,因为该行为的目的并不是让消费者对商品的来源产生误认,而是引诱消费者关注自己的商品,进而获得交易机会。参见黄汇. 售前混淆之批判和售后混淆之证成——兼评我国《商标法》的第三次修改 [J]. 电子知识产权,2008(6):11-13.

典型案例

谷歌关键词广告商标侵权纠纷案[*]

在 2004 年之前,谷歌公司的政策禁止在网页广告中使用第三方商标,也禁止将第三方商标用作关键词广告。2004 年,谷歌公司放宽了其商标使用政策,允许使用第三方商标作为关键词广告。谷歌公司甚至开发了一个专门针对第三方商标的关键词广告推荐系统,让广告客户竞拍商标关键词。然而,在搜索链接的网页广告中,谷歌公司仍然禁止使用第三方商标。直到 2009 年,谷歌公司放宽了该政策,允许在四种情况下将第三方商标使用在网页广告文本中:(1)广告客户是商标产品的经销商;(2)广告客户制造或销售商标产品的部件;(3)广告客户提供与商标产品兼容的部件;(4)广告客户提供评论商标产品的信息。谷歌的这一政策转变是在其开发了技术能够自动检查链接的网站内容,确保网页广告文本中的第三方商标使用是合法之后。

原告罗塞塔石(Rosetta Stone)是一家以语言学习软件而闻名的公司。罗塞塔石公司向美国东弗吉尼亚地方法院起诉称:谷歌将"Rosetta Stone"作为关键词广告,并在网页广告文本中使用,构成商标侵权行为。因为这不仅会导致混淆的可能性,还会导致实际混淆,误导消费者从谷歌的赞助链接购买假冒的罗塞塔石学习软件。一审法院依据《兰哈姆法案》(Lanham Act,又称《联邦商标法》)作出判决认为,谷歌的关键词广告不会导致消费者发生混淆误认,因此不构成商标侵权行为。罗塞塔石公司不服,提起上诉。二审法院撤销了一审判决的部分内容,并将该案发回重审。

典型案例

"古剑"关键词广告侵害商标权纠纷案[**]

一、基本案情

原告烛龙公司研发的《古剑奇谭》单机游戏于 2010 年上市,并陆续开

---

[*] Rosetta Stone Ltd. v. Google, Inc., 676 F. 3d 144 (4th Cir. 2012).

[**] 成都玖壹玩网络科技有限公司等与上海烛龙信息科技有限公司二审民事判决书,北京知识产权法院(2021)京 73 民终 4917 号。

发了系列单机游戏、网络游戏、移动客户端游戏。烛龙公司于2015年在第9类商品上注册了第14651713号"古剑OL"、第15367640号"古剑"文字商标，上述两枚商标核定使用商品包括"计算机游戏软件"等。烛龙公司分别于2015年、2018年在第41类服务上注册了第14651709号"古剑OL"、第15367610号"古剑"、第23560529号"古剑"文字商标，上述三枚商标核定使用服务项目包括"在计算机网络上提供在线游戏"等。上述五枚商标均在有效期内。

2019年8月15日，烛龙公司的代理人登录"360搜索"网站，在搜索框中输入"古剑OL"，点击搜索，搜索结果首页最后一条链接名为"2019古剑OL最新人气手游排行"，在该链接名称下方显示有"广告"字样。点击进入该链接，显示网站域名为"91wcd.Com"，网站标题为"热门手游排行榜"，网页上提供包括《山海经》《茅山异闻录》《梦来西游》《山海伏魔记》《青云决2》等各类手游的排名以及下载服务。经查，域名为"91wcd.Com"的网站由玖壹玩公司主办。玖壹玩公司分别于2019年5月15日、2019年7月31日通过奇虎公司运营的"360点睛平台"将"古剑OL""古剑"设置为关键词进行竞价排名，并将推广的链接标题设置为"2019古剑OL最新人气手游排行""2019古剑最新人气手游排行"。被诉侵权行为已于2020年2月11日停止。2021年7月，烛龙公司向北京市朝阳区人民法院起诉玖壹玩公司和奇虎公司。

二、裁判结果

该案的一审判决认为，玖壹玩公司侵害了烛龙公司对涉案商标享有的专用权，应当承担损害赔偿的法律责任。奇虎公司已经尽到合理注意义务，主观上不具有过错，不应承担法律责任。玖壹玩公司不服，提起上诉。二审法院驳回上诉，维持原判。

三、裁判理由

关于玖壹玩公司是否应当承担法律责任的问题。法院认为，该案中，被诉侵权行为包括玖壹玩公司将"古剑OL""古剑"设置为搜索关键词，以及在其推广的链接标题中使用"古剑OL""古剑"。由于在"360点睛平台"中将"古剑OL""古剑"设置为搜索关键词，该关键词不会被相关消费者所识别，该种使用方式属于一种隐性使用，无法起到区分商品或服务来源的作用，不属于商标性使用。玖壹玩公司将被诉侵权链接的标题设置为"2019古剑 OL 最新人气手游排行""2019 古剑最新人气手游排行",由于该链接在标题中使用了"古剑 OL""古剑",容易使相关公众认为被诉侵权网站提供的游戏与"古剑 OL""古剑"商标所标识的游戏具有相同的来源,或者认为被诉侵权网站经营者与烛龙公司具有关联关系,起到了识别商品或服务来源的作用,属于商标性使用。根据《商标法》第 57 条第 1 项、第 2 项规定,未经商标注册人的许可,在同一种商品上使用与其注册商标相同的商标,以及在同一种商品上使用与其注册商标近似的商标或者在类似商品上使用与其注册商标相同或者近似的商标,容易导致混淆的,属于侵犯注册商标专用权的行为。

关于玖壹玩公司抗辩"古剑"是一种古器,不具备显著性,其使用"古剑 OL""古剑"属于正当使用的意见,法院认为,"古剑"的原始含义虽然是指一种古器,且"古剑"的原始含义属于公有领域,商标权人无权禁止他人对"古剑"原始含义的正当使用,但经烛龙公司的使用以及宣传推广,"古剑"已经在"计算机游戏软件"商品以及"在计算机网络上提供在线游戏"服务上具有了区别商品、服务来源的功能,具有了显著性,他人不能在相同、类似商品、服务上使用该商标。如上所述,玖壹玩公司的涉案侵权行为属于商标性使用,起到了区别商品、服务来源的作用,且其也并非在说明、描述商品或服务、指示商品用途等,故玖壹玩公司使用"古剑 OL""古剑"商标的行为不属于正当使用。

关于奇虎公司是否应当承担法律责任的问题。法院认为,搜索引擎服务提供者是否构成侵权,应当考察其在提供竞价排名服务过程中是否具有主观过错。对于主观过错的判断,应当结合竞价排名服务的经营方式等判断其是否尽到了合理的注意义务。竞价排名服务虽然属于一种广告,但与传统广告相比,搜索引擎服务提供者无法时时刻刻监控客户提交的关键词,不具备对客户提交的关键词进行事先审查的能力,故不能仅因客户设置了侵犯他人权利的关键词即认定搜索引擎服务提供者具有主观过错。

该案中,"古剑 OL""古剑"是由玖壹玩公司自行在被诉侵权链接标题中设置,奇虎公司并未直接实施涉案侵权行为。为避免客户利用其提供的竞价排名服务侵害他人民事权益,奇虎公司事前公示了侵权投诉渠道和有效的联系方式。在收到该案起诉状后,奇虎公司及时检索了"古剑""古剑 OL"关键词,确保被诉侵权链接已经下线。同时,奇虎公司及时在"360 审核"系统中将"古剑""古之剑"设置为"限制对象",限制全行业将"古剑"

"古之剑"设置为关键词以及在链接标题、描述中使用。综上，奇虎公司已经尽到合理注意义务，主观上不具有过错，不应承担法律责任。

四、典型意义

判断搜索引擎服务平台是否需要承担责任，要结合关键词广告竞价排名服务的经营方式等判断其是否尽到了合理的注意义务，这包括是否建立投诉机制、是否审查关键词内容，是否能够及时响应用户的侵权投诉，并采取措施删除侵权的关键词广告。

典型案例

洋河酒厂与佳酿酒业有限公司侵害商标权及不正当竞争纠纷案[*]

一、案情介绍

江苏洋河酒厂股份有限公司（以下简称"洋河酒厂"）是"海之蓝"立体商标、"海之蓝"文字及拼音组合商标、"梦之蓝"文字商标、"天之蓝"立体商标、"微分子"立体商标的商标权利人。洋河酒厂生产的蓝色经典系列产品，包括海之蓝、天之蓝和梦之蓝白酒，是其经典产品，微分子白酒也是该公司着重推出的重要产品。苏酒集团贸易股份有限公司（以下简称"苏酒集团"）系洋河酒厂依法设立的子公司。经授权，可以自己的名义代表洋河酒厂维护其知识产权等合法权益。2018年3月19日，佳酿酒业有限公司（以下简称"佳酿公司"）在成都糖酒会参展中展示、推销其生产的"海蓝之梦"系列、"中国梦M50""海蓝苏酒·珍藏""海蓝苏酒·柔和"等白酒产品。苏酒集团认为上述产品的酒瓶、酒盒、广告文本材料等涉嫌商标侵权和不正当竞争，于2018年3月19日向南京市钟山公证处申请办理证据保全，针对佳酿公司上述行为公证取证，并向法院起诉佳酿公司。一审法院判决佳酿公司败诉。佳酿公司不服，提起上诉。二审法院判决驳回上诉，维持原判。

二、争议焦点

该案的争议焦点主要在于：（1）"海蓝之梦"系列商品是否侵害"海之蓝"文字注册商标专用权；（2）"海蓝之梦"125毫升装、"海蓝苏酒·珍

---

[*] 江苏洋河酒厂股份有限公司、江苏蓝之蓝酒业股份有限公司商标行政管理（商标）再审行政判决书，最高人民法院（2019）最高法行再261号。

藏""海蓝苏酒·柔和"三款商品是否构成对"海之蓝""天之蓝""微分子"立体商标的侵害；(3)"中国梦M50"的酒盒包装装潢是否构成对"天之蓝5A"酒盒包装装潢的不正当竞争。

三、裁判要旨

指定颜色的注册商标，其保护范围应仅界定为商标注册证上的图片颜色，与之不符则不落入保护范围。在进行立体商标的近似性判断时，应重点关注三维标志本身是否具备显著特征，并通过整体观察判断被控侵权标识与立体商标是否构成相同或近似。

四、裁判结果

（1）关于"海蓝之梦"系列商品是否侵害"海之蓝"文字注册商标专用权。一审法院认为，被控侵权产品"海蓝之梦"125毫升装白酒与"梦之蓝""海之蓝"文字商标、文字及拼音组合商标构成近似。表现在："海蓝之梦"的字体字形与"海之蓝"在商品上标注的字体基本相同；"海蓝之梦"四字的重点在于海、蓝、梦，"海之蓝""梦之蓝"注册商标的重点同样在于海、蓝、梦；涉案产品标注"海蓝之梦"的位置和该位置所在的背景颜色及图案与"海之蓝"产品标注的位置和背景图案及颜色相近；"海之蓝""梦之蓝"作为第33类商标进行注册，具有较强的显著性；"梦之蓝"已经被原国家工商行政管理总局商标局（以下简称"商标局"）认定为驰名商标，"海之蓝"作为洋河酒厂的系列产品在市场上亦具有相当高的知名度，"海蓝之梦"的使用方式容易使相关公众误认为该产品和洋河酒厂存在特定联系，使相关公众产生混淆。佳酿酒业公司虽然享有"乾御海蓝之梦"组合商标及竖排"乾御海蓝之梦"文字商标，但佳酿酒业公司在"海蓝之梦"125毫升装白酒上没有把其自有的商标突出使用，相反在其产品中突出了"海蓝之梦"四个字，明显存在傍名牌的故意，不属于合理使用其注册商标。故在涉案产品上使用"海蓝之梦"构成对"海之蓝"注册商标权的侵害。

二审法院认为，虽然佳酿公司享有"乾御海蓝之梦"注册商标专用权，但在被控侵权商品上采取了明显变更排列方式、省略图案部分、突出使用"海蓝之梦"文字等方式使用，属于未规范使用注册商标的行为。在"梦之蓝"注册商标早已被认定为驰名商标、"海之蓝"注册商标也具有较高知名度的情况下，佳酿公司使用"乾御海蓝之梦"商标时突出"海蓝之梦"文字，主观上具有明显攀附"海之蓝""梦之蓝"注册商标知名度的故意，客观上容易导致相关公众误认为该商品的来源与"海之蓝""梦之蓝"商品存在某种联系。故构成商标侵权行为。

（2）关于"海蓝之梦"125毫升装、"海蓝苏酒·珍藏"、"海蓝苏酒·柔和"三款商品是否构成对"海之蓝""天之蓝""微分子"立体商标的侵害。一审法院认为，"海蓝之梦"系列、"海蓝苏酒·珍藏"、"海蓝苏酒·柔和"三款商品构成立体商标侵权。二审法院认为，在进行立体商标的近似性判断时，应当首先重点关注三维标志本身是否具备显著性或者具备一定的显著性，并通过整体比较判断被控侵权标识与立体商标是否构成相同或近似。该案中，"海之蓝"立体商标的酒瓶造型是中上部分略大，逐渐平缓缩减变小，最后稍微变大的收尾形状，侧面均有凸起的长弧型浮边，指定颜色整体为蓝色；"微分子"立体商标的酒瓶造型为瓶身橄榄型，且正面有从左上方到右下方的弧线；"天之蓝"立体商标的酒瓶造型为中上部分略大，逐渐平缓缩减变小，最后稍微变大的收尾形状。瓶体线条简明，指定颜色为上蓝下白。被控侵权酒瓶和"海之蓝"立体商标相比，两者瓶身流线相似，酒瓶从瓶盖到底部的主体颜色均为蓝色色调。虽然总体颜色深浅方面存在一定区别，但对整体视觉效果不产生实质影响，故"海蓝之梦"125毫升装白酒的瓶体与"海之蓝"立体商标构成近似。故判决维持一审法院对于"海之蓝""微分子"立体商标的侵权认定，并驳回上诉理由。

对于"天之蓝"立体商标，经审理查明该注册商标为指定颜色的立体商标，受保护的是指定颜色的酒瓶造型，商标注册证上显示的"上蓝下白"酒瓶颜色属于该立体商标显著性的组成部分。被控侵权"海蓝苏酒·柔和"酒瓶颜色采用了与"天之蓝"酒瓶完全不同的绿色。虽然"海蓝苏酒·柔和"与"天之蓝"的酒瓶形状相似，但在颜色上存在较大差异，对整体视觉效果产生显著影响，故两者不构成近似，不属于商标侵权。一审法院错误地将被控侵权商品的酒瓶颜色与"苏酒"系列商品酒瓶颜色进行比对，并据此认定佳酿酒业公司生产、销售的"海蓝苏酒·柔和"商品侵害"天之蓝"立体商标专用权不当，应予纠正。故判决变更一审法院对于"天之蓝"立体商标的侵权认定，并驳回上诉理由。

（3）关于"中国梦 M50"的酒盒包装装潢是否构成对"天之蓝 5A"酒盒包装装潢的不正当竞争。一审法院认为，佳酿公司生产的"中国梦 M50"产品与洋河酒厂"天之蓝 5A"产品从其酒盒正面看具有较高的相似度。"中国梦 M50"的名称重点在于"梦",而苏酒集团恰巧也重点推广了"梦之蓝"等产品。无论是产品名称、图样布局均足以引人误认为二者为系列商品或者二者之间存在特定联系。

二审法院主要从三个方面进行了认定:首先,涉案"天之蓝 5A"可以认定为具有一定影响的商品。"天之蓝 5A"是洋河酒厂"天之蓝"的升级产品,包括"天之蓝"在内蓝色经典系列商品经多年经营和宣传,在市场上具有较高的知名度。近年来,洋河酒厂、苏酒集团因蓝色经典系列商品的商标、酒瓶外形、外包装装潢不断被仿冒而持续维权,该事实进一步证明了该商品具有一定影响。其次,"天之蓝 5A"所采包装装潢具有区分商品来源的作用,是特有的包装装潢。"天之蓝 5A"酒盒包装装潢的特有性主要表现为:颜色主基调为深蓝色,酒盒正面偏右上方为红色拓印效果的竖排小字,其右侧为蓝底白色竖排大字,左下方由圆形加下方酒精度、厂名组成。最后,酒盒的包装装潢构成近似。两者的整体设计风格、基础色调、文字排列和图样布局等均构成相似,容易造成消费者对商品来源或关联关系上的混淆误认。"中国梦 M50"酒盒上印制的"中国梦"等具体内容,不是判断商品的包装装潢是否构成近似的考虑因素。因此,佳酿公司的涉案被诉行为构成不正当竞争。

五、案件评析

立体商标作为商品容器或包装物还是作为商标使用对于商标侵权认定有关键作用。在该案中,一审法院对此问题未予明确。二审法院在审理时,借鉴并适用了经典的"多因素检测法",不仅考虑立体商标本身的显著性和知名度,还结合酒类商品的特点、消费者的认知程度、商标的使用方式和行业惯例综合判断得出结论。对于酒类行业,消费者习惯从琳琅满目的货架上看酒瓶识别商品来源。至于酒盒,酒类商品销售时很少直接出售酒盒,都是将酒盒、酒瓶分开展示促销。而且,与酒瓶的独特设计不同,酒盒一般是固定的长方体形状,是为了实现更便捷的包装功能而所需的形状,因此不能作为立体商标注册。在该案中,二审法院还明确了颜色也是立体商标的显著性要素,应当在整体观察判定时予以考虑。立体商标的其他细节差异不足以影响主要观感的一致性的,则不需要拆分进行比较,而应从整体视觉效果上进行判断。需要注意的是,对于立体商标的侵权判定,只要施加相关公众的一般注意力去观察即可,并不需要获取设计领域专业人员的意见。

第二节 驰名商标的特别保护

驰名商标是商标法律规范调整的对象。但是,驰名商标的内涵在法律之外的商业领域却经常遭到误读。[1] 如有的企业只是将驰名商标当作政府授予的荣誉称号或者政府机构对企业的商品或服务质量的官方认证。本节将阐述驰名商标的概念、认定和保护范围。

一、驰名商标的概念

驰名商标是指经过长期使用,在市场上享有较高信誉并为公众熟知的商标。我国《商标法》第 13 条第 1 款规定,驰名商标是为相关公众所熟知的商标。这里的"相关公众"一般指的是"中国境内"。[2] 我国在驰名商标的保护上,严格遵循"地域性保护"原则,即境外驰名商标只能提供证据证明该境外商标在中国境内进行了大量使用和宣传,在中国境内达到了驰名商标的程度,才能在我国获得驰名商标的保护。简单来说,境外的驰名商标并不一定是我国的驰名商标。例如:在"無印良品"商标侵权纠纷案中,法院认为,原告提交的证据只能证明"無印良品"商标在日本、中国香港等地区知名度的情况,并不能充分证明"無印良品"商标在中国大陆境内使用在第 24 类的毛巾等商品上具有影响。[3] 此外,商标是否驰名与商标是否注册没有直接关系,注册是取得注册商标专用权的依据,但与商标是否"驰名"无必然关系。[4]

---

[1] 冯术杰. 我国驰名商标认定和保护中的几个问题 [J]. 电子知识产权,2017 (8):81-88.
[2] 《最高人民法院关于审理涉及驰名商标保护的民事纠纷案件应用法律若干问题的解释》(法释〔2009〕3 号)。
[3] 最高人民法院(2012)行提字第 2 号。
[4] 吴汉东. 知识产权法学 [M]. 6 版. 北京:北京大学出版社,2014:275-276.

二、驰名商标的认定

在我国，驰名商标的认定一般采用"个案认定、被动保护"的方式，即驰名商标的认定必须经过当事人的请求，且处理涉及商标案件中认定的结果只对本案有效，再次发生商标侵权纠纷时，曾作为驰名商标受保护的记录只能作为重新认定的参考而非根本依据。目前，我国驰名商标的认定制度是行政保护与司法保护并行的双轨制。根据《商标法》第14条的规定，驰名商标的认定方式主要有三种：（1）商标局根据审查、处理案件的需要，可以对商标的驰名情况进行认定；（2）商标评审委员会根据商标争议处理的需要，可以对商标的驰名程度进行认定；（3）人民法院在商标民事、行政案件审理过程中，当事人提出驰名商标保护的，可以对商标的驰名程度进行认定。❶

从上述规定可知，相关部门对驰名商标的认定不是予取予求的。《商标审查审理指南》明确指出，驰名商标的认定应当遵循"按需认定原则"。当事人商标确需依据《商标法》第13条来认定驰名商标，否则无法获得商标保护的，商标注册部门可就其商标是否驰名进行认定。如果根据在案证据能够适用《商标法》其他条款对当事人商标予以保护的，或系争商标的注册使用不会导致混淆或者误导公众，致使当事人利益可能受到损害的，无须对当事人商标是否驰名进行认定。❷

需要认定驰名商标的，应当考虑以下几种因素：（1）相关公众对该商标的知晓程度；（2）该商标使用的持续时间；（3）该商标的宣传工作的持续时间、程度和地理范围；（4）该商标作为驰名商标受保护的记录；（5）该商标驰名的其他因素。需要注意的是，商标是否驰名是一个事实问题。没有哪一个考虑因素可以对商标的驰名认定起决定性作用。一个商标是否驰名应当结合这些因素进行综合判定。

---

❶ 人民法院对于商标驰名的认定，仅作为案件事实和判决理由，不写入判决主文；以调解方式审结的，在调解书中对商标驰名的事实不予认定。

❷ 参见《商标审查审理指南》第二部分第十章。

三、驰名商标的保护范围

驰名商标本身承载了企业的市场声誉和美誉度，已经超出了商标本身识别商品来源的基本功能，具有表彰商标权人和鼓励市场竞争的社会属性。因此对驰名商标采取更宽的保护范围和更强的保护力度，符合商标法的立法宗旨和价值取向。但究竟采取何种方式在多大程度上对驰名商标进行保护从来都不是一个简单的问题。❶

（一）未注册的驰名商标

我国实行商标注册制，即商标权只有通过注册才能取得。未注册的驰名商标没有经过注册程序，但因其凝结了商标所有人大量的投入和付出，其知名程度可能远远超过已经注册的普通商标，完全不予保护对商标所有人而言显失公平。❷ 因此我国商标法律将未注册的驰名商标作为商标注册制下的例外情形，给予一定程度的保护。❸ 现行《商标法》第13条第2款规定："就相同或者类似商品申请注册的商标是复制、摹仿或者翻译他人未在中国注册的驰名商标，容易导致混淆的，不予注册并禁止使用。"该条款中的"复制、摹仿❹或者翻译"的词源来自《保护工业产权巴黎公约》第6条之2的规定。❺ 这意味着未在中国注册的商标只要已经在中国驰名，他人对该驰名商标进行复制、摹仿或翻译，并在相同或类似商品或服务上进行使用的，并可能导致消费者混淆其来源的，也可以受到中国商标法的保护。这一条款通常被视为明确禁止了对未注册驰名商标的"同类混淆"行为。❻

---

❶ 王太平. 商标法原理与案例［M］. 北京：北京大学出版社，2015：427-429.

❷ 曾涛. 我国对未注册驰名商标的保护如何应对CPTPP新规则？［EB/OL］.［2022-06-19］. http://www.iprchn.com/cipnews/news_content.aspx? newsId=126703.

❸ 未注册的驰名商标是否享有与已注册的普通商标"同等"的商标专用权保护？我国现行法律未予以明确规定。

❹ 摹仿，指的是系争商标抄袭他人驰名商标，沿袭他人驰名商标的显著部分或者显著特征。参见《商标审查审理指南》第二部分第十章。

❺ 参见《保护工业产权巴黎公约》（1979年9月28日修正）第6条之2的规定："……构成复制、仿制或翻译，易于产生混淆的商标……"（"...of a trademark which constitutes a reproduction, an imitation, or a translation, liable to create confusion..."）.

❻ 王迁. 知识产权法教程［M］. 6版. 北京：中国人民大学出版社，2019：550-551.

关于未注册的驰名商标的侵权行为人是否要承担损害赔偿责任的问题，《最高人民法院关于审理商标民事纠纷案件适用法律若干问题的解释》中规定，"复制、摹仿、翻译他人未在中国注册的驰名商标或其主要部分，在相同或者类似商品上作为商标使用，容易导致混淆的，应当承担停止侵害的民事法律责任，但无需承担包括赔偿在内的其他民事法律责任"。[1]然而，在我国目前的司法实践中，对于未注册的驰名商标是否可以主张侵权损害赔偿的认定标准并不统一。在"拉菲特"与"拉菲"（Lafite）商标侵权纠纷案中，法院认为，我国商标法及相关司法解释虽未规定未注册驰名商标受侵害时可以获得赔偿，但使用未注册驰名商标必然占用了权利人的商誉，仍可以判决侵权人承担赔偿责任。[2]

（二）已注册的驰名商标

我国《商标法》第13条第3款规定："就不相同或者不相类似商品申请注册的商标是复制、摹仿或者翻译他人已经在中国注册的驰名商标，误导公众，致使该驰名商标注册人的利益可能受到损害的，不予注册并禁止使用。"根据该规定，已注册的驰名商标，可以在不相同或者不相类似的商品或服务上获得保护。那么，已注册的驰名商标，是否可以在相同或者类似的商品或服务上获得保护呢？答案是肯定的。按照"举重以明轻"原则，既然《商标法》第13条将对已注册的驰名商标的保护延展至跨类别的商品和服务，在同类的商品和服务上，已注册的驰名商标显然也可以获得保护。

需要指出的是，我国对于已注册驰名商标的跨类保护，不能简单等同于"全类保护"。"全类保护"指的是，商标权人可以禁止他人在任何类别的商品或服务上使用相同或近似的商标。在我国，对已注册驰名商标的"跨类保护"，要求不相同或者不相类似的商品或者服务之间，存在某种关联性，易使消费者产生特定的联系。例如，在"奥妙"商标争议纠纷案中，法院认为，引证商标"奥妙"是联合利华公司旗下的洗涤剂品牌，在中国市场为广大消费者所熟知，构成已注册的驰名商标。诉争商标"奥妙"核定使用在

---

[1] 参见《最高人民法院关于审理商标民事纠纷案件适用法律若干问题的解释》（法释〔2002〕32号）。

[2] 拉菲罗斯柴尔德酒庄与上海保醇实业发展有限公司侵害商标权纠纷一审民事判决书，上海知识产权法院（2015）沪知民初字第518号。

"电加热装置、电热板"等商品上,虽与"洗涤剂"属于不相同也不类似商品,但在销售渠道、消费群体等方面存在较大范围的重叠和交叉,易使相关公众误认为争议商标与引证商标具有相当程度的联系,减弱联合利华驰名商标的显著性。❶

此外,应如何对《商标法》第 13 条中的"误导公众"作全面的理解,与《商标法》第 57 条的"容易导致混淆的"是否有相同的含义。《最高人民法院关于审理涉及驰名商标保护的民事纠纷案件应用法律若干问题的解释》对此明确指出,"误导公众"的含义是,足以使相关公众认为被诉商标与驰名商标具有相当程度的联系,从而减弱驰名商标的显著性、贬损驰名商标的市场声誉,或者其他不正当利用驰名商标的市场声誉的情形。❷ 据此可知,《商标法》第 13 条的"误导公众"实际上包含两个方面的意义:一是以消费者利益为核心的混淆问题;二是以商标财产权为核心的淡化问题。

(三) 商标淡化行为

对于驰名商标的保护,美国商标法一贯采用的模式是反淡化保护。❸ 最早提出反淡化理论的哈佛大学法学院教授弗兰克·斯凯特认为,传统商标侵权理论建立在消费者就商品来源发生混淆的基础上,但如果把相同或者近似的商标、名称用在非竞争性商品之上,会逐渐消耗或者稀释公众对某种商标的认识,这时传统的商标侵权理论就无法为商标权人提供保护。因此,商标权人只能求助于反淡化保护。❹《美国不正当竞争重述》将商标淡化行为分为两种:弱化和丑化,前者损害的是商标的显著性,后者损害的是商标的商誉。与认定混淆的标准类似,商标淡化只需要有"淡化的可能性",不要求发生"实际的淡化"❺。例如,在"百威啤酒"案中,法院认为,被告在杀虫剂商品上用"bugs"替换原告广告语中的"bud"行为,将使消费者心目中与啤酒有关的积极联想被与害虫有关的消极联想取代,是对原告商誉的诋毁,因

---

❶ 北京市高级人民法院(2020)京行终字 4272 号。
❷ 《最高人民法院关于审理涉及驰名商标保护的民事纠纷案件应用法律若干问题的解释》(法释〔2009〕3 号)。
❸ 《联邦商标反淡化法》(Federal Trademark Dilution Act)。
❹ SCHECHTER F. The Rational Basis of Trademark Protection [J]. Harvard Law Review, 1927 (40): 813-816.
❺ 《商标淡化法修正案》(Trademark Dilution Revision Act)。

此构成了商标丑化。[1] 在"耐克"案中，法院认为，被告在金融咨询服务上用"Just believe it"替换原告商标中的"Just do it"行为，将削弱该商标与原告商品的唯一联系并使该商标丧失吸引力，因此构成商标弱化。[2] 需要注意的是，商标淡化通常发生在跨类使用驰名商标的情况下，因为在同一类商品或服务中使用与驰名商标相同或近似的商标通常会引发混淆，传统的混淆理论可以有效解决这一问题。

在我国现行的《商标法》中，目前还没有关于反淡化保护的具体规定。但对于如何认定"诉争商标的使用是否足以使相关公众认为其与驰名商标具有相当程度的联系，误导公众，致使驰名商标注册人的利益可能受到损害"，《最高人民法院关于审理商标授权确权行政案件若干问题的规定》中作出了明确的规定，应当综合考虑下列因素：（1）注册商标的显著性和知名程度；（2）商标标志是否足够近似；（3）指定使用的商品情况；（4）相关公众的重合程度及注意程度；（5）与注册商标近似的标志被其他市场主体合法使用的情况或者其他相关因素。在"伊利"马桶商标争议纠纷案中，某生产企业申请将"伊利"商标注册使用在卫生间冲水设备上。内蒙古伊利集团在商标初步审定公告期间提出商标异议，认为虽然申请人注册的商品类别与伊利牛奶商品没有任何关联，但使用在卫生器械和设备上，容易使消费者将其与不洁物产生联想，贬损驰名商标"伊利"长期积累的商业声誉。[3]

（四）恶意抢注驰名商标的无效宣告期限

根据现行《商标法》第45条的规定，对于恶意注册他人驰名商标的行为，驰名商标的权利人可以请求商标评审委员会宣告该商标无效，而不受通常适用的五年争议期限的限制。这一规定承认了驰名商标的特殊地位。因为驰名商标往往凝集了高度的商业信誉和广泛的知名度，因此受到比普通商标更强的法律保护。此外，这一规定还强调了恶意抢注者的不道德行为；旨在赋予驰名商标所有人更灵活、更有效的维权手段，并同时维护公平竞争的市场秩序和商标体系的健康运行。

---

[1] Anheuser‑Bush, Inc. v. Florists Ass'n of Greater Cleveland, Inc., 603 F. Supp. 35（1984）.
[2] Nike, Inc. v. John K. Muntean, Opposition No. 91247956（T. T. A. B. September 10, 2020）.
[3] 陈文煊. 反淡化理论司法适用的新发展——评"伊利"商标异议复审行政纠纷案[J]. 知识产权，2010（6）：49-54.

商标法：典型案例详解

典型案例

"老干妈味"商标侵权纠纷案[*]

一、案情介绍

贵州南明老干妈风味食品有限公司（以下简称"老干妈公司"）拥有注册于2003年的第2021191号"老干妈"商标，以及注册于2000年的第1381611号"老干妈及图"商标，两个商标核定使用商品都为第30类：豆豉、辣椒酱（调味）、炸辣椒油等商品。老干妈公司发现北京欧尚超市销售标有"牛头牌老干妈味"的牛肉棒商品。该商品的包装在正面上部标有贵州永红食品有限公司（以下简称"永红公司"）所拥有的"牛头牌及图"商标，中部印有"老干妈味"字样（见图5-2-1）。永红公司生产的牛肉棒除了涉案商品中标明的"老干妈味"，还有"原味""麻辣味""香辣味""黑胡椒味"等。2015年11月，老干妈公司向法院起诉永红公司侵犯其商标专用权。

图 5-2-1

二、争议焦点

该案的争议焦点主要在于：（1）"老干妈"商标是否为驰名商标；（2）涉案产品是否侵害了老干妈公司享有的商标专用权。老干妈诉称，"老干妈"

---

[*] 贵州永红食品有限公司与贵阳南明老干妈风味食品有限责任公司等侵害商标权纠纷二审民事判决书，北京市高级人民法院（2017）京民终76号。

商标是其拥有的注册商标，具有很强的显著性和较高的知名度，该词汇并非直接描述商品风味的描述性词汇。"老干妈"商标经过长期使用和宣传，已经成为驰名商标。永红公司未经老干妈公司的同意，擅自在其商品上使用了有老干妈味字样的注册商标，傍名牌意图明显，损害了老干妈公司作为商标权人的合法权益。被告贵州永红公司辩称，涉案商品包装使用"老干妈"字样是为了披露自己的牛肉棒商品是真实地添加了"老干妈"豆豉油的合理指示，主观上没有攀附驰名商标的意图，客观上也不会淡化"老干妈"商标的显著性和识别性。两家公司分属于不同的行业、生产的也是不同的商品，不会对老干妈公司原有的消费市场造成竞争与挤压，对老干妈字样的使用行为属于商标的合理使用行为，不会造成消费者对商品来源产生混淆。

三、裁判要旨

侵犯他人驰名商标专用权的前提条件不仅包括识别性商标使用行为，还包括广告性商标使用行为。将权利人的驰名商标作为广告性使用，其后果在于淡化了驰名商标的显著性，属于驰名商标的淡化式侵权。

四、裁判结果

一审法院认为，涉案商标已为我国社会公众广为知晓，在该案中应当被认定为驰名商标。由于驰名商标本身的良好声誉，除了具备普通商标的识别功能，还具有广告功能，因此，从商标的功能视角去解释"商标使用"，可以将其分为"识别性商标使用"和"广告性商标使用"。该案中，首先，被告用驰名商标来描述自己的产品，虽不属于识别性商标使用，但属于广告性商标使用，仍然符合判定商标侵权的前提条件。其次，驰名商标的禁用权边界远大于其专用权，还具有禁止他人淡化式使用该商标的行为意义。永红公司将涉案驰名商标作为自己牛肉棒产品的系列名称，用涉案驰名商标来描述自己的产品，会使消费者误以为涉案产品与商标权人老干妈公司具有某种联系，永红公司将"老干妈味"作为一种口味，有可能导致涉案驰名商标的显著性减弱，弱化涉案驰名商标与老干妈公司的唯一对应关系，甚至会导致其名称通用化。因此，永红公司标注"老干妈味"字样的行为构成对"老干妈"商标权的侵害。判决永红公司自判决生效之日起立即停止在其生产、销售的牛肉棒产品上使用"老干妈味"字样，并赔偿老干妈公司经济损失及合理支出共计四十二万六千五百元。

二审法院认为，"老干妈"商标在豆豉、辣椒酱、炸辣椒油等商品上使用时间较长，在国内消费者中拥有很高知名度，属于在中国境内为社会公众广为知晓的驰名商标。涉案商品虽然添加了"老干妈味"字样，但不同于"原味""香辣""黑胡椒"等口味，"老干妈"在现实生活中并非任何一种口味，也不是任何一种原料，而是老干妈公司所拥有的驰名商标，具有较强的显著性，与该公司具有唯一对应关系。因此不能将"老干妈"视为一个描述性词汇运用在涉案商品之上。被诉侵权行为易引起消费者将涉案商品与老干妈公司之间搭建不恰当的联系，将涉案商标所享有的优良商誉投射到涉案商品之上，使相关公众认为被诉商标与驰名商标具有相当程度的联系，而减弱驰名商标的"显著性"和"不正当利用驰名商标的市场声誉"。故不属于合理使用的范畴，而属于侵害老干妈公司商标权的行为。判决驳回上诉，维持原判。

五、案件评析

《商标法》第13条第3款规定："就不相同或者不相类似商品申请注册的商标是复制、摹仿或者翻译他人已经在中国注册的驰名商标，误导公众，致使该驰名商标注册人的利益可能受到损害的，不予注册并禁止使用。"该条款为已注册的驰名商标提供了一种强于普通注册商标的保护制度，即禁止他人在不相同或者不相类似商品上注册或使用复制、摹仿或者翻译他人的驰名商标。在该案中，法院经审理认定"老干妈"商标为驰名商标，可以享有跨类保护，因此其商标所有人有权禁止他人在牛肉棒产品上使用其商标。同时为了避免涉案驰名商标"老干妈"最后淡化为一种通用的口味描述性词汇，有必要对该驰名商标作出反淡化保护。需要指出的是，我国《商标法》迄今未对反淡化保护作出具体规定，但在涉及驰名商标的司法解释规定了民事纠纷案件可以借鉴适用反淡化理论后，我国各级人民法院在司法实践中对反淡化理论的适用进行了有益的探索，呈现了反淡化理论司法适用的新发展新业态。

第三节 侵犯商标权的抗辩事由

商标侵权抗辩，指的是行为本身构成商标侵权行为，但法律基于各种理由认为其行为可以免于侵权认定。❶ 商标侵权抗辩的理由主要包括：商标的正当使用、在先使用抗辩和权利穷竭抗辩等。严格来讲，商标的正当使用属于对商标专用权的限制，并非侵权行为的抗辩事由，因为商标的正当使用自始不构成商标法意义上的商标使用。

一、商标的正当使用

商标法对注册商标的保护并不是绝对的，商标权人不能绝对地限制他人使用与注册商标相同或近似的文字或图形。在特定情况下，他人对与商标相同或近似标志的使用不构成商标侵权，如描述商品或服务的特征或指示商品或服务的用途等行为。如何判断是否构成商标的正当使用，北京市高级人民法院在《关于审理商标民事纠纷案件若干问题的解答》中提供了可借鉴的思路。该司法解释认为，构成正当使用商标标识的行为应当具备以下要件：（1）使用出于善意；（2）不是作为自己商品的商标使用；（3）使用只是为了说明或者描述自己的商品。❷

关于正当使用人的主观要件是否善意，法律没有详细的说明，也没有配套的司法解释，但《商标法》第7条确立了诚实信用的原则，根据体系解释，商标的正当使用人应受此原则的约束。由于善意是一种主观状态，如何找到客观统一的认定标准一直是司法实践中的大难题。有的法院认为可以通过综合考虑请求保护的注册商标的显著性和知名度来进行判断。请求保护商标的显著性越强，被恶意使用的可能性越大，反之，请求保护的注册商标的显著性越弱，恶意使用的可能性也就越小。❸ 有的法院认为可以通过商标使用人的外在行为进行判断。例如，在"福贵年年"商标侵权纠纷案中，法院认为，被告在中秋祝福语众多、选择范围甚广的情况下，却在同种商品上使

---

❶ 张新宝教授认为，侵权行为的构成要件与抗辩事由之间的关系，如同网和门的关系，构成要件为需要承担侵权责任的人织了一张网，而抗辩事由为无须承担侵权责任的人开了一扇门，有利于实现侵权责任法的维护合法权益和保障行为自由两大功能。武汉大学民法典大讲坛第四讲"侵权责任抗辩事由的体系化解读"成功举办 [EB/OL]. (2020-06-18) [2023-11-01]. https: law.whu.edu.cn/info/1052/9112.htm.

❷ 北京市高级人民法院《关于审理商标民事纠纷案件若干问题的解答》第26条。

❸ 陕西省高级人民法院（2015）陕民三终字第00031号。

用同一家公司三个注册商标,推定其主观上存在恶意。❶

(一) 描述商品或服务的特征

对商标的描述性使用是指使用他人商标中的文字或图形等要素对商品或服务进行描述的行为。描述性使用的目的不是指示商品或服务的来源,而是反映商品或服务的特征或其他情况。我国《商标法》第11条规定了,描述性标志是对商品的通用名称、图形、型号、质量、主要原料、功能等特征的直接描述,缺乏固有显著性,不得作为商标注册,除非经过长期使用获得显著性。但要注意的是,即使描述性标志通过使用获得了"第二含义",其原本的固有含义仍然属于公共领域的资源,商标权人不能禁止他人自由使用。因为他人的善意使用一般也不会造成消费者对商品或服务来源的混淆。例如,在"85℃"商标侵权纠纷案中,法院认为,被告在被控侵权的牛奶商品上使用85℃,仅是为了向相关公众说明其采用的巴氏杀菌技术的工艺特征"85℃的温度杀菌",是对温度表达方式的正当使用,仍属于合理描述自己经营商品的特征范围,并非对85℃注册商标的使用。❷ 又如,在"立邦"商标侵权纠纷案中,法院认为,被告在淘宝店铺滚动展示立邦漆的广告图片(该广告上部显示"Nippon Paint立邦漆"字样,下方是立邦涂料的介绍),符合一般商业惯例,属于促销宣传中合理使用涉案注册商标的行为,未构成侵权。❸

典型案例

"感恩月"商标侵权纠纷案*

一、基本案情

东莞市华美食品有限公司(以下简称"华美公司")是第6188968号"感恩月"注册商标的商标权人,注册类别为第30类面包、糕点等商品。湖南湘妹食品有限公司(以下简称"湘妹公司")的经营范围包括生产和加工销售速

---

❶ 湖南省高级人民法院(2014)湘高法民三终字第46号。
❷ 上海知识产权法院(2018)沪73民终289号。
❸ 上海市第一中级人民法院(2012)沪一中民五(知)终字第64号。
* 湖南省高级人民法院(2014)湘高法民三终字第79号。

冻食品系列、冰淇淋系列和糯米加工系列等其他各类食品及农作物种植。2013年9月，华美公司以湘妹公司在生产、销售的月饼外包装袋及包装盒上使用与其注册商标相同的"感恩月"字样构成商标侵权为由，向法院提起侵权诉讼。被告湘妹公司辩称，涉案商标仅是表达良好意愿的常用祝福语，系正当使用。

二、裁判结果

法院认为，涉案商标为"感恩月"。"感恩"虽系表达传统美德的常用词语，但"感恩月"并不直接描述月饼商品的质量、原料、功能、用途等基本特点，也不能在感恩与中秋节之间建立必然联系，且"感恩月"并非一个常见固定搭配用语，上诉人湘妹公司没有证据证明"感恩月"是月饼的通用名称，也未提供证据证明注册商标"感恩月"含有《中华人民共和国商标法实施条例》（2002年）第49条规定的情形。"感恩月"是华美公司的注册商标，其商标专用权应予保护。上诉人湘妹公司未经华美公司许可，在其生产的月饼上使用"感恩月"文字，侵犯了华美公司第6188968号"感恩月"注册商标专用权，其行为系对"感恩月"文字的商标性使用。

典型案例

"青花椒"商标侵权纠纷案[*]

一、基本案情

2016年4月6日，原告上海万翠堂餐饮管理有限公司（以下简称"万翠堂公司"）继受取得第12046607号注册商标，其商标内容为从上至下排列的"青花椒"文字。2016年9月7日，万翠堂公司注册取得第17320763号注册商标，商标内容为横向排列的"青花椒"字样，左侧带有云朵状的花椒图案。2018年6月21日，万翠堂公司注册取得第23986528号注册商标，商标内容为横向排列的"青花椒"字样，上方带有云朵状的花椒图案。上述注册商标的核定服务项目均为第43类，包括饭店、餐厅等，且均在有效期内。

2021年5月21日，万翠堂公司发现温江五阿婆青花椒鱼火锅店（以下简称"五阿婆火锅店"）在店招上使用"邹鱼匠青花椒鱼火锅"9个字样。

---

[*] 温江五阿婆青花椒鱼火锅店、上海万翠堂餐饮管理有限公司侵害商标权纠纷民事二审民事判决书，四川省高级人民法院（2021）川知民终2152号。

2021年10月21日，五阿婆火锅店的经营者邹某注册取得第54776844号注册商标，商标内容为横向排列的"邹鱼匠"文字，商标有效期至2031年10月20日，注册人为邹某，核定服务项目为第43类，包括餐馆、流动饮食供应等。2019年6月，万翠堂公司向法院起诉称，五阿婆火锅店侵犯其"青花椒"注册商标专用权。五阿婆火锅店辩称，"青花椒"为"饭店"这一服务类别的法定或约定的通用名称。一审法院未采纳被告的意见，判决支持万翠堂公司的全部诉求。五阿婆火锅店不服，提起上诉。二审法院判决撤销一审判决，驳回万翠堂公司的全部诉求。

二、裁判结果

该案的争议焦点在于：五阿婆火锅店在店招上使用"青花椒"字样的行为是否侵犯了万翠堂公司的注册商标专用权。二审法院从三个方面对该争议焦点进行评述：

（1）依法注册的商标受法律保护。万翠堂公司系涉案注册商标专用权人，涉案注册商标均在有效期内。因此，万翠堂公司的合法权利应受法律保护。未经权利人许可，他人不得非法使用。

（2）注册商标专用权的保护范围与其显著性相一致。商标显著性与商标识别功能呈正相关，显著性越强的商标，其识别商品或服务来源的作用就高，相关公众对来源混淆的可能性就大，商标专用权的保护范围相对较大；反之，显著性相对较弱的商标，其识别商品或服务来源的作用较低，相关公众由此产生混淆的可能性就小，商标专用权的保护范围相对较小。

青花椒系一种植物果实以及由此制成的调味料的名称，在川渝地区种植历史悠久，以其作为川菜的调味料已广为人知，成为川菜不可或缺的元素和川菜风味的独特印记。上海万翠堂餐饮管理有限公司将"青花椒"申请注册在第43类服务上，可以认为具有一定的显著性，能够起到区分服务来源的作用。但由于餐饮服务和菜品调料之间的天然联系，使得服务商标标识和有青花椒字样的特色菜品在辨识上界限微妙、相互混同，极大地降低了其注册商标的显著性，几乎难以起到通过商标来识别服务来源的作用。

万翠堂公司在其官网宣传推广中使用的"青花椒砂锅鱼&招牌青花椒味"，其实也是强调"青花椒"是其菜品的口味和特点，其在诉讼中提交的证据也不能证明涉案注册商标经过使用已经取得了较高的辨识度，与作为调味料的"青花椒"可以泾渭分明。《中华人民共和国商标法》第59条第1款规定，注册商标中含有的本商品的通用名称、图形、型号，或者直接表示商品的质量、主要原料、功能、用途、重量、数量及其他特点，或者含有的地名，注册商标专用权人无权禁止他人正当使用。

涉案注册商标取得授权后，其弱显著性特点决定了其保护范围不宜过宽，否则会妨碍其他市场主体的正当使用，影响公平竞争的市场秩序。

(3) 五阿婆火锅店对"青花椒"字样的使用系正当使用。五阿婆火锅店店招上的标识为"邹鱼匠 青花椒鱼火锅"，虽然店招上含有的"青花椒"标识与万翠堂公司的涉案注册商标中含有的"青花椒"文字以及呼叫相同，但五阿婆火锅店在"青花椒"字样前面附加自己的注册商标"邹鱼匠"标识，后面带有"鱼火锅"三个字，"青花椒"与"鱼火锅"在字体、字号、色彩、高度、字间距等方面均保持一致，没有单独突出使用，而是与"邹鱼匠""鱼火锅"共同使用，与万翠堂公司的涉案注册商标存在明显差异。

五阿婆火锅店在店招上使用"邹鱼匠 青花椒鱼火锅""青花椒"作为鱼火锅的重要调味料，使用在"鱼火锅"之前，完整而清晰地向公众表达了其向消费者提供的招牌菜是青花椒鱼火锅，该标识中包含的"青花椒"是对其提供的特色菜品鱼火锅中含有青花椒调味料的客观描述，并非商标性使用。

五阿婆火锅店通过注册"邹鱼匠"商标经营青花椒味的火锅，没有攀附涉案注册商标的意图，不会导致相关公众产生误认和混淆，其使用行为不构成侵权，不应承担侵权责任。

将特色菜品名称标注在店招上是餐饮行业的惯常做法，特别是在川渝地区以川菜为特色的众多餐馆经营中，无论是店招还是菜单上使用"青花椒"字样，相关公众都习惯将其含义理解为含有青花椒调味料的特色菜品。万翠堂公司作为餐饮行业经营者，注册和使用商标都应当遵循诚实信用原则，对五阿婆火锅店就"青花椒"字样的正当使用和诚实经营，其无权干预和禁止。

三、典型意义

《商标法》第57条和第59条的立法目的和价值取向有所区别，前者旨在打击商标侵权行为，后者旨在保护公众对商标的正当使用。"原则与例外，是价值取舍的界限。"❶ 在"青花椒"商标侵权纠纷案的二审中，四川省高级

---

❶ 刘楠. 从"青花椒"案看司法认知中的"快思考"和"慢思考"[N]. 人民法院报，2022-08-18.

人民法院驳回了商标权人的所有诉讼请求,这一决定既依法保护了商标专用权,又在维护其他市场经营者对特定词汇的合法使用方面取得了很好的平衡。

(二) 说明商品或服务的用途

正当使用的第二种情形是为了说明自己提供的商品或服务的真实来源、用途或者服务对象,而在必要范围内使用他人注册商标中的文字或图形。❶这种说明性使用,与指示商品或服务来源的商标功能无关,不会让消费者发生混淆误认,故不构成商标侵权行为。例如,在某高档楼盘的巨幅广告中,虽然出现了模特和模特手中的"LV"包及手提包上的"LV"商标图形,但该手提包系作为模特手中的道具出现在广告中,"LV"商标图形没有单独出现在广告的其他部分,也未与广告中出现的楼盘名称和广告语等连用,消费者不会认为该楼盘由路易威登公司开发或该楼盘与之有利益关系。故不会造成消费者对楼盘来源发生混淆误认,未构成侵权行为。❷

但需要注意的是,这种说明性使用应当是善意的、符合商业惯例的,不能超出必要范围传达给消费者错误的商品来源信息。例如,汽车零部件销售商店或汽车维修厂,为了说明本店经营汽车零部件品种及提供服务的范围,应直接使用叙述性的文字,如"本店销售某某汽车零部件"或"某店维修某某汽车"等字样,其字体应保持一致,不得突出注册商标中的文字部分或单独使用他人的图形商标,也不得擅自添加描述特定关系的"特许经营"或"特约维修"字样,防止消费者对商品或服务的来源产生混淆误认。❸

典型案例

西湖区龙井茶产业协会与紫瑶鸿商贸有限公司侵害商标权纠纷案[*]

一、基本案情

原告杭州市西湖区龙井茶产业协会是第9129815号"西湖龙井"地理标

---

❶ 参见北京市高级人民法院《关于审理商标民事纠纷案件若干问题的解答》第27条。
❷ 上海市第二中级人民法院(2004)沪二中民五(知)初字第242号。
❸ 参见《关于禁止汽车零部件销售商店、汽车维修站点擅自使用他人注册商标的通知》(已失效)。
[*] 北京知识产权法院(2016)京73民终393号。

志证明商标的注册人,该商标的核定使用商品为第30类茶叶,注册有效期限自2011年6月28日至2021年6月27日止。该商标曾被国家工商行政管理总局认定为中国驰名商标。

龙井茶协会制定的《管理规则》对"西湖龙井"地理标志证明商标的使用条件、使用申请程序、管理、保护等进行了明确。其中,该《管理规则》第2条规定:"西湖龙井"是经国家工商行政管理总局注册的地理标志证明商标,用以证明具备"西湖龙井"该产品的原产地和特定品质;第9条规定:申请使用"西湖龙井"地理标志证明商标的申请人应向龙井茶协会递交《西湖龙井地理标志证明商标使用申请书》;第11条规定:符合"西湖龙井"地理标志证明商标使用条件的,应办理如下事项:(1)双方签订《西湖龙井地理标志证明商标许可使用合同》;(2)申请领取《西湖龙井地理标志证明商标准用证书》;(3)申请领取地理标志证明商标标识;(4)申请人交纳管理费。此外,上述《管理规则》还对使用"西湖龙井"地理标志证明商标的商品的特定品质、选用树种、制茶工艺、申请程序、被许可使用人的权利和义务等内容进行了规定。

西湖区龙井茶协会向法院起诉称:被告紫瑶鸿商贸有限公司(以下简称"紫瑶鸿公司")未经许可在茶叶包装盒上使用"西湖龙井"商标,侵害了协会的注册商标专用权,应当承担侵权责任。紫瑶鸿公司辩称:涉案茶叶均来自西湖区龙井茶协会授权的杭州龙都茶业有限公司,在该茶叶包装盒上使用"西湖龙井"属于善意说明该茶叶的地理来源,是正当使用。

二、裁判结果

法院认为,《商标法实施条例》第4条第2款规定,以地理标志作为证明商标注册的,其商品符合使用该地理标志条件的自然人、法人或者其他组织可以要求使用该证明商标,控制该证明商标的组织应当允许。以地理标志作为集体商标注册的,其商品符合使用该地理标志条件的自然人、法人或者其他组织,可以要求参加以该地理标志作为集体商标注册的团体、协会或者其他组织,该团体、协会或者其他组织应当依据其章程接纳为会员;不要求参加以该地理标志作为集体商标注册的团体、协会或者其他组织的,也可以正当使用该地理标志,该团体、协会或者其他组织无权禁止。

该案中,龙井茶协会是涉案第9129815号"西湖龙井"地理标志证明商标的注册人,在注册商标保护期内,龙井茶协会依法享有涉案注册商标专用权。凡使用"西湖龙井"地理标志证明商标的，须提出申请、获得审核批准后方被许可在其产品上或包装上使用。对于其商品符合特定品质的自然人、法人或者其他组织要求使用该证明商标的，龙井茶协会应当允许，但龙井茶协会不能剥夺虽没有向其提出使用该证明商标的要求，但商品确产于杭州西湖龙井茶保护基地的自然人、法人或者其他组织正当使用该证明商标中地名的权利。

根据该案现有证据，龙井茶协会给龙都茶叶公司核发了《西湖龙井地理标志证明商标准用证书》，其核准龙都茶叶公司使用涉案"西湖龙井"地理标志证明商标。紫瑶鸿公司提供了其从东方西湖经销部进货的进货单、龙都茶叶公司给东方西湖经销部的授权书、龙都茶叶公司出具的《情况说明》，以及东方西湖经销部法定代表人吴某某的证人证言等，上述证据结合起来可以证明紫瑶鸿公司销售的涉案茶叶是由龙都茶叶公司所生产销售的，而龙都茶叶公司为"西湖龙井"地理标志证明商标的合法使用人。故该案的在案证据能够初步证明紫瑶鸿公司销售的涉案茶叶来自西湖龙井茶保护基地，龙井茶协会不能剥夺其在茶叶上使用"西湖龙井"来标示商品产地的权利。紫瑶鸿公司在茶叶礼盒上使用"西湖龙井"字样，属于说明该茶叶产地的行为，不会造成相关公众对该茶叶的原产地等特定品质产生误认。

三、典型意义

地理标志指示的是商品的地区来源，且该商品的特定质量、信誉或者其他特征，主要由该地区的自然因素或者人文因素所决定的标志。与普通商标不同，地理标志商标具有更强的地域性和团体性。该案明确了地理标志商标的正当使用要件，包括涉案商品来自地理标志所辖地区、商品具备地理标志所要求的特定品质、在必要范围内规范使用地理标志商标的文字。

二、权利穷竭抗辩

权利穷竭原则，又被称为首次销售原则，即商品在首次合法投入市场后，其权利就告罄了，权利人不得再主张专用权保护。在商标法中引入权利穷竭原则，是为了平衡保护商标权和保障商品自由流通之间的关系。从地域范围来看，权利穷竭又可分为国内穷竭和国际穷竭两个维度。国内穷竭指的是权利穷竭限于一国领土内，而国际穷竭指的是权利穷竭可以跨境进行适用。归根结底，商标权利穷竭要解决的问题是法律是否允许权利人控制商标所使用的商品在不同司法管辖区域内自由流通。❶ 我国商标法目前没有关于国际穷竭的具体规定。

（一）平行进口

平行进口的商品，又被称为真品输入商品或灰市商品（grey market goods），主要是与非法的黑市商品加以区别。❷ 灰市商品并不是仿冒的假货，而是国外原厂制造的同类真品。只不过，这类真品是指在没有经过商标权人同意的情况下，将国外生产并贴有合法商标的商品进口到国内。按照美国法院的解释，平行进口是否构成商标侵权行为，要视具体情况区别对待。如果平行进口的商品与商标权人在美国市场上销售的商品之间存在实质性差异，可能损害美国商标权人的商誉或可能误导商品的来源，则平行进口构成商标侵权；反之，则不构成侵权。在 Gamut 案中，法院认为，产品的质量、原料、外包装，甚至标牌、说明书等方面的差异都可能构成"实质性差异"。❸ 可见，美国法院对平行进口的解释是比较严格的。我国法律没有明确规定平行进口如何处理，司法裁判的标准也不统一，但各级法院在多数情况下对平行进口的合法性持宽容态度。例如，在"香奈葡萄酒"商标侵权纠纷案中，法院认为，被告从英国进口的"香奈"葡萄酒与原告在我国已经销售的"香奈"葡萄酒的质量等级和品质并不存在实质性差异，且进口商品的原来状态从未改变，不会造成消费者的混淆误认和原告的商誉损害，故不构成商标侵权。❹

典型案例

大王制纸株式会社与森淼进出口股份有限公司商标侵权纠纷案＊

一、基本案情

大王制纸株式会社（以下简称"大王会社"）成立于 1943 年 5 月 5 日，

---

❶ 杜颖，张建强. 平行进口与商标权保护的法律实践［M］. 中华商标，2018（12）：28-34.
❷ 张法连，赖清阳. 美国商标法经典案例研究［M］. 北京：中国人民大学出版社，2020：70-72.
❸ Gamut Trading Co. v. U. S. I. T. C., 200 F. 3d 775 (1999).
❹ 天津市高级人民法院（2013）津高民三终字第 0024 号.
＊ 天津市第二中级人民法院（2017）津 02 民终 2036 号.

"GOO.N"是其注册商标。"GOO.N"商标经中华人民共和国国家工商行政管理总局商标局核准注册,注册号为第9855005号,注册有效期为自2012年10月21日至2022年10月20日止,核定使用商品为第16类面巾纸、卫生纸、擦拭婴儿臀部用湿纸巾、纸巾、纸制婴儿尿布等。2014年4月21日,大王会社出具《授权书》,授权大王(南通)公司是其生产的家庭纸用品包括"GOO.N"商标的纸尿裤等在中国大陆地区的唯一进口商、唯一总代理商,并许可大王南通公司排他性在中国(台湾、香港、澳门除外)使用第9855005号"GOO.N"商标。

天津森淼进出口股份有限公司(以下简称"森淼公司")成立于2010年4月27日,经营范围为钢材批发、建筑用材料、纺织品、化妆品、保健品、孕婴用品的批发兼零售(均不设店铺)等。2015年6月,大王会社以森淼公司未经授权进口带有"GOO.N"商标的纸尿裤侵害其注册商标权为由向法院提起民事诉讼。森淼公司辩称,大王会社不能证明该案平行进口的纸尿裤与大王(南通)公司生产的纸尿裤存在实质性差异。一审法院判决支持了被告的主张。大王会社和大王(南通)公司不服,提起上诉。大王会社称,森淼公司销售的GOO.N纸尿裤商品与大王南通公司制造销售的GOO.N大王纸尿裤商品存在回渗量指标、售后服务和非针对性研发三方面实质性差异,从而导致消费者负面评价,造成GOO.N商标商誉的损害。

二、裁判结果

该案的审理法院认为,涉案进口商未经中国国内商标权人许可,将商标权人在国外生产的同一商标的产品进口到中国国内的行为没有侵害商标权人的利益。

三、裁判理由

该案当事人双方对森淼公司销售的是大王会社制造的商品且并未对该商品进行任何形式的改变,不影响该商品的识别功能不存争议。大王会社上诉称,森淼公司销售的GOO.N纸尿裤商品与大王南通公司制造销售的GOO.N大王纸尿裤商品存在回渗量指标、售后服务和非针对性研发三方面实质性差异,从而导致消费者负面评价,造成GOO.N商标商誉的损害。二审法院对上述问题的说理部分如下所述。

(一)回渗量指标

回渗量指标主要体现婴儿纸尿裤的吸收能力与锁水能力。我国关于纸尿裤回渗率执行的标准为回渗量小于等于10克。上诉人提供的差异对比证据为，在淘宝天猫鼎亨母婴专营店购买的大王贴式纸尿裤维E系列L54片进口商品进行的四组商品回渗量检测、在大王南通公司授权经销商在淘宝天猫邦威母婴专营店购买的大王维E系列L54片四组商品的回渗量检测。

法院认为，上诉人提供的两份检验报告结果缺乏普遍代表性，无论是进口商品还是大王南通公司商品的回渗量每组之间均存在一定差异，此种差异可能与商品批次或一段时间的质量管控指标有关，由于存在采集量和时间跨度的限制，两份检验报告所示回渗量指标不能代表进口商品与大王南通公司产品的差异。按照我国纸尿裤回渗量国家标准，小于等于10克，属于合格商品，在合格值内回渗量数值非极端大小差异是否产生实质性影响，上诉人提交的现有证据并无明确展示和说明。因此，上诉人主张回渗量指标方面差异导致产品质量存在实质性差异的事实依据不足。

（二）售后服务

售后服务方面，上诉人主张大王南通公司对其制造销售的纸尿裤商品提供从受理投诉到解决处理六位一体的售后服务体系，该售后服务体系不包括限定日本区域销售的平行进口商品，这种售后服务的实质差异会导致消费者对GOO.N商标的不信赖，从而得到贬低评价。森森公司在其销售商品时承诺"本店与各品牌公司均有授权经销关系，如果遇到产品质量问题，先与我们旺旺客服联系，我们会供给您直接与各品牌公司调换货的方式"，该承诺在于提示消费者购买后产生质量问题通过森森公司自身建立的售后服务渠道解决处理，并无借用上诉人的商誉混淆双方售后服务的主观意图，消费者购物后出现疑问或质量问题也自然通过森森公司建立的售后服务渠道解决，最终处理方式无非为调换货、退货等。而上诉人大王南通公司主张其提供的"六位一体"的售后服务措施，主要体现在受理投诉流程及内部检讨方面，相对于消费者并不会产生明显区别感受，且目前亦并无证据表明消费者权益因此受到损害，从而产生对上诉人及GOO.N商标的负面评价。

（三）针对性研发

上诉人主张森森公司进口的GOO.N纸尿裤是限定日本国内销售商品，系针对日本消费者人群定向研发，不适合中国消费者，可能引起健康风险，直接损害GOO.N商标的声誉。对此，法院认为，中日两国同属东亚地区，人文地理条件具有较大相似性，人体结构亦无明显差异，上诉人始终未能提供证据说明其针对性研发区别点。对于大王南通公司制造的纸尿裤商品，上诉人在庭审时强调是针对中国消费者研发，亦缺乏证据支持，况且中国是国土广阔、人口众多的多民族国家，经纬度跨度大，人体结构因区域、民族不同差异性会更加明显，上诉人大王南通公司对于中国国内不同区域和民族的消费者也未采取针对性研发，却单单强调中日两国制造商品之间的针对人群的研发，事实依据不足，被上诉人森淼公司进口销售的限定日本国内销售商品的标注，不足以证明两种商品之间的实质性差异。

综上，被上诉人森淼公司进口的大王纸尿裤商品从标识、包装、商品质量等综合因素与上诉人的商品并无本质差异，虽然售后服务主体和流程等存在一定差别，但整体并未导致实质性差异，未影响 GOO.N 商标的识别功能，亦无证据证明森淼公司的行为给上诉人造成商誉损害。

四、典型意义

当国外市场销售的商品与国内市场销售的商品在质量、包装等方面存在实质性差异，或者商品的组成成分存在明显区别，从消费者认知的角度看，消费者有可能会认为国内商标权人生产销售商品的质量发生了变化，从而对商标保证商品质量的功能产生不良影响。该案的判决结果合理平衡了商标权人、进口商和消费者之间的利益，以及保护商标权与保障商品自由流通之间的关系。

（二）涉外定牌加工

如果说平行进口是以进口贴附商标标识的商品为主，那么涉外定牌加工（OEM）就是以出口贴附商标标识的商品为主。涉外定牌加工一般是指国内生产加工的企业直接接受境外定作人的委托，生产加工的贴牌产品全部交付给定作人并销往境外而不在中国境内销售的行为。我国作为世界工厂，每年会接受大量涉外定牌加工的委托订单。涉外定牌加工是否构成商标侵权，在司法界一直存在较大争议，司法判决的结果也不统一。如 2009 年最高人民法院在审判指导意见中认为，对于涉外定牌加工导致的商标侵权纠纷，要结合加工方是否尽到必要的审查注意义务进行个案认定。[1] 2020 年施行的《商标侵权判断标准》对此问题采取了审慎的态度，没有对如何判断涉外定牌加工

---

[1] 《最高人民法院关于当前经济形势下知识产权审判服务大局若干问题的意见》第 18 条。

的行为性质作出具体规定，而是在第 7 条中强调了，是否构成商标性使用要考虑使用人的主观意图、使用方式、宣传方式、行业惯例、消费者认知等因素。

三、在先使用抗辩

在先使用抗辩指的是在先使用的未注册商标可以在原有范围内继续使用而不侵犯他人的注册商标权。我国在商标法的取得模式上采用注册原则，只承认通过注册取得商标专用权。但纯粹的注册制度也暴露出一些问题，如《商标法》第 32 条规定的商标抢注行为等。为了平衡商标在先使用人与注册商标专用权人之间的利益，我国《商标法》第三次修正后于第 59 条第 3 款新增规定，商标注册人申请商标注册前，他人已经在同一种商品或者类似商品上先于商标注册人使用与注册商标相同或者近似并有一定影响的商标的，注册商标专用权人无权禁止该使用人在原使用范围内继续使用该商标，但可以要求其附加适当区别标识。该条款明确承认了在先使用可作为商标侵权的抗辩事由，也为在先使用的未注册商标提供了有限的法律保护。❶

在先使用抗辩是以商标具有一定影响为构成要件的。然而，在《商标法》第三次修正的草案中并没有这一要件。我国台湾地区的所谓"商标法"中也不存在"有一定影响"的构成要件，而是以在先使用人的"善意"作为主观要件。❷ 即便将"有一定影响"视为在先使用抗辩的客观要件，其在理解上仍然存疑，因为"一定"和"影响"两个词本身具有很大的不确定性，作为法律术语欠缺精准性。至于该构成要件与商标抢注条款的"有一定影响"存在何种关系，在学界探讨的比较多。有的学者从体系解释的一致性出发，认为两者的含义相同。❸ 也有的学者从立法的目的分析，认为两者的地域范围不同。《商标法》第 59 条第 3 款规定的在先使用商标获得继续使用的前提是在特定地域具有知名度，而要援引《商标法》第 32 条阻却他人的商

---

❶ 李扬. 商标侵权诉讼中的懈怠抗辩 [J]. 清华法学, 2015 (2): 74 - 95.
❷ 我国台湾地区"商标法"第 36 条第 3 款明确规定了在先使用抗辩："他人申请商标注册前，善意使用相同或近似之商标图样于同一或类似之商品，不受他人商标专用权之效力约束，但以原使用之商品为限；商标专用权人并得要求其附加适当之区别标示。"
❸ 曹阳. 商标实务指南与司法审查 [M]. 北京：法律出版社, 2018: 513 - 514.

标注册行为，在先使用商标必须在更大的地域范围内具有知名度。❶ 在司法实践中，法院倾向于不对两者的适用标准作区分。《商标授权确权规定》和《商标侵权判断标准》对此均有相同规定，"有一定影响"是指在先商标有一定的持续使用时间、区域、销售量、经营额或者广告宣传等。

根据在先使用抗辩制度，注册商标专用权人无权禁止在先使用人在原使用范围内继续使用该商标。其中，对于"原使用范围"的解释存在多种不同观点。有的认为，原使用范围是指原使用的地域范围或原生产经营规模。也有的认为，原使用范围是指原使用的商品范围。前一种观点实际上是借鉴了专利法的思路。但是这一观点的问题在于，与专利先用权抗辩侧重于保护专利权人的利益不同，商标在先使用抗辩既涉及商标权人的利益又涉及消费者权益，并非地域范围或业务规模的限制可以解决。❷《商标侵权判断标准》没有对"原使用范围"作出正面解释，而是采用列举排除方式剔除了不属于原使用范围的两种情况：（1）增加该商标使用的具体商品或服务；（2）改变该商标的图形、文字、色彩、结构、书写方式等内容，但是为了与他人注册商标相区别而附加的标识改变除外。❸

典型案例

谭某与北京尚丹尼美发中心侵害商标权纠纷案*

一、基本案情

原告谭某于 2014 年 1 月 14 日获得了商标局核准注册的第 11358870 号尚丹尼文字商标，核准使用类别为第 44 类服务，包括医疗按摩、美容院、理发店、保健、化妆师等。2008 年 1 月 11 日，北京尚丹尼美发中心（以下简称"尚丹尼中心"）成立，并在北京开设了三家分店，上述店面的经营范围均为理发服务。在上述店面的门头以及路边指示牌上，均使用有"尚·丹尼造型"字样。原告谭某的配偶邵某曾于 2010 年 10 月至 2011 年 2 月期间在尚丹

---

❶ 程德理. 在先使用商标的"有一定影响"认定研究 [J]. 知识产权, 2018 (11)：10 - 18.
❷ 胡震远. 商标在先使用抗辩规则的理解与适用 [N]. 人民法院报, 2014 - 11 - 05 (7).
❸ 国家知识产权局《商标侵权判断标准》第 33 条。
* 北京市朝阳区人民法院（2014）朝民初字第 25490 号。

尼中心工作。

自2008年1月起至今，尚丹尼中心一直通过大众点评网以"尚·丹尼造型"名义推广其多家店面，并提供团购服务，其尚丹尼建国门店大众点评网累计点评1960次，并被标注为五星服务。大众点评网上多家店面地址也以"尚丹尼造型"作为位置指向标。另外，尚丹尼中心还通过新浪微博进行推广，并购买"微博卡企业版服务"促进微博粉丝到店消费。2014年3月，原告谭某诉至法院，认为尚丹尼中心未经其许可，擅自在其店面门头、网络宣传推广中使用尚丹尼商标，侵犯了其享有的注册商标专用权。故请求法院判令尚丹尼中心立即停止侵权并赔偿经济损失及诉讼合理支出共计20万元。

二、裁判结果

法院认为，尚丹尼标志构成未注册商标。第一，尚丹尼中心成立于2008年，并自2008年开始就通过网络以"尚·丹尼造型"进行服务推广，并在门头或者指路标识上同样以"尚·丹尼造型"进行标注，因此，可以确认尚丹尼中心自2008年成立以来，一直以尚丹尼作为商业标识予以使用，这种标识经过长期使用已经可以界定为商标性使用，即已经构成未注册商标。第二，尚丹尼中心尽管未将尚丹尼做商标注册，但是根据尚丹尼中心自2008年成立以来将北京多家门店与大众点评网进行合作推广以及新浪微博推广的事实，可以确认尚丹尼中心将尚丹尼作为商标使用已经在一定范围内具有了一定影响。第三，虽然尚丹尼中心使用尚丹尼商标的服务范围同样为理发，即与谭某享有商标专用权的涉案商标属于相同服务，并且商标标识一致。但是，根据该案查明的事实，尚丹尼中心在谭某申请涉案商标注册前，已经在理发服务上使用未注册商标尚丹尼多年，即尚丹尼中心属于使用在先。第四，谭某至今未将其主张权利的涉案注册商标投入实际使用。因此，尚丹尼中心对涉案商标的使用行为符合上述《商标法》第59条第3款规定，谭某无权禁止尚丹尼中心在涉案使用范围内继续使用尚丹尼商标。另外，考虑到谭某主张权利的涉案商标目前仍处于有效状态，尚丹尼中心对尚丹尼商标的使用不得超出涉案范围，谭某可以要求尚丹尼中心在使用涉案商标时适当附加区别标识以区别服务来源。故法院判决驳回原告谭某的全部诉讼请求。

三、典型意义

该案是在《商标法》第三次修正后，首次适用该法第59条第3款，即未注册商标先用人适用商标在先使用抗辩取得成功的案件。该案的审理为进一步规范商标注册秩序，遏制商标抢注行为，在现行商标法立法框架下进行有益的探索和尝试，具有启发意义。

四、其他抗辩事由

关于商标的其他抗辩事由还包括诉讼时效抗辩、未使用抗辩和权利滥用抗辩等。关于诉讼时效的问题，《民法典》第180条规定，向人民法院请求保护民事权利的诉讼时效期间为3年。法律另有规定的，依照其规定。鉴于我国《商标法》对于诉讼时效没有特别规定，一般以《民法典》规定的3年诉讼时效为准。[1]

在商标侵权纠纷案中，被控侵权人还能以注册商标权人未使用注册商标为由提起侵权抗辩。人民法院可以要求注册商标专用权人提供此前3年内实际使用该注册商标的证据。注册商标专用权人不能证明此前三年内实际使用过该注册商标，也不能证明因侵权行为受到其他损失，被控侵权人不承担赔偿责任。需要注意的是，该条款规定的主要是损害赔偿责任，在注册商标被正式撤销前，商标侵权行为仍可能成立，只是被控侵权人不用承担赔偿责任而已。

恶意取得商标并起诉他人侵犯其注册商标专用权的行为，违反了诚实信用原则，可以被认定为滥用权利。被控侵权人可以商标权人存在权利滥用为由要求法院驳回其诉讼主张。此外，在新闻报道、新闻评论中使用注册商标，或对商标所有人进行批评或讽刺性模仿等非商业性行为，属于公民表达自由的范畴，不构成侵权行为。[2]

---

[1] 参见《最高人民法院关于审理商标民事纠纷案件适用法律若干问题的解释》规定："侵犯注册商标专用权的诉讼时效为2年，自商标注册人或者利害权利人知道或应当知道侵权行为之日起计算。"该条文与现行《民法典》的规定存在冲突。根据新法优于旧法的原则，应适用现行法律关于诉讼时效3年的规定。

[2] 参见《美国商标法》的规定，15 U.S.C. 1125（c）（3）。

典型案例

"vivo"商标侵权纠纷案[*]

一、基本案情

维沃移动通信有限公司（以下简称"维沃公司"）是"vivo"注册商标的商标权人，核定使用在第9类中手提电话等商品上，有效期至2022年9月20日。第4764197号"vivi"注册商标，核定使用商品为第9类中的电话机套、眼镜等。被告优品通公司通过受让，获得了"vivi"商标权，并在其生产的手机产品上使用"vivi"作为商标以及将"vivi"作为手机的品名。2019年1月9日，维沃公司以优品通公司侵犯其"vivo"商标权为由，向法院起诉。

二、裁判结果

关于赔偿损失的金额问题。法院认为，原告注册使用的"vivo"商标具有较高知名度，而优品通公司使用与"vivo"商标极为相似的"vivi"标识，其攀附维沃公司商誉、造成消费者混淆的主观恶意明显。而且，优品通公司生产多个型号的vivi品牌手机，积极宣传，销量较大，侵权情节严重。根据原告注册商标的知名度、被告优品通公司侵权情节的严重程度以及酌定赔偿基数可能偏低的情形，按获利金额的3倍确定被告承担的赔偿数额，即103.5万元。

三、典型意义

该案中，维沃公司生产的vivo手机具有较高知名度，曾被认定为驰名商标。在赔偿损失的计算方式上，法院首次适用惩罚性赔偿机制，对侵权人按照获利金额的3倍确定赔偿金额。

第四节 商标侵权的救济方式

侵犯商标权的法律后果是侵权行为人要承担多重法律责任。一方面，商

---

[*] 深圳市中级人民法院（2020）粤03民终16190号。

标侵权行为损害了商标权人的私人利益，侵权人应当承担民事责任。另一方面，商标侵权行为导致消费者对商品或服务的来源产生混淆误认，扰乱了市场秩序，损害了公共利益，侵权人应当承担相应的行政责任和刑事责任。❶

一、行政执法保护

我国《商标法》规定，因商标权侵权行为引发的纠纷，当事人可以自行协商解决；协商不成的，可以向人民法院起诉，也可以请求工商行政管理部门处理。其实，在 2001 年《商标法》修正之前，我国的大部分商标侵权纠纷都是通过行政执法程序来解决的。虽然《商标法》修正后，越来越多的商标权人选择通过司法程序来维护自己的合法权益，但目前行政执法保护仍然是我国特色的权利救济方式。❷

对于侵犯商标权的行为，地方各级工商行政管理部门既可以依职权查处，也可以由商标权人或其他利害关系人提起请求。查处商标侵权行为是法律赋予工商行政管理部门的一项法定职权。工商行政管理部门在接受群众举报、权利人投诉、查处商标侵权违法行为的过程中，如果发现违法事实涉嫌构成犯罪，需要公安机关采取措施进一步获取证据以判断是否达到刑事案件立案追诉标准的，应当向公安机关移送案件。对于移送涉嫌犯罪的案件，已经作出行政处罚的，不影响行政处罚的执行。❸

工商行政管理部门处理时，认定侵权行为成立的，责令立即停止侵权行为，没收、销毁侵权商品和主要用于制造侵权商品、伪造注册商标标识的工具，违法经营额 5 万元以上的，可以处违法经营额 5 倍以下的罚款，没有违法经营额或者违法经营额不足 5 万元的，可以处 25 万元以下的罚款。对 5 年内实施两次以上商标侵权行为或者有其他严重情节的，从重处罚。销售不知道是侵犯注册商标权的商品，能证明该商品是自己合法取得并说明提供者的，由工商行政管理部门责令停止销售。

---

❶ 王迁. 知识产权法教程 [M]. 6 版. 北京：中国人民大学出版社，2019：522 - 525.
❷ 2020 年度商标行政保护十大典型案例，国家知识产权局，https://www.cnipa.gov.cn/.
❸ 参见《行政执法机关移送涉嫌犯罪案件的规定》（2020 年修订）第 3 条。

典型案例

厦门市市场监管局查处侵犯纪梵希等注册商标专用权案*

2016年10月21日,厦门市市场监管局接到厦门海关缉私局转来的案源线索后,在被举报地点发现大量无中文标识的国际知名品牌化妆品,涉及纪梵希、海蓝之谜、科颜氏、祖玛龙、馥蕾诗、SK-Ⅱ等多个国际知名品牌化妆品,案值高达300余万元。经相关品牌权利人鉴别,涉案化妆品大多为假冒注册商标商品。经查,当事人美贷贸易(深圳)有限公司利用两家淘宝网店销售假冒国际知名品牌化妆品,网店电脑终端、货物收发地址均在厦门。由于案值已达立案追诉标准,厦门市市场监督管理局将案件移送厦门市公安局处理。

由于"海蓝之谜"商标权利人已经于2016年11月向南京市公安机关报案,南京市公安机关也已经将当事人的实际负责人谢某等3人抓获,考虑到两案存在关联,厦门市公安局于2017年1月24日将此案移送南京公安机关处理。据警方侦查,谢某从泉州、广州等多地购进原料、包装、标签等材料,雇人生产假冒国际知名品牌化妆品,然后通过淘宝网店将产品售往全国各地。厦门市市场监管局会同公安机关查获假冒国际知名化妆品成品4000余件,取缔4个分装经营场所。2017年9月28日,南京市玄武区人民法院以假冒注册商标罪和销售假冒注册商标商品罪判处谢某等人一年三个月至四年不等的有期徒刑。

二、海关执法保护

我国《海关知识产权保护条例》规定,对于侵犯受中国法律、法规保护的知识产权的产品,中国海关将禁止其进出口。知识产权权利人可以在发现侵权货物时,请求海关扣留。海关也可以根据知识产权人的备案信息,在货物进出口检查时主动依职权扣留侵权货物。该条例还规定,海关在执行与进

---

* 2017年工商和市场监管部门查处商标侵权典型案例[EB/OL].(2018-10-31)[2021-11-03]. https://www.hubei.gov.cn/pphb/ppbh/201810/t20181031_1363502.shtml.

出口货物有关的知识产权保护职能时，可以行使《海关法》所赋予的相关职权。但是，海关无权对货物的侵权状况进行调查。海关扣留侵权嫌疑货物后，权利人应当向人民法院申请司法扣押。如果人民法院未能在海关扣留货物后的法定期间内通知海关协助扣押，海关应当放行被扣留的货物。

商标海关备案是指，商标权利人为取得海关知识产权保护而事先就自己需要保护的商标向海关进行申请备案的手续。我国现行法律对商标的海关备案不再强制要求，而且海关总署已经取消了商标备案的费用，即所有商标备案免费进行。商标备案操作全部网上在线进行，通过海关知识产权备案系统上传所需材料。材料审核期为自收到全部申请文件之日起30日，之后即可获得备案结果。进行海关备案后的商标，可以在海关进出口检查时第一时间获得与海关总署数据库的有效比对，从而降低侵犯商标权的商品进一步流通的风险。商标备案自海关总署准予备案之日起生效，时效为10年；不足10年的按照该知识产权权利剩余有效期计算。海关备案的有效期限可通过续展等方式来延续，但是必须在有效期届满前提前至少半年向海关总署申请续展。

典型案例

2022年全国海关保护知识产权执法情况[*]

作为国家知识产权保护体系的重要组成部分，海关边境保护充分发挥了进出境监管的职能，有效地将侵权商品拦截在国门前线。从海关总署公开通报的数据看，2022年，全国海关共采取知识产权保护措施6.46万次，实际扣留进出口侵权嫌疑货物6.09万批、7793.85万件。

从查扣侵权嫌疑货物的知识产权类型看，侵犯商标权的货物数量长期以来居首位。海关查扣侵权货物的知识产权类型包括商标权、专利权、著作权、奥林匹克标志专有权等。从查扣侵权嫌疑货物的地点看，主要集中在东部沿海地区。深圳、宁波、杭州、上海等8个海关查扣侵权货物的数量居全国前十。从查扣侵权嫌疑货物的类别看，以箱包衣物、电子电器、文具办公、儿童玩具、烟草制品等为主。

---

[*] 海关总署公布去年十大侵权案件，跨境电商等领域执法成效显著[N]. 北京日报，2023 - 04 - 26.

例如，广州海关下属的南沙海关在对一批以一般贸易方式申报出口的货物进行查验时，发现货物申报品名为保护膜、汽车配件、充电器等，实际货物中却夹藏标有知名品牌标识的牙膏产品13.7万支，案值约136.5万元人民币。随后，商标权利人确认了南沙海关查获的这些牙膏属于侵犯其商标专用权的产品。商标权人向海关提出知识产权保护申请，并提供相应的担保。根据法律规定，南沙海关扣留了侵权嫌疑货物并启动了相关调查。经过调查审理，南沙海关对侵权行为人作出了没收侵权货物并处以罚款的行政处罚决定。

三、民事司法保护

商标权具有私权性质。[1] 我国《商标法》规定侵犯商标权的民事责任主要包括停止侵害、赔偿损失等。[2] 其中，如何确定赔偿损失的数额是商标侵权纠纷案件的焦点问题。《商标法》第63条规定，侵犯商标专用权的赔偿数额，按照权利人因被侵权所受到的实际损失确定；实际损失难以确定的，可以按照侵权人因侵权所获得的利益确定；权利人的损失或者侵权人获得的利益难以确定的，参照该商标许可使用费的倍数合理确定。对恶意侵犯商标专用权，情节严重的，可以在按照上述方法确定数额的1倍以上5倍以下确定赔偿数额。赔偿数额应包括权利人为制止侵权行为所支付的合理开支。

人民法院为确定赔偿数额，在权利人已经尽力举证，而与侵权行为相关的账簿、资料主要由侵权人掌握的情况下，可以责令侵权人提供与侵权行为相关的账簿、资料；侵权人不提供或者提供虚假的账簿、资料的，人民法院可以参考权利人的主张和提供的证据判定赔偿数额。权利人因被侵权所受到的实际损失、侵权人因侵权所获得的利益、注册商标许可使用费难以确定的，由人民法院根据侵权行为的情节判决给予500万元以下的赔偿。

关于上述几种赔偿计算方式的关系，《最高人民法院关于审理商标民事纠纷案件适用法律若干问题的解释》中已经确定了它们的先后顺序，即先以实际损失计算；若实际损失无法计算的，则以侵权获益计算赔偿；若损失和获益都无法确定的，则参照商标许可使用费的倍数确定；如果损失、获益和

---

[1] 参见《民法典》第123条。
[2] 2001年《商标法》修正后，工商行政管理机关不再享有责令商标侵权人赔偿商标权利人经济损失的职权。

商标许可使用费都难以确定的,再通过法定赔偿额来计算。❶ 需要注意的是,我国 2019 年第四次修正的《商标法》将恶意侵犯商标专用权的侵权赔偿数额计算倍数由 1 倍以上 3 倍以下提高到 1 倍以上 5 倍以下,并将商标侵权法定赔偿数额上限从 300 万元提高到 500 万元。这样做的目的是加重侵权成本,威慑恶意侵权人,从而更严格地保护商标权。例如,在"惠氏奶粉"商标案中,法院考虑到美国惠氏商标的知名度高,被告企业恶意攀附美国惠氏商誉施行商标侵权行为的持续时间长、涉及地域广、侵权规模大,情节严重,且涉案产品关乎婴幼儿健康安全等因素,故对被告的赔偿金额采用惩罚性赔偿的方式予以计算。❷

四、刑事司法保护

我国《刑法》规定了三种侵犯商标权的犯罪及其刑事责任:假冒注册商标罪、销售假冒注册商标商品罪,以及伪造、擅自制造他人注册商标标识罪。

假冒注册商标罪是指未经注册商标所有人许可,在同一种商品或服务上使用与其注册商标相同的商标,构成犯罪的。2021 年 3 月 1 日开始实施的《刑法修正案(十一)》第 17 条将《刑法》第 213 条修改为"未经注册商标所有人许可,在同一种商品、服务上使用与其注册商标相同的商标,情节严重的,处三年以下有期徒刑,并处或者单处罚金;情节特别严重的,处三年以上十年以下有期徒刑,并处罚金",明确将服务商标和商品商标一起纳入《刑法》的保护范围内。

销售假冒注册商标的商品罪是指销售明知是假冒注册商标的商品,违法所得数额较大或者情节严重的,构成犯罪。本罪的量刑幅度是三年以下有期徒刑,并处或者单处罚金;违法所得数额巨大或者有其他特别严重情节的,处三年以上十年以下有期徒刑,并处罚金。

伪造、擅自制造他人注册商标标识罪也包括销售非法制造的商标标识。伪造、擅自制造他人注册商标标识或者销售伪造、擅自制造的注册商标标识,情节严重的,处三年以下有期徒刑,并处或者单处罚金;情节特别严重的,

---

❶ 《最高人民法院关于审理商标民事纠纷案件适用法律若干问题的解释》(法释〔2002〕32 号)。
❷ 浙江省高级人民法院(2021)浙民终 294 号。

处三年以上十年以下有期徒刑，并处罚金。

我国《刑法》规定的三种侵犯商标权的犯罪，每个罪的第一档法定刑都是三年以下有期徒刑或者拘役，因此符合缓刑适用的对象条件。但是，如果侵犯商标权被刑事处罚或者行政处罚后，再次侵犯商标权构成犯罪的，则一般不适用缓刑。[1] 此外，2020年发布的《最高人民法院、最高人民检察院关于办理侵犯知识产权刑事案件具体应用法律若干问题的解释（三）》明确了对假冒注册商标罪"相同商标"的认定。该司法解释强调，既要严厉打击假冒注册商标行为，又要防止突破"相同商标"的标准，将"近似商标"不当纳入刑法规制范围。[2]

典型案例

本田技研工业株式会社与重庆恒胜鑫泰贸易有限公司等侵害商标权纠纷再审案*

一、案情介绍

本田技研工业株式会社（以下简称"本田公司"）于1998年在我国获准注册"HONDA"等三枚涉案商标，分别核定使用在第12类车辆、摩托车等商品上。重庆恒胜集团有限公司（以下简称"恒胜集团公司"）和恒胜鑫泰贸易有限公司（以下简称"恒胜鑫泰公司"）的法定代表人均为万某，系母公司和子公司关系。恒胜集团公司主要负责接受境外公司的订单委托并进行承揽加工，恒胜鑫泰公司则负责办理出口事宜，将相关产品全部出口至缅甸。

2016年6月30日，昆明海关向本田公司发出《中华人民共和国昆明海关关于确认进出口货物知识产权状况的通知》（昆明海关知确字【2016】40号），告知本田公司昆明海关下属的瑞丽海关近期查获申报出口的一批摩托车，商标标识为"HONDAKIT"，数量为220辆，昆明海关认为该批货物可能

---

[1] 《最高人民法院、最高人民检察院关于办理侵犯知识产权刑事案件具体应用法律若干问题的解释（二）》（法释〔2007〕6号）。

[2] 《最高人民法院、最高人民检察院关于办理侵犯知识产权刑事案件具体应用法律若干问题的解释（三）》（法释〔2020〕10号）。

* 最高人民法院（2019）最高法民再138号。

涉嫌侵犯本田公司在海关总署备案的知识产权，要求本田公司按照《中华人民共和国知识产权海关保护条例》第14条的规定，向昆明海关提出采取知识产权海关保护措施的书面申请，并提交担保金10万元。

2016年8月22日，瑞丽海关向本田公司发出书面通知，称扣留了由恒胜鑫泰公司申报出口的"HONDAKIT"标识的摩托车整车散件220辆，总价12万美元。经查，该批货物系由缅甸美华公司授权委托恒胜集团公司加工生产。对于该批出口的摩托车是否构成商标侵权，瑞丽海关难以认定。根据《中华人民共和国知识产权海关保护条例》第23条的规定，本田公司可以就上述货物向人民法院申请采取责令停止侵权行为或者财产保全的措施，如海关自扣留上述货物之日起50个工作日内未收到人民法院的协助通知，海关将依法放行上述货物。2016年9月13日，本田公司以恒胜集团公司和恒胜鑫泰公司两家公司未经权利人许可在同类的摩托车商品上使用近似商标构成商标侵权为由，向法院提起诉讼。

二、争议焦点

该案争议的焦点问题是恒胜鑫泰公司、恒胜集团公司的被诉行为的性质认定：（1）是否属于涉外定牌加工行为；（2）是否属于商标法意义上的商标使用行为；（3）是否构成商标侵权行为。

三、裁判要旨

商标使用行为是一种客观行为，通常包括许多环节，如物理贴附、市场流通等。是否构成商标法意义上"商标的使用"应当依据商标法作出整体一致的解释，不应该割裂一个行为而只看某个环节。在法律适用上，要遵循商标法上商标侵权判断的基本规则，不能把涉外定牌加工这种贸易方式简单地固化为不侵犯商标权的除外情形。

四、裁判结果

一审法院认为，现有证据无法确认恒胜鑫泰公司、恒胜集团公司的行为系受缅甸美华公司授权的定牌加工行为。因为缅甸美华公司的授权商标图样中的"HONDAKIT"文字及图形商标并未突出"HONDA"的文字部分，缩小"KIT"的文字部分，而是同一大小字体的文字及图形，被诉侵权商品上所贴附的图样与美华公司的授权不符。恒胜鑫泰公司、恒胜集团公司在第12类"摩托车"商品上使用"HONDAKIT"文字及图形商标，并突出"HONDA"的文字部分，缩小"KIT"的文字部分，其明显在突出和强调涉案商品中

"HONDA"文字及图形的使用和视觉效果，构成在与本田公司取得注册商标权的相同或者类似的商品上使用与其注册商标相同或者近似的商标，其行为已经构成商标侵权。判决恒胜鑫泰公司、恒胜集团公司立即停止侵权行为，并赔偿本田公司经济损失30万元。恒胜鑫泰公司、恒胜集团公司不服，提起上诉。

二审法院认为，(1) 恒胜鑫泰公司、恒胜集团公司实施的行为是涉外定牌加工行为。恒胜鑫泰公司与美华公司于2016年4月3日签订的合同，名为《销售合同》，实为涉外定牌加工合同。缅甸公民某某孟昂在缅甸享有涉案"HONDAKIT"注册商标权，并授权给恒胜集团公司使用。涉案承揽加工的产品全部交付定作方，不进入中国市场，中国境内的相关公众不可能接触到该批产品。(2) 恒胜鑫泰公司、恒胜集团公司使用涉案图标的行为不属于商标法意义上的商标使用行为。恒胜鑫泰公司、恒胜集团公司办理出口的220套摩托车散件系全部出口至缅甸，不进入中国市场参与"商业活动"，中国境内的相关公众不可能接触到该产品。恒胜鑫泰公司、恒胜集团公司的这种使用行为不可能在中国境内起到识别商品来源的作用，因此并非商标法意义上的商标使用行为。(3) 恒胜鑫泰公司、恒胜集团公司的被诉行为不构成对本田公司涉案商标的侵害。该案所涉220套摩托车散件均全部出口至缅甸，不进入中国市场销售，中国境内的相关公众不可能接触到该产品，因此不存在让中国境内的相关公众产生混淆的问题，没有损害本田公司的实际利益，因此不构成商标侵权行为，也不存在赔偿损失问题。据此，判决撤销一审判决，驳回本田公司的诉讼请求。本田公司不服，提出再审申请。

再审法院认为，恒胜鑫泰公司、恒胜集团公司实施的行为构成涉外定牌加工行为。关于此问题的理由与二审判决的理由一致。但是，再审法院不认同二审法院关于商标使用行为的认定理由。再审法院提出，在生产制造或加工的产品上以标注方式或其他方式使用了商标，只要具备了区别商品来源的可能性，就应当认定该使用状态属于商标法意义上的"商标的使用"。该案中相关公众除被诉侵权商品的消费者外，还应该包括与被诉侵权商品的营销密切相关的经营者。被诉侵权商品虽然全部出口至国外，但存在回流国内市场进行销售和使用的可能，且中国消费者出国旅游和消费的人数众多，对于"涉外定牌加工的商品"也存在接触和发生混淆的可能性。恒胜鑫泰公司、恒胜集团公司在其生产、销售的被诉侵权的摩托车上使用"HONDAKIT"文字及图形，并且突出增大"HONDA"的文字部分，缩小"KIT"的文字部分，同时将H字母和类似羽翼形状部分标以红色，与本田公司请求保护的三个商标构成在相同或者类似商品上的近似商标。

此外，恒胜鑫泰公司、恒胜集团公司主张，恒胜集团公司获得了缅甸美华公司的商标使用授权，因此不构成侵权。对此问题，再审法院明确指出，商标权作为知识产权，具有地域性，对于没有在中国注册的商标，即使其在外国获得注册，在中国也不享有注册商标专用权。与之相应，中国境内的民事主体所获得的所谓"商标使用授权"，既不属于我国商标法保护的商标合法权利，也不能作为不侵犯注册商标权的抗辩事由。因此，判决撤销二审法院的判决，维持一审法院的判决。

五、案件评析

该案明确了商标使用行为是一种客观行为，通常包括许多环节，如物理贴附、市场流通等。是否构成商标法意义上"商标的使用"应当依据商标法作出整体一致的解释，不应该割裂一个行为而只看某个环节。在法律适用上，要遵循商标法上商标侵权判断的基本规则，不能把涉外定牌加工这种贸易方式简单地固化为不侵犯商标权的除外情形。需要注意的是，自改革开放以来，涉外定牌加工贸易方式是我国对外贸易的重要方式。随着我国经济发展方式的转型升级，法律界对于涉外定牌加工中产生的商标侵权问题的认识也在不断变化。具体到商标法律的适用，虽然要遵循"同案同判"原则，维护法律制度的统一性，但不能把某种贸易方式简单地固化为不侵犯商标权的除外情形，应当充分考虑国内国际环境的发展变化。

第六章　商标权的国际保护

案情导入

2019年，深圳传音控股股份有限公司在上海证券交易所科创板上市。传音控股旗下的TECNO手机在我国国内手机市场的名气不大，但在非洲地区，已经连续多年占据手机销售量第一的位置。据IDC数据统计，2022年传音控股手机出货量约1.56亿部，在非洲手机市场的占有率超过40%，排名第一。在《非洲商业》（African Business）杂志发布的"2022年度最受非洲消费者喜爱的品牌"百强榜单中，传音控股旗下的TECNO手机位列第六，连续多年位居入选的中国品牌之首。❶ 假如你是所在企业的法务部门员工，如今企业正在积极开拓海外销售市场，你应当如何帮助企业进行商标的国际注册和保护？该案所涉及的海外商标注册和保护问题，将在本章进行阐述。此外，本章还将进一步阐述商标的国际注册、国际分类，以及与商标权有关的国际保护条约等。

第一节　商标权国际保护概述

1883年缔结的《保护知识产权巴黎公约》（Paris Convention for the Protection of Industrial Property）（以下简称《巴黎公约》），是世界上最早的有关保

---

❶ 林典驰. 全球手机出货量减少4100万部，传音控股新兴市场寻增量［EB/OL］. (2023-04-26) ［2023-06-12］. https：//www.21jingji.com/article/20230426.

护工业产权的多边国际公约。[1] 该公约所提倡的基本原则和制度，至今仍是各国知识产权保护的重要依据。在《巴黎公约》中，涉及商标权国际保护的基本原则主要有三个：国民待遇原则、商标权独立原则和优先权原则。

国民待遇原则，是指《巴黎公约》成员国给予其他缔约国国民的权利待遇应不低于其给予本国国民的权利待遇。《巴黎公约》第 2 条第 1 款规定："本联盟任何国家的国民，在保护工业产权方面，在本联盟所有其他国家内应享有各该国法律现在授予或今后可能授予国民的各种利益……"这一原则的适用，使得《巴黎公约》不同成员国的权利人在商标使用和保护方面获得法律上的平等对待，免受歧视。

商标权独立原则，是指《巴黎公约》成员国对商标注册、保护的法律规定与其他缔约国对商标注册、保护的法律规定无关，是彼此独立的。《巴黎公约》第 6 条第 1 款规定："商标的申请和注册条件，在本联盟各国由其本国法律决定。"第 6 条第 3 款规定："在本联盟一个国家正式注册的商标，与在联盟其他国家注册的商标，包括在原属国注册的商标在内，应认为是相互独立的。"这一原则体现了《巴黎公约》对各成员国主权独立的尊重。

优先权原则，是指《巴黎公约》成员国的商标注册申请人向某一成员国正式提出商标注册申请后，又向其他成员国提出同样的申请时享有优先权。《巴黎公约》第 4 条规定："已经在本联盟的一个国家正式提出专利、实用新型注册、外观设计注册或商标注册的申请的任何人，或其权利继受人，为了在其他国家提出申请，在以下规定的期间内应享有优先权……上述优先权的期间，对于专利和实用新型应为 12 个月，对于外观设计和商标应为六个月……"《巴黎公约》第 6 条之 5 规定："在第四条规定的期限内提出商标注册的申请，即使原属国在该期间届满后才进行注册，其优先权利益也不受影响。"依据《巴黎公约》的这一规定，商标注册的优先权期限为 6 个月。

《巴黎公约》还首次规定了对驰名商标的保护。《巴黎公约》第 6 条之 2 规定："本联盟各国承诺，如本国法律允许，应依职权，或依利害关系人的请求，对商标注册国或使用国主管机关认为在该国已经驰名，属于有权享受

---

[1] 参见《巴黎公约》第 1 条：工业产权的保护对象有专利、实用新型、工业品外观设计、商标、服务标记、厂商名称、货源标记或原产地名称，和制止不正当竞争。参见《保护工业产权巴黎公约》（1979 年 9 月 28 日修正）［EB/OL］．［2023－11－02］．https：//www.wipo.int/wipolex/zh/text/287559．

本公约利益的人所有，并且用于相同或类似商品的商品构成复制、仿制或翻译，易于产生混淆的商标，拒绝或撤销注册，并禁止使用。这些规定，在商标的主要部分构成对你上述驰名商标的复制或仿制，易于产生混淆时，也应适用。"按照这一规定，《巴黎公约》成员国权利人的驰名商标，在其他各成员国均受到保护。

《与贸易有关的知识产权协定》（Agreement on Trade – Related Aspects of Intellectual Property Rights）》（以下简称《TRIPs 协定》）对《巴黎公约》中关于商标权保护的内容作了补充性规定。❶《TRIPs 协定》第 4 条正式确立了商标保护中的"最惠国待遇原则"（most – favored – nation treatment）。❷ 最惠国待遇原则使得《TRIPs 协定》某一成员方对另一成员方的最优惠待遇可以迅速普及其他成员方。这一原则确保了国际贸易中的自由和公平竞争，有助于减少歧视性的贸易壁垒。

第二节　商标的国际注册

在全球化的时代，商标在国际贸易和商业竞争中扮演着至关重要的角色。为了在国际市场上获得成功，企业和组织通常需要在多个国家或地区注册和管理其商标，以确保其权益得到保护。然而，传统的商标注册程序通常烦琐，费用高昂，因此国际商标注册面临一系列挑战。为了应对这些挑战，国际社会采取了一系列措施，其中最重要的是通过制定《马德里协定》（Madrid Agreement）和《马德里议定书》（Madrid Protocol）来建立商标国际注册制度。

一、《马德里协定》

商标国际注册马德里体系（Madrid System）是一项由世界知识产权组织

---

❶ 张乃根. 与贸易有关的知识产权协定［M］. 北京：北京大学出版社，2018：144 – 146.
❷ Agreement on Trade – Related Aspects of Intellectual Property Rights（as amended on 23 January 2017）.

（WIPO）管理的全球商标注册机制，旨在为商标权人提供更便捷、高效和经济的方式来在多个国家和地区注册和管理其商标。

商标国际注册马德里体系的历史可以追溯到19世纪末，当时随着国际贸易的扩展，商标的国际保护成为商界的迫切需求。早期的商标国际注册机制是基于双边协定或多边条约的形式，其中缔约方国家之间相互承认和保护对方国家的商标。然而，这种制度存在一些限制，包括需要与每个国家单独谈判协定，以及在每个国家都要遵守不同的法律、法规和司法程序。为了解决这些问题，1891年4月法国、比利时等多个国家在西班牙马德里签订了《商标国际注册马德里协定》，该协定于1892年7月生效。我国于1989年10月正式成为该协定的成员。

《马德里协定》的核心目标之一是简化商标国际注册的程序。通过该协定，商标权人可以通过一次申请，在多个国家或地区获得商标注册。这避免了分别在每个国家提交独立的国际商标注册，大大节约了时间和成本。世界WIPO国际局（常设在瑞士日内瓦）是《马德里协定》的主要管理机构，负责协助商标国际注册。

根据《马德里协定》第1条的规定，商标国际注册的主体必须是《马德里协定》缔约方的国民；未参见《马德里协定》的国家的国民，如果其在《马德里协定》缔约方的国土内设有住所或者设有真实有效的工商业营业所，可以视为缔约方的国民。法语是通过《马德里协定》申请商标国际注册的唯一指定官方语言。

申请国际注册的商标，必须是已在原属国取得注册的商标。提交国际注册的申请时，申请人只能通过原属国的商标注册机构（我国是国家知识产权局）向WIPO国际局提交申请书。提交申请书后，一般要经过四个阶段才能完成商标国际注册的全部程序：（1）形式审查阶段，原属国的商标注册机构要对申请文件进行形式审查，并向世界知识产权组织国际局说明该商标在原属国的申请和注册日期、编号和申请国际注册的日期等；（2）缴纳费用阶段，申请人向原属国的商标注册机构缴纳相应的申请费用，包括"国家层面的费用"和"国际费用"两部分；（3）国际局注册阶段，WIPO国际局在收到原属国商标注册机构转交的申请书后，作出予以注册的决定并通知原属国的商标注册机构，同时将商标国际注册申请所包含的内容在WIPO国际局出版的定期刊物上进行公布；（4）领土延伸阶段，在 WIPO 国际局完成商标国际注册后，并不意味着商标在《马德里协定》的缔约方自动得到保护。申请人还需要在提出商标国际注册申请时或在国际注册完成后提出领土延伸的保护，指定要求保护的国家。该指定国接到 WIPO 国际局的通知后，可以在申请领土延伸保护提出后一年内向 WIPO 国际局发出批驳通知和理由；如果指定国未在一年内作出不予保护声明，则商标国际注册就自动在该国生效。❶

需要注意的是，商标国际注册和商标国内注册存在紧密的关系，商标国际注册的效力可能受到国内注册的影响。自国际注册之日起五年之内，如果该商标在原属国国内不再受到法律保护，则该商标在所有指定国都丧失法律保护。但是，国际注册之日起满五年，商标国际注册的效力不再受原属国对同一商标的注册所影响，即商标国际注册获得完全独立的法律地位。

二、《马德里议定书》

随着时间的推移，国际社会认识到《马德里协定》需要进行现代化和扩展，以适应全球商标注册的需求。1989 年 6 月 28 日，法国、意大利、丹麦等国家在西班牙马德里签署了《商标国际注册马德里协定有关议定书》（以下简称《马德里议定书》），该议定书于 1996 年 4 月 1 日生效。我国于 1995 年 12 月 1 日正式加入。《马德里议定书》与《马德里协定》共同构成商标国际注册马德里体系。两个条约互为补充，各国可选择参加其中一个或两个，也可以选择以区域组织的名义加入，如非洲知识产权组织（OAPI）。截止到 2023 年 10 月，《马德里议定书》的缔约方共有 114 个。❷

《马德里议定书》是在《马德里协定》的基础上发展而来，旨在引入一些改进措施，以弥补《马德里协定》的一些缺陷，使更多的国家或组织能够加入商标国际合作机制。与《马德里协定》相比，《马德里议定书》简化了商标国际注册的程序，更方便申请人注册。相较于《马德里协定》，《马德里议定书》扩充了工作语言，将英语纳入了指定使用的官方语言，各成员方商标注册机构和商标申请人可以在法语和英语两种语言中自由选择最适合自己

---

❶ 杨巧. 知识产权国际保护［M］. 北京：北京大学出版社，2017：125 – 127.
❷ WIPO 管理的条约［EB/OL］.［2023 – 11 – 03］. https：//www.wipo.int/wipolex/zh/treaties/ShowResults?search_what = C&treaty_id = 8.

的语言。同时，《马德里议定书》还放宽了申请商标国际注册的条件，申请人的国际注册不再以商标的国内注册为基础，从而避免因为国内注册过程中发生的任何问题而影响商标国际注册的进程。

通过马德里体系办理商标国际注册，是目前公认的最便捷、最高效的申请方式。申请人只需要递交一份申请书，使用一种语言（法语或英语），就能完成在包括欧盟、美国、日本、南非等130多个国家和地区的商标注册。❶马德里体系作为商标国际注册的法律框架，不仅带来了统一的标准和透明的程序，还促进了全球化的商标文化交流。

三、《新加坡条约》

《商标法新加坡条约》（Singapore Treaty）（以下简称《新加坡条约》）的制定始于1994年，当时由WIPO在瑞士日内瓦主持召开了外交会议，旨在研究和制定统一的商标注册国际标准，简化、协调各国关于商标注册的行政程序。经过多年的磋商和讨论，2006年在新加坡通过了《商标法新加坡条约》，该条约于2009年3月16日生效。加拿大和挪威分别在2019年和2022年批准加入该条约。❷我国于2007年签署该条约，但目前还没有被正式批准加入。

《新加坡条约》是在1994年《商标法条约》（Trademark Law Treaty）的基础上修订完成的，但适用范围更广。《新加坡条约》的主要变化体现在以下三个方面：（1）扩大了非传统型商标的适用范围，不仅适用于视觉商标，也适用于听觉商标、气味商标和触觉商标等；（2）增加了商标注册的通信方式，申请人可以自由选择与商标注册主管机构的通信手段，包括以电子形式或通过电子传送手段进行通信等；（3）增加了救济措施，申请人或注册人错过在商标注册主管机构的法定期限，应当具有相应的行政补救措施，只要申请人或注册人并非出于故意而未能遵守期限的要求。

最重要的变化在于，《新加坡条约》是第一部明确承认非传统商标的商

---

❶ Madrid System—The International Trademark System ［EB/OL］.［2023-11-03］. https：//www.wipo.int/madrid/en/.

❷ WIPO管理的条约［EB/OL］.［2023-11-03］. https：//www.wipo.int/wipolex/zh/treaties/ShowResults?search_what=C&treaty_id=30.

标法国际文书。该条约可以适用于一切类型的商标，既包括可视商标，如文字商标、图形商标、颜色商标、立体商标、位置商标和全息图商标等，也包括非可视商标，如声音商标、嗅觉商标、味觉商标和触觉商标等。《新加坡条约实施细则》（2011年11月1日生效）对于商标注册申请中如何提交非传统商标的方式作了规定，包括可以提交摄制图样或非图形图样。❶

第三节　商标的国际分类

商标的国际分类制度的起源可以追溯到20世纪初，当时商标注册制度逐渐在世界各个国家和地区建立。不同国家和地区对商标注册的规定和要求各不相同，这包括如何定义和分类注册用的商品或服务。因此，国际社会开始考虑制定一套统一的商品和服务分类体系，以协调各国商标注册的规则和标准。

1957年6月15日，英国、意大利、德国等国家在法国尼斯签订了《关于供商标注册用商品和服务的国际分类的尼斯协定》（以下简称《尼斯协定》），该条约于1961年4月8日生效。我国于1994年5月5日加入并在当年8月9日正式批准生效。❷

一、尼斯分类的内容

《尼斯协定》建立了用于商标注册的商品和服务分类体系，称为"尼斯分类"（Nice Classification）。《尼斯协定》规定，缔约国必须在与商标注册相关的官方文件和出版物中，按尼斯分类标明注册商标所指定使用的商品或服务所属的类号。尼斯分类为各国商标的检索、申请和档案管理提供了统一的工具。需要注意的是，《尼斯协定》第2条同时指出，尼斯分类在认定商标

---

❶ 《商标法新加坡条约》（2006年）提要［EB/OL］.［2023-11-03］. https：//www.wipo.int/treaties/zh/ip/singapore/summary_singapore.html.

❷ WIPO管理的条约［EB/OL］.［2023-11-03］. https：//www.wipo.int/wipolex/en/treaties/ShowResults?search_what=C&treaty_id=12.

保护范围方面对缔约国没有约束力，应当由缔约国依据其国内法的规定对商标权进行保护。❶

《尼斯协定》还成立了一个专家委员会，由缔约国派代表参加。专家委员会的主要任务是对《尼斯分类表》进行定期修订，一般每五年修订一次。修订工作的主要内容是在《尼斯分类表》中增加新的商品或者对已被列入《尼斯分类表》的原有商品进行调整。目前，各缔约国最新采纳的《尼斯分类表》版本是 2023 年 1 月 1 日生效的《商标注册用商品和服务国际分类》（尼斯分类）第十二版 2023 年文本。❷

《尼斯分类表》是指将所有商标注册用的商品及服务划分为 45 个类别、1 万多个小项的类目清单。在《尼斯分类表》中，商品和服务的类别根据 1~45 类的顺序进行排列，1~34 类为商品，35~45 类为服务。《尼斯分类表》的每类都有一个类别号和标题，每类的标题概括了本类所包含商品或服务的特征及范围，每一类还有一个注释，对本类别主要包括哪些商品、本类与不同类别的类似商品如何区别等问题作出了说明。❸ 遇到无法对某一商品分类的情况，一般按照商品的原料、功能、主要用途进行分类。如果由几种不同的原料制成，一般按商品的主要原料划分类别。❹

《尼斯分类表》采用六位数字对商品和服务项目进行编号。例如，010560 碱金属（alkaline metals），数字 01 按照尼斯分类代表"碱金属"属于第 1 类（工业和科学用化学品）；数字 0560 代表"碱金属"系第 1 类的第 560 号商品项目。又如，060017 铝（aluminium），数字 06 代表按照尼斯分类"铝"属于第 6 类（常见金属及其合金）；数字 0017 代表"铝"系第 6 类的第 17 号商品项目。在每个类别下，商品和服务的项目均按照拉丁字母 ABCD 的顺序排列。第 6 类的注释明确规定将"碱金属"排除在外，因为该商品的

---

❶ 《商标注册用商品和服务国际分类尼斯协定》（1979 年 9 月 28 日修正）[EB/OL].[2023-11-03]. https：//www.wipo.int/wipolex/zh/text/431270.

❷ 国家知识产权局商标局. 关于启用尼斯分类第十二版 2023 文本的通知 [EB/OL].[2023-11-03]. https：//sbj.cnipa.gov.cn/sbj/tzgg/202212/t20221226_24209.html.

❸ Nice Classification – 12th Edition, Version 2023 [EB/OL].[2023-11-03]. https：//www.wipo.int/classifications/nice/nclpub/en/fr/pdf – download.pdf?lang = en&tab = class_headings&dateInForce = 20230101.

❹ 杨巧. 知识产权国际保护 [M]. 北京：北京大学出版社，2017：131 – 132.

主要用途是在工业和科学实验中作为化学反应物。❶

二、尼斯分类的本土化

我国自20世纪90年代起开始采用商标注册用商品和服务的国际分类。《类似商品和服务区分表》（以下简称《区分表》）是由原国家工商管理总局商标局在《尼斯协定》和《尼斯分类表》的基础上，总结我国大量商标审查实践而制定的。如今我国最新的《区分表》是根据《尼斯分类表》第十二版（2023年文本）进行编译和制定的。

与《尼斯分类表》不同的是，我国在制定《区分表》时在商品类别和商品项目之间新增了商品类似群，即将尼斯分类的商品和服务项目进一步划分为类似群，并结合实际情况增加我国常用商品和服务项目名称。《区分表》采用层次代码结构。第一层是商品和服务类别，共45个类别；第二层是商品和服务类似群，代码采用四位数字。如"0304"表示第3类商品的第4个类似群；第三层是商品和服务项目，代码采用六位数字，如"120092"代表第12类第92号商品，六位数字前面加"c"的代码表示该商品或服务项目未列入《尼斯分类表》，但在我国是常用的商品或服务项目。❷

由于《区分表》不可能穷尽所有的商品和服务项目，对于《区分表》上没有的商品和服务项目，申请人可以根据类别标题和注释，比照标准名称申报类别。例如基因筛查服务，根据类别标题"科学技术服务和与之相关的研究与设计服务"属于第42类，"医疗服务"属于第44类。如果申请人所称的基因筛查服务是用于医疗目的的，应申报在第44类。随着时间的推移，市场交易的状况不断发生变化，商品或服务项目的类似关系也在变化，因此需要定期对《区分表》中的商品和服务项目进行更新。

---

❶ Nice Classification 在线数据库［EB/OL］.［2023-11-03］. https：//www.wipo.int/classifications/nice/nclpub.

❷ 参见《类似商标和服务区分表》（2023年文本），第1页。

第四节　与商标权有关的其他国际保护条约

与商标权有关的国际公约在一定程度上应对了商标国际保护的核心问题，但在涉及商品产地、原产地名称和域名等领域的国际争端仍有待解决，因此，世界各国积极磋商并制定了一系列国际条约来应对这些新型知识产权保护问题。

一、《里斯本协定》

《保护原产地名称及其国际注册里斯本协定》（Lisbon Agreement for the Protection of Appellations of Origiin and their International Registration）（以下简称《里斯本协定》）是一项国际协定，旨在保护原产地名称，特别是农产品和食品的原产地名称。该协定于 1958 年在葡萄牙里斯本签署，由 WIPO 进行管理和执行。截至 2023 年 10 月 18 日，《里斯本协定》的成员国共有 43 个。我国没有加入该协定。❶

《里斯本协定》中首次明确原产地名称的概念——原产地名称是指一个国家、地区或地方的地理名称，用于指示一项产品来源于该地，而且该产品的质量或特征完全或主要取决于该地的地理环境，包括当地的自然和人文因素。在《TRIPs 协定》中，原产地名称被地理标志取代。❷ 法国是最早实行原产地名称保护的国家之一，距今已有 100 多年的历史，如著名的法国香槟和布里干酪。在法国的原产地名称保护制度中，只要产品不具有与特定地域的自然、人文因素相关联的质量或特征，无须考虑是否有误导或欺诈之虞，一律不得使用原产地名称。❸ 但这种加强保护并不能为所有的国家所接受，美国、日本、澳大利亚、加拿大、阿根廷等国家均未加入《里斯本协定》。

---

❶ WIPO 管理的条约 [EB/OL]. [2023-11-03]. https：//www.wipo.int/export/sites/www/treaties/en/docs/pdf/lisbon.pdf.
❷ 杨巧. 知识产权国际保护 [M]. 北京：北京大学出版社，2017：134-135.
❸ 王笑冰. 关联性要素与地理标志法的构造 [J]. 法学研究，2015（3）：82-101.

二、《统一域名争端解决政策》

互联网名称和数字地址分配机构（Internet Corporation for Assigned Names and Numbers，ICANN）是一个互联网域名管理自治机构。❶ 1999年10月24日，ICANN正式引入了《统一域名争端解决政策》（Uniform Domain Name Dispute Resolution Policy，UDRP），用于解决发生争议的域名注册问题。UDRP允许域名持有人和投诉人（通常是商标权人）在域名争议上快速寻求解决方案，这通常比传统的法律诉讼更经济、更快速。UDRP及其执行细则在全球范围内被广泛认可和执行，目前已经成为通过非司法手段解决全球各类顶级域名抢注行为的主要依据。

ICANN将域名争议划分为域名抢注争议和非域名抢注争议两类。对于非域名抢注争议，ICANN要求各方通过自行协商、司法诉讼或仲裁程序来解决；对于域名抢注争议，ICANN则通过UDRP提供了一种被称为强制性行政程序（Mandatory Administrative Proceeding）的统一争端解决程序，由ICANN在全球指定的几个域名争议解决服务提供商来受理域名抢注纠纷。❷

UDRP中对于权利人的救济措施仅限于是否转移域名或注销域名，而不涉及损害赔偿或商标确权等问题。对于裁决结果，如果域名注册商拒不执行，ICANN将依据UDRP规则对其进行处罚，甚至取消其域名注册商的资格。❸ ICANN通过UDRP为域名抢注争议提供了一种快速、经济有效的解决方式，这有助于减少恶意域名注册和使用的问题，有助于保护商标权人的利益。

---

❶ 在我国，".cn"英文域名的注册管理统一由中国互联网信息中心（CNNIC）负责。
❷ Uniform Domain Name Dispute Resolution Policy［EB/OL］.［2023-11-03］. https://www.icann.org/resources/pages/policy-2012-02-25-en. 例如，在香港、首尔、北京和吉隆坡四地均设有办公室的亚洲域名争议解决中心（ADNDRC）为授权名单上的一家机构。
❸ WIPO Guide to the Uniform Domain Name Dispute Resolution Policy［EB/OL］.［2023-11-03］. https://www.wipo.int/amc/en/domains/guide/.

参考文献

一、著作类

[1] 郑成思. 知识产权论[M]. 北京：法律出版社，2003.

[2] 曾陈明汝. 商标法原理[M]. 北京：中国人民大学出版社，2003.

[3] 吴汉东. 知识产权法学[M]. 6版. 北京：北京大学出版社，2014.

[4] 韦斯顿·安森. 知识产权价值评估基础[M]. 李艳，译. 北京：知识产权出版社，2008.

[5] 阿瑟·米勒，迈克·戴维斯. 知识产权法[M]. 北京：法律出版社，2004.

[6] 亚历山大·波尔托拉克，保罗·勒纳. 知识产权精要：法律、经济与战略[M]. 2版. 王肃，译. 北京：知识产权出版社，2017.

[7] 刘春田. 知识产权法学[M]. 北京：高等教育出版社，2019.

[8] 王迁. 知识产权法教程[M]. 6版. 北京：中国人民大学出版社，2019.

[9] 杜颖. 社会进步与商标观念：商标法律制度的过去、现在和未来[M]. 北京：北京大学出版社，2012.

[10] 王莲峰. 商标法学[M]. 4版. 北京：北京大学出版社，2023.

[11] 黄晖. 商标法[M]. 3版. 北京：法律出版社，2023.

[12] 孔祥俊. 反不正当竞争法新原理分论[M]. 北京：法律出版社，2019.

[13] 张曼，方婷. 商标法教程[M]. 北京：清华大学出版社，2021.

[14] 杨巧. 知识产权国际保护[M]. 北京：北京大学出版社，2015.

[15] 杜颖. 商标法[M]. 3版. 北京：北京大学出版社，2016.

[16] 广州知识产权法院. 商标法实务研究[M]. 北京：法律出版社，2021.

[17] 张乃根. 与贸易有关的知识产权协定[M]. 北京：北京大学出版社，2018.

[18] 法国知识产权法典（法律部分）[M]. 黄晖，朱志刚，译. 郑成思，审校. 北京：商务印书馆，2017.

[19] 张楚. 电子商务法[M]. 北京：中国人民大学出版社，2016.

[20] 冯寿波. 论地理标志的国际法律保护：以TRIPS协议为视角[M]. 北京：北京大学

出版社，2008.

[21] 李扬. 商标法基本原理[M]. 北京：法律出版社，2018.

[22] 王太平. 商标法：原理与案例[M]. 北京：北京大学出版社，2015.

[23] 冯术杰. 商标注册条件若干问题研究[M]. 北京：知识产权出版社，2016.

[24] 郑国辉. 知识产权法学[M]. 2版. 北京：中国政法大学出版社.

[25] 曹阳. 商标实务指南与司法审查[M]. 北京：法律出版社，2018.

[26] 文学. 商标使用与商标保护研究[M]. 北京：法律出版社，2008.

[27] 彭学龙. 商标法的符号学分析[M]. 北京：法律出版社，2007.

[28] 钟基立. 知识产权价值挖掘的交易设计与风险管理[M]. 北京：北京大学出版社，2015.

[29] 张法连，赖清阳. 美国商标法经典案例研究[M]. 北京：中国人民大学出版社，2020.

[30] MERGES R P, MENELL P S, LEMLEY M A. Intellectual Property in the New Technological Age[M]. 6th ed. Boston, MA：Aspen Publishers，2012.

[31] THOMAS J. McCarthy on Trademarks and Unfair Competition[M]. 4th Edition. Eagan, MN：Thomson/West，2006.

[32] BEEBE B. Trademark Law：An Open–Source Casebook[M]. New York：Digital Edition，2020.

二、论文类

[1] 郑成思. 商标与商标保护的历史[J]. 中国工商管理研究，1998（1）.

[2] 左旭初. 中国商标法律制度的历史回顾[J]. 中华商标，2012（11）.

[3] 张惠彬. 从工具到财产：商标观念的历史变迁[J]. 知识产权，2016（3）.

[4] 王太平. 商标侵权的判断标准：相似性与混淆可能性之关系[J]. 法学研究，2014（6）.

[5] 马一德. 商标注册"不良影响"条款的适用[J]. 中国法学，2016（2）.

[6] 彭学龙. 信息经济学视角下的商标制度[J]. 知识产权，2012（8）.

[7] 凌洪斌. 社会经济发展视阈下的商标功能扩张进路[J]. 知识产权，2016（1）.

[8] 李明德. 商标、商标权与市场竞争：商标法几个基本理论问题新探[J]. 甘肃社会科学，2015（5）.

[9] 彭学龙. 信息经济学视角下的商标制度[J]. 知识产权，2012（8）.

[10] 卢纯昕. 反不正当竞争法在知识产权保护中适用边界的确定[J]. 法学，2019（9）.

[11] 梁志文. 商标品质保证功能质疑[J]. 法治研究，2009（10）.

[12] 徐瑛晗. 非传统商标保护之必要性——法经济学的解释 [J]. 中华商标, 2021 (1).

[13] 张今, 谭伟才. 联合商标、防御商标与商标权的保护 [J]. 知识产权, 1994 (6).

[14] 芮松艳. 论司法审判中如何认定商标显著性: 兼评《关于审理商标授权确权行政案件若干问题的规定》第8、9、11条 [J]. 法律适用, 2019 (17).

[15] 程德理. 立体商标固有显著性认定研究 [J]. 电子知识产权, 2019 (10).

[16] 彭学龙. 商标显著性新探 [J]. 法律科学, 2006 (2).

[17] 姚洪军. 商标获得显著性认定标准的中美比较 [J]. 知识产权, 2015 (7).

[18] 杜颖. 商标纠纷中的消费者问卷调查证据 [J]. 环球法律评论, 2008 (1).

[19] 陈贤凯. 商标问卷调查的司法应用: 现状、问题及其完善路径 [J]. 知识产权, 2020 (9).

[20] 杨立新. 人格权编草案二审稿的最新进展及存在的问题 [J]. 河南社会科学, 2019 (7).

[21] 姜琨琨. 数字网络环境下商标侵权证成的难点与分解 [J]. 电子知识产权, 2019 (2).

[22] 周樨平. 商业标识保护中"搭便车"理论的运用: 从关键词不正当竞争案件切入 [J]. 法学, 2017 (5).

[23] 冯术杰. 未注册商标的权利产生机制与保护模式 [J]. 法学, 2013 (7).

[24] 刘铁光. 规制商标"抢注"与"囤积"的制度检讨与改造 [J]. 法学, 2016 (8).

[25] 李扬. 我国商标抢注法律界限之重新划定 [J]. 法商研究, 2012 (3).

[26] 祝建军. 囤积商标牟利的司法规制: 优衣库商标侵权案引发的思考 [J]. 知识产权, 2018 (1).

[27] 彭学龙. 商标法基本范畴的心理学分析 [J]. 法学研究, 2008 (2).

[28] 邓宏光. 商标混淆理论之新发展: 初始兴趣混淆 [J]. 知识产权, 2007 (3).

[29] 黄汇. 售前混淆之批判和售后混淆之证成: 兼评我国《商标法》的第三次修改 [J]. 电子知识产权, 2008 (6).

[30] 冯术杰. 我国驰名商标认定和保护中的几个问题 [J]. 电子知识产权, 2017 (8).

[31] 冯晓青. 未注册驰名商标保护及其制度完善 [J]. 法学家, 2012 (4).

[32] 陈文煊. 反淡化理论司法适用的新发展: 评"伊利"商标异议复审行政纠纷案 [J]. 知识产权, 2010 (6).

[33] 杜颖, 张建强. 平行进口与商标权保护的法律实践 [J]. 中华商标, 2018 (12).

[34] 李扬. 商标侵权诉讼中的懈怠抗辩 [J]. 清华法学, 2015 (2).

[35] 程德理. 在先使用商标的"有一定影响"认定研究 [J]. 知识产权, 2018 (11).

[36] 商建刚. 电子商务法第四十二条中必要措施的界定 [J]. 人民司法, 2020 (1).

[37] 王笑冰. 关联性要素与地理标志法的构造 [J]. 法学研究, 2015 (3).

[38] SCHECHTER F. The Rational Basis of Trademark Protection [J]. Harvard Law Review, 1927 (40).

[39] ACKERLOF G A. The Market for 'Lemons': Quality Uncertainty and the Market Mechanism [J]. Quarterly Journal of Economics, 1970 (84).

[40] LANDES W, POSNER R. Trademark Law: An Economic Perspective [J]. Journal of Law and Economics, 1987 (30).

[41] MCKENNA M P. The Normative Foundations of Trademark Law [J]. Notre Dame Law Review, 2007 (82).

[42] SCHECHTER F I. The Rational Basis of Trademark Protection [J]. Harvard Law Review, 1972 (40).

[43] BEEBE B. The Semiotic Analysis of Trademark Law [J]. UCLA Law Review, 2004 (51).

[44] LEE T R, DEROSIA E D, CHRISTENSEN G L. An Empirical and Consumer Psychology Analysis of Trademark Distinctiveness [J]. Arizona State Law Journal, 2009 (41).

[45] GEVERAN W M. Rethinking Trademark Fair Use [J]. Iowa Law Review, 2008 (94).

[46] TUSHNET R. Registering Disagreement: Registration in Modern American Trademark Law [J]. Havard Law Review, 2017 (130).

[47] FORMER J C. Against Secondary Meaning [J]. Notre Dame Law Review, 2022 (98).

附录一　尼斯分类

（节选自 2023 年文本）

【商品】

【第一类】

用于工业、科学、摄影、农业、园艺和林业的化学品；未加工人造合成树脂，未加工塑料物质；灭火和防火用合成物；淬火和焊接用制剂；鞣制动物皮毛用物质；工业用黏合剂；油灰及其他膏状填料；堆肥，肥料，化肥；工业和科学用生物制剂。

【第二类】

颜料，清漆，漆；防锈剂和木材防腐剂；着色剂，染料；印刷、标记和雕刻用油墨；未加工的天然树脂；绘画、装饰、印刷和艺术用金属箔及金属粉。

【第三类】

不含药物的化妆品和梳洗用制剂；不含药物的牙膏；香料，香精油；洗衣用漂白剂及其他物料；清洁、擦亮、去渍及研磨用制剂。

【第四类】

工业用油和油脂，蜡；润滑剂；吸收、润湿和黏结灰尘用合成物；燃料和照明材料；照明用蜡烛和灯芯。

【第五类】

药品，医用和兽医用制剂；医用卫生制剂；医用或兽医用营养食物和物质，婴儿食品；人用和动物用膳食补充剂；膏药，绷敷材料；填塞牙孔用料，牙科用蜡；消毒剂；消灭有害动物制剂；杀真菌剂，除莠剂。

【第六类】

普通金属及其合金，金属矿石；金属建筑材料；可移动金属建筑物；普通金属制非电气用缆线；金属小五金具；存储和运输用金属容器；保险箱。

【第七类】

机器，机床，电动工具；马达和引擎（陆地车辆用的除外）；机器联结器和传动机件（陆地车辆用的除外）；除手动手工具以外的农业器具；孵化器；自动售货机。

【第八类】

手工具和器具（手动的）；刀、叉和匙餐具；除火器外的随身武器；剃刀。

【第九类】

科学、研究、导航、测量、摄影、电影、视听、光学、衡具、量具、信号、侦测、测试、检验、救生和教学用装置及仪器；处理、开关、转换、积累、调节或控制电的配送或使用的装置和仪器；录制、传送、重放或处理声音、影像或数据的装置和仪器；已录制和可下载的媒体，计算机软件，录制和存储用空白的数字或模拟介质；投币启动设备用机械装置；收银机，计算设备；计算机和计算机外围设备；潜水服，潜水面罩，潜水用耳塞，潜水和游泳用鼻夹，潜水员手套，潜水呼吸器；灭火设备。

【第十类】

外科、医疗、牙科和兽医用仪器及器械；假肢，假眼和假牙；矫形用物品；缝合材料；残疾人专用治疗装置；按摩器械；婴儿护理用器械、器具及用品；性生活用器械、器具及用品。

【第十一类】

照明、加热、冷却、蒸汽发生、烹饪、干燥、通风、供水及卫生用装置和设备。

【第十二类】

运载工具；陆、空、海用运载装置。

【第十三类】

火器；军火及弹药；炸药；焰火。

【第十四类】

贵金属及其合金；首饰，宝石和半宝石；钟表和计时仪器。

【第十五类】

乐器；乐谱架和乐器架；指挥棒。

【第十六类】

纸和纸板；印刷品；书籍装订材料；照片；文具和办公用品（家具除外）；文具用或家庭用黏合剂；绘画材料和艺术家用材料；画笔；教育或教学用品；包装和打包用塑料纸、塑料膜和塑料袋；印刷铅字，印版。

【第十七类】

未加工和半加工的橡胶、古塔胶、树胶、石棉、云母及这些材料的代用品；生产用成型塑料和树脂制品；包装、填充和绝缘用材料；非金属软管和非金属柔性管。

【第十八类】

皮革和人造皮革；动物皮；行李箱和背包；雨伞和阳伞；手杖；鞭，马具和鞍具；动物用项圈、皮带和衣服。

【第十九类】

非金属的建筑材料；建筑用非金属硬管；柏油，沥青；可移动非金属建筑物；非金属纪念碑。

【第二十类】

家具，镜子，相框；存储或运输用非金属容器；未加工或半加工的骨、角、鲸骨或珍珠母；贝壳；海泡石；黄琥珀。

【第二十一类】

家用或厨房用器具和容器；烹饪用具和餐具（刀、叉、匙除外）；梳子和海绵；刷子（画笔除外）；制刷原料；清洁用具；未加工或半加工玻璃（建筑用玻璃除外）；玻璃器皿、瓷器和陶器。

【第二十二类】

绳索和细绳；网；帐篷和防水遮布；纺织品或合成材料制遮篷；帆；运输和储存散装物用麻袋；衬垫和填充材料（纸或纸板、橡胶、塑料制除外）；纺织用纤维原料及其替代品。

【第二十三类】

纺织用纱和线。

【第二十四类】

织物及其替代品；家庭日用纺织品；纺织品制或塑料制帘。

【第二十五类】

服装，鞋，帽。

附录一　尼斯分类（节选自2023年文本）

【第二十六类】

花边，编带和刺绣品，缝纫用饰带和蝴蝶结；纽扣，领钩扣，饰针和缝针；人造花；发饰；假发。

【第二十七类】

地毯，地席，亚麻油地毡及其他铺在已建成地板上的材料；非纺织品制壁挂。

【第二十八类】

游戏器具和玩具；视频游戏装置；体育和运动用品；圣诞树用装饰品。

【第二十九类】

肉，鱼，家禽和野味；肉汁；腌渍、冷冻、干制及煮熟的水果和蔬菜；果冻，果酱，蜜饯；蛋；奶，奶酪，黄油，酸奶和其他奶制品；食用油和油脂。

【第三十类】

咖啡、茶、可可及其代用品；米，意式面食，面条；食用淀粉和西米；面粉和谷类制品；面包、糕点和甜食；巧克力；冰淇淋，果汁刨冰和其他食用冰；糖，蜂蜜，糖浆；鲜酵母，发酵粉；食盐，调味料，香辛料，腌制香草；醋，调味酱汁和其他调味品；冰（冻结的水）。

【第三十一类】

未加工的农业、水产养殖业、园艺、林业产品；未加工的谷物和种子；新鲜水果和蔬菜，新鲜芳香草本植物；草木和花卉；种植用球茎、幼苗和种子；活动物；动物的饮食；麦芽。

【第三十二类】

啤酒；无酒精饮料；矿泉水和汽水；水果饮料及果汁；糖浆及其他用于制无酒精饮料的制剂。

【第三十三类】

酒精饮料（啤酒除外）；制饮料用酒精制剂。

【第三十四类】

烟草和烟草代用品；香烟和雪茄；电子烟和吸烟者用口腔雾化器；烟具；火柴。

187

【服务】

【第三十五类】

广告；商业经营、组织和管理；办公事务。

【第三十六类】

金融，货币和银行服务；保险服务；不动产服务。

【第三十七类】

建筑服务；安装和修理服务；采矿，石油和天然气钻探。

【第三十八类】

电信服务。

【第三十九类】

运输；商品包装和储藏；旅行安排。

【第四十类】

材料处理；废物和垃圾的回收利用；空气净化和水处理；印刷服务；食物和饮料的防腐处理。

【第四十一类】

教育；提供培训；娱乐；文体活动。

【第四十二类】

科学技术服务和与之相关的研究与设计服务；工业分析、工业研究和工业品外观设计服务；质量控制和质量认证服务；计算机硬件与软件的设计与开发。

【第四十三类】

提供食物和饮料服务；临时住宿。

【第四十四类】

医疗服务；兽医服务；人或动物的卫生和美容服务；农业、水产养殖、园艺和林业服务。

【第四十五类】

法律服务；为有形财产和个人提供实体保护的安全服务；交友服务，在线网络社交服务；殡仪服务；临时照看婴孩。

附录二　中华人民共和国商标法

（2019 年修正）

（1982 年 8 月 23 日第五届全国人民代表大会常务委员会第二十四次会议通过　根据 1993 年 2 月 22 日第七届全国人民代表大会常务委员会第三十次会议《关于修改〈中华人民共和国商标法〉的决定》第一次修正　根据 2001 年 10 月 27 日第九届全国人民代表大会常务委员会第二十四次会议《关于修改〈中华人民共和国商标法〉的决定》第二次修正　根据 2013 年 8 月 30 日第十二届全国人民代表大会常务委员会第四次会议《关于修改〈中华人民共和国商标法〉的决定》第三次修正　根据 2019 年 4 月 23 日第十三届全国人民代表大会常务委员会第十次会议《关于修改〈中华人民共和国建筑法〉等八部法律的决定》第四次修正）

第一章　总　　则

第一条　为了加强商标管理，保护商标专用权，促使生产、经营者保证商品和服务质量，维护商标信誉，以保障消费者和生产、经营者的利益，促进社会主义市场经济的发展，特制定本法。

第二条　国务院工商行政管理部门商标局主管全国商标注册和管理的工作。

国务院工商行政管理部门设立商标评审委员会，负责处理商标争议事宜。

第三条　经商标局核准注册的商标为注册商标，包括商品商标、服务商标和集体商标、证明商标；商标注册人享有商标专用权，受法律保护。

本法所称集体商标，是指以团体、协会或者其他组织名义注册，供该组织成员在商事活动中使用，以表明使用者在该组织中的成员资格的标志。

本法所称证明商标，是指由对某种商品或者服务具有监督能力的组织所控制，而由该组织以外的单位或者个人使用于其商品或者服务，用以证明该商品或者服务的原产地、原料、制造方法、质量或者其他特定品质的标志。

集体商标、证明商标注册和管理的特殊事项，由国务院工商行政管理部门规定。

第四条 自然人、法人或者其他组织在生产经营活动中，对其商品或者服务需要取得商标专用权的，应当向商标局申请商标注册。不以使用为目的的恶意商标注册申请，应当予以驳回。

本法有关商品商标的规定，适用于服务商标。

第五条 两个以上的自然人、法人或者其他组织可以共同向商标局申请注册同一商标，共同享有和行使该商标专用权。

第六条 法律、行政法规规定必须使用注册商标的商品，必须申请商标注册，未经核准注册的，不得在市场销售。

第七条 申请注册和使用商标，应当遵循诚实信用原则。

商标使用人应当对其使用商标的商品质量负责。各级工商行政管理部门应当通过商标管理，制止欺骗消费者的行为。

第八条 任何能够将自然人、法人或者其他组织的商品与他人的商品区别开的标志，包括文字、图形、字母、数字、三维标志、颜色组合和声音等，以及上述要素的组合，均可以作为商标申请注册。

第九条 申请注册的商标，应当有显著特征，便于识别，并不得与他人在先取得的合法权利相冲突。

商标注册人有权标明"注册商标"或者注册标记。

第十条 下列标志不得作为商标使用：

（一）同中华人民共和国的国家名称、国旗、国徽、国歌、军旗、军徽、军歌、勋章等相同或者近似的，以及同中央国家机关的名称、标志、所在地特定地点的名称或者标志性建筑物的名称、图形相同的；

（二）同外国的国家名称、国旗、国徽、军旗等相同或者近似的，但经该国政府同意的除外；

（三）同政府间国际组织的名称、旗帜、徽记等相同或者近似的，但经该组织同意或者不易误导公众的除外；

（四）与表明实施控制、予以保证的官方标志、检验印记相同或者近似的，但经授权的除外；

（五）同"红十字"、"红新月"的名称、标志相同或者近似的；

（六）带有民族歧视性的；

（七）带有欺骗性，容易使公众对商品的质量等特点或者产地产生误认的；

（八）有害于社会主义道德风尚或者有其他不良影响的。

县级以上行政区划的地名或者公众知晓的外国地名，不得作为商标。但是，地名具有其他含义或者作为集体商标、证明商标组成部分的除外；已经注册的使用地名的商标继续有效。

第十一条 下列标志不得作为商标注册：

（一）仅有本商品的通用名称、图形、型号的；

（二）仅直接表示商品的质量、主要原料、功能、用途、重量、数量及其他特点的；

（三）其他缺乏显著特征的。

前款所列标志经过使用取得显著特征，并便于识别的，可以作为商标注册。

第十二条 以三维标志申请注册商标的，仅由商品自身的性质产生的形状、为获得技术效果而需有的商品形状或者使商品具有实质性价值的形状，不得注册。

第十三条 为相关公众所熟知的商标，持有人认为其权利受到侵害时，可以依照本法规定请求驰名商标保护。

就相同或者类似商品申请注册的商标是复制、摹仿或者翻译他人未在中国注册的驰名商标，容易导致混淆的，不予注册并禁止使用。

就不相同或者不相类似商品申请注册的商标是复制、摹仿或者翻译他人已经在中国注册的驰名商标，误导公众，致使该驰名商标注册人的利益可能受到损害的，不予注册并禁止使用。

第十四条 驰名商标应当根据当事人的请求，作为处理涉及商标案件需要认定的事实进行认定。认定驰名商标应当考虑下列因素：

（一）相关公众对该商标的知晓程度；

（二）该商标使用的持续时间；

（三）该商标的任何宣传工作的持续时间、程度和地理范围；

（四）该商标作为驰名商标受保护的记录；

（五）该商标驰名的其他因素。

在商标注册审查、工商行政管理部门查处商标违法案件过程中，当事人依照本法第十三条规定主张权利的，商标局根据审查、处理案件的需要，可以对商标驰名情况作出认定。

在商标争议处理过程中，当事人依照本法第十三条规定主张权利的，商标评审委员会根据处理案件的需要，可以对商标驰名情况作出认定。

在商标民事、行政案件审理过程中，当事人依照本法第十三条规定主张权利的，最高人民法院指定的人民法院根据审理案件的需要，可以对商标驰名情况作出认定。

生产、经营者不得将"驰名商标"字样用于商品、商品包装或者容器上，或者用于广告宣传、展览以及其他商业活动中。

第十五条 未经授权，代理人或者代表人以自己的名义将被代理人或者被代表人的商标进行注册，被代理人或者被代表人提出异议的，不予注册并禁止使用。

就同一种商品或者类似商品申请注册的商标与他人在先使用的未注册商标相同或者近似，申请人与该他人具有前款规定以外的合同、业务往来关系或者其他关系而明知该他人商标存在，该他人提出异议的，不予注册。

第十六条 商标中有商品的地理标志，而该商品并非来源于该标志所标示的地区，误导公众的，不予注册并禁止使用；但是，已经善意取得注册的继续有效。

前款所称地理标志，是指标示某商品来源于某地区，该商品的特定质量、信誉或者其他特征，主要由该地区的自然因素或者人文因素所决定的标志。

第十七条 外国人或者外国企业在中国申请商标注册的，应当按其所属国和中华人民共和国签订的协议或者共同参加的国际条约办理，或者按对等原则办理。

第十八条 申请商标注册或者办理其他商标事宜，可以自行办理，也可以委托依法设立的商标代理机构办理。

外国人或者外国企业在中国申请商标注册和办理其他商标事宜的，应当委托依法设立的商标代理机构办理。

第十九条 商标代理机构应当遵循诚实信用原则，遵守法律、行政法规，按照被代理人的委托办理商标注册申请或者其他商标事宜；对在代理过程中知悉的被代理人的商业秘密，负有保密义务。

委托人申请注册的商标可能存在本法规定不得注册情形的，商标代理机构应当明确告知委托人。

商标代理机构知道或者应当知道委托人申请注册的商标属于本法第四条、第十五条和第三十二条规定情形的，不得接受其委托。

商标代理机构除对其代理服务申请商标注册外，不得申请注册其他商标。

第二十条 商标代理行业组织应当按照章程规定，严格执行吸纳会员的条件，对违反行业自律规范的会员实行惩戒。商标代理行业组织对其吸纳的会员和对会员的惩戒情况，应当及时向社会公布。

第二十一条 商标国际注册遵循中华人民共和国缔结或者参加的有关国际条约确立的制度，具体办法由国务院规定。

第二章 商标注册的申请

第二十二条 商标注册申请人应当按规定的商品分类表填报使用商标的商品类别和商品名称，提出注册申请。

商标注册申请人可以通过一份申请就多个类别的商品申请注册同一商标。

商标注册申请等有关文件，可以以书面方式或者数据电文方式提出。

第二十三条 注册商标需要在核定使用范围之外的商品上取得商标专用权的，应当另行提出注册申请。

第二十四条 注册商标需要改变其标志的，应当重新提出注册申请。

第二十五条 商标注册申请人自其商标在外国第一次提出商标注册申请之日起六个月内，又在中国就相同商品以同一商标提出商标注册申请的，依照该外国同中国签订的协议或者共同参加的国际条约，或者按照相互承认优先权的原则，可以享有优先权。

依照前款要求优先权的，应当在提出商标注册申请的时候提出书面声明，并且在三个月内提交第一次提出的商标注册申请文件的副本；未提出书面声明或者逾期未提交商标注册申请文件副本的，视为未要求优先权。

第二十六条 商标在中国政府主办的或者承认的国际展览会展出的商品上首次使用的，自该商品展出之日起六个月内，该商标的注册申请人可以享有优先权。

依照前款要求优先权的，应当在提出商标注册申请的时候提出书面声明，并且在三个月内提交展出其商品的展览会名称、在展出商品上使用该商标的证据、展出日期等证明文件；未提出书面声明或者逾期未提交证明文件的，视为未要求优先权。

第二十七条　为申请商标注册所申报的事项和所提供的材料应当真实、准确、完整。

第三章　商标注册的审查和核准

第二十八条　对申请注册的商标，商标局应当自收到商标注册申请文件之日起九个月内审查完毕，符合本法有关规定的，予以初步审定公告。

第二十九条　在审查过程中，商标局认为商标注册申请内容需要说明或者修正的，可以要求申请人做出说明或者修正。申请人未做出说明或者修正的，不影响商标局做出审查决定。

第三十条　申请注册的商标，凡不符合本法有关规定或者同他人在同一种商品或者类似商品上已经注册的或者初步审定的商标相同或者近似的，由商标局驳回申请，不予公告。

第三十一条　两个或者两个以上的商标注册申请人，在同一种商品或者类似商品上，以相同或者近似的商标申请注册的，初步审定并公告申请在先的商标；同一天申请的，初步审定并公告使用在先的商标，驳回其他人的申请，不予公告。

第三十二条　申请商标注册不得损害他人现有的在先权利，也不得以不正当手段抢先注册他人已经使用并有一定影响的商标。

第三十三条　对初步审定公告的商标，自公告之日起三个月内，在先权利人、利害关系人认为违反本法第十三条第二款和第三款、第十五条、第十六条第一款、第三十条、第三十一条、第三十二条规定的，或者任何人认为违反本法第四条、第十条、第十一条、第十二条、第十九条第四款规定的，可以向商标局提出异议。公告期满无异议的，予以核准注册，发给商标注册证，并予公告。

第三十四条　对驳回申请、不予公告的商标，商标局应当书面通知商标注册申请人。商标注册申请人不服的，可以自收到通知之日起十五日内向商标评审委员会申请复审。商标评审委员会应当自收到申请之日起九个月内做出决定，并书面通知申请人。有特殊情况需要延长的，经国务院工商行政管理部门批准，可以延长三个月。当事人对商标评审委员会的决定不服的，可以自收到通知之日起三十日内向人民法院起诉。

第三十五条　对初步审定公告的商标提出异议的，商标局应当听取异议人和被异议人陈述事实和理由，经调查核实后，自公告期满之日起十二个月内做出是否准予注册的决定，并书面通知异议人和被异议人。有特殊情况需要延长的，经国务院工商行政管理部门批准，可以延长六个月。

商标局做出准予注册决定的，发给商标注册证，并予公告。异议人不服的，可以依照本法第四十四条、第四十五条的规定向商标评审委员会请求宣告该注册商标无效。

商标局做出不予注册决定，被异议人不服的，可以自收到通知之日起十五日内向商标评审委员会申请复审。商标评审委员会应当自收到申请之日起十二个月内做出复审决定，并书面通知异议人和被异议人。有特殊情况需要延长的，经国务院工商行政管理部门批准，可以延长六个月。被异议人对商标评审委员会的决定不服的，可以自收到通知之日起三十日内向人民法院起诉。人民法院应当通知异议人作为第三人参加诉讼。

商标评审委员会在依照前款规定进行复审的过程中，所涉及的在先权利的确定必须以人民法院正在审理或者行政机关正在处理的另一案件的结果为依据的，可以中止审查。中止原因消除后，应当恢复审查程序。

第三十六条　法定期限届满，当事人对商标局做出的驳回申请决定、不予注册决定不申请复审或者对商标评审委员会做出的复审决定不向人民法院起诉的，驳回申请决定、不予注册决定或者复审决定生效。

经审查异议不成立而准予注册的商标，商标注册申请人取得商标专用权的时间自初步审定公告三个月期满之日起计算。自该商标公告期满之日起至准予注册决定做出前，对他人在同一种或者类似商品上使用与该商标相同或者近似的标志的行为不具有追溯力；但是，因该使用人的恶意给商标注册人造成的损失，应当给予赔偿。

第三十七条　对商标注册申请和商标复审申请应当及时进行审查。

第三十八条　商标注册申请人或者注册人发现商标申请文件或者注册文件有明显错误的，可以申请更正。商标局依法在其职权范围内作出更正，并通知当事人。

前款所称更正错误不涉及商标申请文件或者注册文件的实质性内容。

第四章 注册商标的续展、变更、转让和使用许可

第三十九条 注册商标的有效期为十年,自核准注册之日起计算。

第四十条 注册商标有效期满,需要继续使用的,商标注册人应当在期满前十二个月内按照规定办理续展手续;在此期间未能办理的,可以给予六个月的宽展期。每次续展注册的有效期为十年,自该商标上一届有效期满次日起计算。期满未办理续展手续的,注销其注册商标。

商标局应当对续展注册的商标予以公告。

第四十一条 注册商标需要变更注册人的名义、地址或者其他注册事项的,应当提出变更申请。

第四十二条 转让注册商标的,转让人和受让人应当签订转让协议,并共同向商标局提出申请。受让人应当保证使用该注册商标的商品质量。

转让注册商标的,商标注册人对其在同一种商品上注册的近似的商标,或者在类似商品上注册的相同或者近似的商标,应当一并转让。

对容易导致混淆或者有其他不良影响的转让,商标局不予核准,书面通知申请人并说明理由。

转让注册商标经核准后,予以公告。受让人自公告之日起享有商标专用权。

第四十三条 商标注册人可以通过签订商标使用许可合同,许可他人使用其注册商标。许可人应当监督被许可人使用其注册商标的商品质量。被许可人应当保证使用该注册商标的商品质量。

经许可使用他人注册商标的,必须在使用该注册商标的商品上标明被许可人的名称和商品产地。

许可他人使用其注册商标的,许可人应当将其商标使用许可报商标局备案,由商标局公告。商标使用许可未经备案不得对抗善意第三人。

第五章 注册商标的无效宣告

第四十四条 已经注册的商标,违反本法第四条、第十条、第十一条、第十二条、第十九条第四款规定的,或者是以欺骗手段或者其他不正当手段取得注册的,由商标局宣告该注册商标无效;其他单位或者个人可以请求商

标评审委员会宣告该注册商标无效。

商标局做出宣告注册商标无效的决定，应当书面通知当事人。当事人对商标局的决定不服的，可以自收到通知之日起十五日内向商标评审委员会申请复审。商标评审委员会应当自收到申请之日起九个月内做出决定，并书面通知当事人。有特殊情况需要延长的，经国务院工商行政管理部门批准，可以延长三个月。当事人对商标评审委员会的决定不服的，可以自收到通知之日起三十日内向人民法院起诉。

其他单位或者个人请求商标评审委员会宣告注册商标无效的，商标评审委员会收到申请后，应当书面通知有关当事人，并限期提出答辩。商标评审委员会应当自收到申请之日起九个月内做出维持注册商标或者宣告注册商标无效的裁定，并书面通知当事人。有特殊情况需要延长的，经国务院工商行政管理部门批准，可以延长三个月。当事人对商标评审委员会的裁定不服的，可以自收到通知之日起三十日内向人民法院起诉。人民法院应当通知商标裁定程序的对方当事人作为第三人参加诉讼。

第四十五条 已经注册的商标，违反本法第十三条第二款和第三款、第十五条、第十六条第一款、第三十条、第三十一条、第三十二条规定的，自商标注册之日起五年内，在先权利人或者利害关系人可以请求商标评审委员会宣告该注册商标无效。对恶意注册的，驰名商标所有人不受五年的时间限制。

商标评审委员会收到宣告注册商标无效的申请后，应当书面通知有关当事人，并限期提出答辩。商标评审委员会应当自收到申请之日起十二个月内做出维持注册商标或者宣告注册商标无效的裁定，并书面通知当事人。有特殊情况需要延长的，经国务院工商行政管理部门批准，可以延长六个月。当事人对商标评审委员会的裁定不服的，可以自收到通知之日起三十日内向人民法院起诉。人民法院应当通知商标裁定程序的对方当事人作为第三人参加诉讼。

商标评审委员会在依照前款规定对无效宣告请求进行审查的过程中，所涉及的在先权利的确定必须以人民法院正在审理或者行政机关正在处理的另一案件的结果为依据的，可以中止审查。中止原因消除后，应当恢复审查程序。

第四十六条 法定期限届满，当事人对商标局宣告注册商标无效的决定不申请复审或者对商标评审委员会的复审决定、维持注册商标或者宣告注册商标无效的裁定不向人民法院起诉的，商标局的决定或者商标评审委员会的复审决定、裁定生效。

第四十七条 依照本法第四十四条、第四十五条的规定宣告无效的注册商标，由商标局予以公告，该注册商标专用权视为自始即不存在。

宣告注册商标无效的决定或者裁定，对宣告无效前人民法院做出并已执行的商标侵权案件的判决、裁定、调解书和工商行政管理部门做出并已执行的商标侵权案件的处理决定以及已经履行的商标转让或者使用许可合同不具有追溯力。但是，因商标注册人的恶意给他人造成的损失，应当给予赔偿。

依照前款规定不返还商标侵权赔偿金、商标转让费、商标使用费，明显违反公平原则的，应当全部或者部分返还。

第六章 商标使用的管理

第四十八条 本法所称商标的使用，是指将商标用于商品、商品包装或者容器以及商品交易文书上，或者将商标用于广告宣传、展览以及其他商业活动中，用于识别商品来源的行为。

第四十九条 商标注册人在使用注册商标的过程中，自行改变注册商标、注册人名义、地址或者其他注册事项的，由地方工商行政管理部门责令限期改正；期满不改正的，由商标局撤销其注册商标。

注册商标成为其核定使用的商品的通用名称或者没有正当理由连续三年不使用的，任何单位或者个人可以向商标局申请撤销该注册商标。商标局应当自收到申请之日起九个月内做出决定。有特殊情况需要延长的，经国务院工商行政管理部门批准，可以延长三个月。

第五十条 注册商标被撤销、被宣告无效或者期满不再续展的，自撤销、宣告无效或者注销之日起一年内，商标局对与该商标相同或者近似的商标注册申请，不予核准。

第五十一条 违反本法第六条规定的，由地方工商行政管理部门责令限期申请注册，违法经营额五万元以上的，可以处违法经营额百分之二十以下的罚款，没有违法经营额或者违法经营额不足五万元的，可以处一万元以下的罚款。

第五十二条 将未注册商标冒充注册商标使用的，或者使用未注册商标违反本法第十条规定的，由地方工商行政管理部门予以制止，限期改正，并可以予以通报，违法经营额五万元以上的，可以处违法经营额百分之二十以下的罚款，没有违法经营额或者违法经营额不足五万元的，可以处一万元以下的罚款。

第五十三条　违反本法第十四条第五款规定的，由地方工商行政管理部门责令改正，处十万元罚款。

第五十四条　对商标局撤销或者不予撤销注册商标的决定，当事人不服的，可以自收到通知之日起十五日内向商标评审委员会申请复审。商标评审委员会应当自收到申请之日起九个月内做出决定，并书面通知当事人。有特殊情况需要延长的，经国务院工商行政管理部门批准，可以延长三个月。当事人对商标评审委员会的决定不服的，可以自收到通知之日起三十日内向人民法院起诉。

第五十五条　法定期限届满，当事人对商标局做出的撤销注册商标的决定不申请复审或者对商标评审委员会做出的复审决定不向人民法院起诉的，撤销注册商标的决定、复审决定生效。

被撤销的注册商标，由商标局予以公告，该注册商标专用权自公告之日起终止。

第七章　注册商标专用权的保护

第五十六条　注册商标的专用权，以核准注册的商标和核定使用的商品为限。

第五十七条　有下列行为之一的，均属侵犯注册商标专用权：

（一）未经商标注册人的许可，在同一种商品上使用与其注册商标相同的商标的；

（二）未经商标注册人的许可，在同一种商品上使用与其注册商标近似的商标，或者在类似商品上使用与其注册商标相同或者近似的商标，容易导致混淆的；

（三）销售侵犯注册商标专用权的商品的；

（四）伪造、擅自制造他人注册商标标识或者销售伪造、擅自制造的注册商标标识的；

（五）未经商标注册人同意，更换其注册商标并将该更换商标的商品又投入市场的；

（六）故意为侵犯他人商标专用权行为提供便利条件，帮助他人实施侵犯商标专用权行为的；

（七）给他人的注册商标专用权造成其他损害的。

第五十八条 将他人注册商标、未注册的驰名商标作为企业名称中的字号使用，误导公众，构成不正当竞争行为的，依照《中华人民共和国反不正当竞争法》处理。

第五十九条 注册商标中含有的本商品的通用名称、图形、型号，或者直接表示商品的质量、主要原料、功能、用途、重量、数量及其他特点，或者含有的地名，注册商标专用权人无权禁止他人正当使用。

三维标志注册商标中含有的商品自身的性质产生的形状、为获得技术效果而需有的商品形状或者使商品具有实质性价值的形状，注册商标专用权人无权禁止他人正当使用。

商标注册人申请商标注册前，他人已经在同一种商品或者类似商品上先于商标注册人使用与注册商标相同或者近似并有一定影响的商标的，注册商标专用权人无权禁止该使用人在原使用范围内继续使用该商标，但可以要求其附加适当区别标识。

第六十条 有本法第五十七条所列侵犯注册商标专用权行为之一，引起纠纷的，由当事人协商解决；不愿协商或者协商不成的，商标注册人或者利害关系人可以向人民法院起诉，也可以请求工商行政管理部门处理。

工商行政管理部门处理时，认定侵权行为成立的，责令立即停止侵权行为，没收、销毁侵权商品和主要用于制造侵权商品、伪造注册商标标识的工具，违法经营额五万元以上的，可以处违法经营额五倍以下的罚款，没有违法经营额或者违法经营额不足五万元的，可以处二十五万元以下的罚款。对五年内实施两次以上商标侵权行为或者有其他严重情节的，应当从重处罚。销售不知道是侵犯注册商标专用权的商品，能证明该商品是自己合法取得并说明提供者的，由工商行政管理部门责令停止销售。

对侵犯商标专用权的赔偿数额的争议，当事人可以请求进行处理的工商行政管理部门调解，也可以依照《中华人民共和国民事诉讼法》向人民法院起诉。经工商行政管理部门调解，当事人未达成协议或者调解书生效后不履行的，当事人可以依照《中华人民共和国民事诉讼法》向人民法院起诉。

第六十一条 对侵犯注册商标专用权的行为，工商行政管理部门有权依法查处；涉嫌犯罪的，应当及时移送司法机关依法处理。

第六十二条 县级以上工商行政管理部门根据已经取得的违法嫌疑证据或者举报，对涉嫌侵犯他人注册商标专用权的行为进行查处时，可以行使下列职权：

（一）询问有关当事人，调查与侵犯他人注册商标专用权有关的情况；

（二）查阅、复制当事人与侵权活动有关的合同、发票、账簿以及其他有关资料；

（三）对当事人涉嫌从事侵犯他人注册商标专用权活动的场所实施现场检查；

（四）检查与侵权活动有关的物品；对有证据证明是侵犯他人注册商标专用权的物品，可以查封或者扣押。

工商行政管理部门依法行使前款规定的职权时，当事人应当予以协助、配合，不得拒绝、阻挠。

在查处商标侵权案件过程中，对商标权属存在争议或者权利人同时向人民法院提起商标侵权诉讼的，工商行政管理部门可以中止案件的查处。中止原因消除后，应当恢复或者终结案件查处程序。

第六十三条 侵犯商标专用权的赔偿数额，按照权利人因被侵权所受到的实际损失确定；实际损失难以确定的，可以按照侵权人因侵权所获得的利益确定；权利人的损失或者侵权人获得的利益难以确定的，参照该商标许可使用费的倍数合理确定。对恶意侵犯商标专用权，情节严重的，可以在按照上述方法确定数额的一倍以上五倍以下确定赔偿数额。赔偿数额应当包括权利人为制止侵权行为所支付的合理开支。

人民法院为确定赔偿数额，在权利人已经尽力举证，而与侵权行为相关的账簿、资料主要由侵权人掌握的情况下，可以责令侵权人提供与侵权行为相关的账簿、资料；侵权人不提供或者提供虚假的账簿、资料的，人民法院可以参考权利人的主张和提供的证据判定赔偿数额。

权利人因被侵权所受到的实际损失、侵权人因侵权所获得的利益、注册商标许可使用费难以确定的，由人民法院根据侵权行为的情节判决给予五百万元以下的赔偿。

人民法院审理商标纠纷案件，应权利人请求，对属于假冒注册商标的商品，除特殊情况外，责令销毁；对主要用于制造假冒注册商标的商品的材料、工具，责令销毁，且不予补偿；或者在特殊情况下，责令禁止前述材料、工具进入商业渠道，且不予补偿。

假冒注册商标的商品不得在仅去除假冒注册商标后进入商业渠道。

第六十四条 注册商标专用权人请求赔偿，被控侵权人以注册商标专用权人未使用注册商标提出抗辩的，人民法院可以要求注册商标专用权人提供此前三年内实际使用该注册商标的证据。注册商标专用权人不能证明此前三年内实际使用过该注册商标，也不能证明因侵权行为受到其他损失的，被控侵权人不承担赔偿责任。

销售不知道是侵犯注册商标专用权的商品，能证明该商品是自己合法取得并说明提供者的，不承担赔偿责任。

第六十五条 商标注册人或者利害关系人有证据证明他人正在实施或者即将实施侵犯其注册商标专用权的行为，如不及时制止将会使其合法权益受到难以弥补的损害的，可以依法在起诉前向人民法院申请采取责令停止有关行为和财产保全的措施。

第六十六条 为制止侵权行为，在证据可能灭失或者以后难以取得的情况下，商标注册人或者利害关系人可以依法在起诉前向人民法院申请保全证据。

第六十七条 未经商标注册人许可，在同一种商品上使用与其注册商标相同的商标，构成犯罪的，除赔偿被侵权人的损失外，依法追究刑事责任。

伪造、擅自制造他人注册商标标识或者销售伪造、擅自制造的注册商标标识，构成犯罪的，除赔偿被侵权人的损失外，依法追究刑事责任。

销售明知是假冒注册商标的商品，构成犯罪的，除赔偿被侵权人的损失外，依法追究刑事责任。

第六十八条 商标代理机构有下列行为之一的，由工商行政管理部门责令限期改正，给予警告，处一万元以上十万元以下的罚款；对直接负责的主管人员和其他直接责任人员给予警告，处五千元以上五万元以下的罚款；构成犯罪的，依法追究刑事责任：

（一）办理商标事宜过程中，伪造、变造或者使用伪造、变造的法律文件、印章、签名的；

（二）以诋毁其他商标代理机构等手段招徕商标代理业务或者以其他不

正当手段扰乱商标代理市场秩序的；

（三）违反本法第四条、第十九条第三款和第四款规定的。

商标代理机构有前款规定行为的，由工商行政管理部门记入信用档案；情节严重的，商标局、商标评审委员会并可以决定停止受理其办理商标代理业务，予以公告。

商标代理机构违反诚实信用原则，侵害委托人合法利益的，应当依法承担民事责任，并由商标代理行业组织按照章程规定予以惩戒。

对恶意申请商标注册的，根据情节给予警告、罚款等行政处罚；对恶意提起商标诉讼的，由人民法院依法给予处罚。

第六十九条　从事商标注册、管理和复审工作的国家机关工作人员必须秉公执法，廉洁自律，忠于职守，文明服务。

商标局、商标评审委员会以及从事商标注册、管理和复审工作的国家机关工作人员不得从事商标代理业务和商品生产经营活动。

第七十条　工商行政管理部门应当建立健全内部监督制度，对负责商标注册、管理和复审工作的国家机关工作人员执行法律、行政法规和遵守纪律的情况，进行监督检查。

第七十一条　从事商标注册、管理和复审工作的国家机关工作人员玩忽职守、滥用职权、徇私舞弊，违法办理商标注册、管理和复审事项，收受当事人财物，牟取不正当利益，构成犯罪的，依法追究刑事责任；尚不构成犯罪的，依法给予处分。

第八章　附　　则

第七十二条　申请商标注册和办理其他商标事宜的，应当缴纳费用，具体收费标准另定。

第七十三条　本法自 1983 年 3 月 1 日起施行。1963 年 4 月 10 日国务院公布的《商标管理条例》同时废止；其他有关商标管理的规定，凡与本法抵触的，同时失效。

本法施行前已经注册的商标继续有效。